歴博フォーラム

縄文時代

その枠組・文化・社会をどう捉えるか？

山田康弘・国立歴史民俗博物館［編］

吉川弘文館

はじめに

本書は、二〇一五年一二月六日（日）に明治大学リバティタワー一〇三一教室にて行われた第九九回歴博フォーラム『縄文時代・文化・社会をどのように捉えるか？』の記録集である。

多くの読者にとっては、もはや当たり前のことかもしれないが、現在では縄文時代の人々は「豊かな狩猟採集民」として捉えられることが多くなっている。

しかしながら一九七〇年代までは、縄文時代というと食料採集経済の段階であり、それゆえに経済的にあまり発展性がなく、貧しく平等な社会を営んでいたという認識が大半を占めていた。当時の日本史の教科書をひも解いてみても、一九八〇年代ぐらいまでは、工芸品などの一部に卓越したものがみられるものの、基本的には貧しく平等な社会の縄文時代と記述されることが多かった。現在においても、縄文時代をこのようなイメージで捉える人はかなりの数に上るだろう。

ところが一九七〇年代になり、「日本列島改造論」の実施に伴う国土開発や、各地におけるニュータウンなどの宅地開発、高速道路網の整備、河川改修などに伴って、大規模な発掘調査や低湿地遺跡の調査が増加してくると、従来における縄文時代のイメージを大きく書き換えるような事実が、次々と明らかになっていった。

たとえば、福井県鳥浜《とりはま》貝塚や埼玉県寿能《じゅのう》遺跡、同じく赤山陣屋跡《あかやまじんやあと》遺跡のような低湿地遺跡の調査からは、縄文時代の人々が高度な編物技術や木工技術、漆工技術、そして食料獲得技術を持っていたことが判明したし、長野県𥔎原《まないたつばら》遺跡や千葉県貝の花《かいのはな》貝塚、同じく高根木戸《たかねきど》貝塚など縄文時代の環状集落、墓域、貝塚などを丸々一つすべて掘り上げるといった大規模な調査からは、縄文時代の人々が住居や墓、貯蔵穴といったさまざまな施設を集落内に計画的に配置し利用したという、いわば「都市計画」が存在していたことを知ることができた。このような発見が相継いだことにより、縄文人は狩猟採集の経済段階にありながらも、その日暮らしをしているような貧しい人々ではなく、優れた技術や高い精神文化をもった人々であったと考えられるようになった。

また、考古学的方法のみならず、年代学や動植物学、人類学などの理化学的分析方法の積極的な導入が試みられたことによっても、一九七〇年代までに形成された縄文時代観（生業形態・地域性・社会構造など）は大幅な変更を要請され、当時の人々は「豊かな狩猟採集民」として、新たな縄文人像が描かれるようになった。

そして一九九〇年代以降になると、青森県三内丸山《さんないまるやま》遺跡をはじめ、大型の集落や多数の装身具をもつ墓の発見が相次ぎ、これを踏まえて、縄文社会にも格差や階層が存在したとする研究も多く発表されるようになってくる。このあたりの時代観の変化・変遷が、当時のどのような世相を反映していたのかという点も、近年では研究史的な検討対象となっている。

このように多種多様な研究が進んだ結果、縄文時代・文化をどのようにイメージするのかという「時代像」が、個々の研究者によって大きく異なるという状況が発生してきている。特に社会複雑化という観点から見た場合、地域・時期の問題を含めて、個々の研究者が描く縄文時代像の差は非常に大きいことが明らかとなってきた。たとえば、縄文時代に階層化社会が存在したのか否か、あるいは環状集落《かんじょうしゅうらく》を計画的につくられた大規模な集落形態と見るのか、それとも小規模な集落が累積した結果であると見るのかでは、その背後にある社会の複雑さに対する理解が大きく異なることになる。これは大きな問題だ。

国立歴史民俗博物館では、上記のような縄文時代研究の状況を踏まえた上で、二〇一八年度に予定している第一展示室のリニューアルと連動して、共同研究「先史時代における地域多様化・社会複雑化の研究」（二〇一二～二〇一四年度）を実施し、縄文時代・文化の「文化的範囲」・「地域性のあり方」・「社会のあり方」といった大きなテーマについて、現在のオピニオンリーダーの方々にご参集いただき、意見を交換する場を設けて、新しい縄文時代像を模索すべく議論を行ってきた。

今回の歴博フォーラムは、国立歴史民俗博物館において行われてきた「共同研究」における研究成果の一部を、一般の方々に公開するために開催されたものである。本フォーラムでは、縄文時代研究におけるさまざまな論点のうち、「研究史」（山田発表）・「文化的範囲」（福田・伊藤発表）・「地域性」

（菅野・長田・瀬口発表）・「社会のあり方」（谷口・高橋・阿部発表）という四つのテーマについて、発表者たちが各自の意見を開陳し、現在の研究の到達点を探ることを目的とした。もちろん、このフォーラムをもって統一的な見解の提出が可能となるとは考えておらず、さまざまな研究視点に立つ研究者が一堂に会することで、むしろ多くの問題の所在を確認することができ、それを踏まえた新たな研究の地平の探求が始まったものと理解している。

本書をお読みいただき、現在想定されている縄文時代像がいかに多様であるか、最先端にある研究者たちがどのような議論を行っているのか、ご理解いただければと思う。

国立歴史民俗博物館

山田康弘

目　次

Theme 2

縄文文化の範囲

Theme 4

縄文社会をどのように捉えるか

Theme 1

縄文時代・文化の来歴

1　縄文時代はどのように語られてきたのか

山田康弘

それでは本日のフォーラムのテーマ１「縄文時代・文化の来歴」ということで、縄文時代がどのように語られてきたのかという、縄文時代そのものの研究史についてお話をさせていただきたいと思います。

(1)　現在の縄文時代のイメージ

私の発表は、縄文時代が戦前からこれまでどのように語られてきたのかという研究史が中心なのですが、それを全部取り上げてしまうとかなり長い話になってしまいますので、今日は縄文時代という枠組がどのように作られたかという点に絞ってお話をさせていただければと思います。また、本来でしたら縄文時代・縄文文化という言葉は、縄文式時代・縄文式文化などと呼ばれていた時期もあったのですが、ここでは混乱を避けるために、区別が必要な時以外は、縄文時代・縄文文化という言葉で統一したいと思います。

ここで山川出版社から出ている『高校日本史B』を取り上げてみましょう。これは現在の高校生が使っている歴史の教科書ですけれども、二〇一三年度版では縄文時代というものは次のような形で書かれています（笹山他二〇一三）。

まず、その時間的範囲ですが、いまからおよそ一万三〇〇〇年前から二五〇〇年ほど前の稲作が始まる前の段階です。自然環境的には現在とほぼ同じです。そして食料採集の経済段階です。縄文土器を使用していました。基本的には二〇人から三〇人程度の集団で生活をしていました。遠隔地交易を含め、さまざまな情報の交換を行いました。その社会ですが、統率者はいても身分の上下関係や貧富の差はなかった。基本的には平等な社会だった。こういうような形で現在の教科書には書かれております。おそらく、日本の学校で学ばれた多くの方が持っていらっしゃる縄文時代のイメージというのはこれであろうと思います。

(2)　戦前における石器時代の叙述

石器時代の発見

では、このような縄文時代観は一体いつぐらいからできてきたのでしょうか。とくに戦後すぐにできる歴史的枠組、敗戦を迎えて日本が「新しい日本の歴史」というものを作っていく段階において、どのような歴史的枠組が作られていき、その中で縄文時代がどのように位置づけられたのかということについて考えてみたいと思います。

ご存じのとおり、日本にも世界史的な時代区分で言うところの石器時代があるということが発見されたのは、エドワード・シルベスター・モースが大森《おおもり》貝塚を発掘した年、実際の発見はそのもう少し前ですけれども、一八七七年であります。モースが一八七七年に、日本にも石器時代があり、そして貝塚が残されているということを明らかにしてから、わずか一四年後の一八九一年には、文部省の当時の国定教科書である『高等小学歴史』の中に早くも石器時代の記述が出てまいります（文部省編一八九二）。

その中ではこのように書いてあります。これは全部読むと長くなるので、かいつまんでお話をしますと、要するに昔の時代の横穴がある。そこの近くからは昔の石器や土器が発見されます。それから海岸に近いところでは貝塚が存在します。そういうところから考えてみると、昔の人々は横穴に住み、当時はまだ横穴というものが住居であるか、あるいは墓であるかということで議論があったころですが、弓矢で鳥や獣を狩猟した。そして、その肉を食べて、その皮を着た。そして海岸に近い人々は魚や貝類を取って、それを食物にあてた。日常の生活道具は石器や土器、あるいは骨、その貝殻からできたものである。このように考えられていたわけであります。

こういった形で、すでにモースの大森貝塚発掘から一四年後には、早くも日本における石器時代のアウトラインは描かれているわけであります。

発展段階的歴史観による叙述

そのような形で石器時代は語られているのですけれども、当時の人々の社会がどのようなものであったのかという記述は、ほとんどありませんでした。しかし、なかには例外もあって、たとえば一九三五年に禰津正志《ねづまさし》先生は、石器時代（今の縄文時代）の社会について、次のように書かれていま す。「人々はすべて同じように粗末な身体装飾品を身につけ、墓地もまた共同にして特殊な棺槨《かんかく》や地上建物を作らないで、すべて平等に葬られた」。このことから、禰津先生は、石器時代は階級分化がいまだ行われていない状態にあったと述べられました（禰津一九三五）。

そのあとすぐの一九三六年に、渡部義通《わたなべよしみち》先生や三澤章（和島誠一《わじませいいち》）先生たちが、『日本歴史教程』の第一冊という、戦前ですけれども、原始日本の社会をいわゆる発展段階的な歴史観から描いた書籍の中で、石器時代（縄文時代）に関して次のように記述されました。「ここには生産手段の私有はなかった。したがってもとより貧者と富者はなく、いかなる階級も特権的身分もいまだ現れず、すべての人々は一介として各自の共同体に生き、また共同体を生かした」（渡部他一九三六）。

さらに考古学の泰斗、縄文土器に関する優れた研究を残した山内清男《やまのうちすがお》先生は一九三二年に雑誌『ドルメン』に連載されていた「日本遠古の文化」という論文のなかで、「縄紋土器文化」の社会について、そんなに多くはないのですけれども、墓のあり方から取り上げていらっしゃいます。そこには、「墳墓は単なる身体埋葬であって、保護または記念として壮大な構築を作らなかったし、副葬品もまたほとんどないような状態である」と書かれています（山内一九三二）。

禰津正志、渡部義通、和島誠一、山内清男といった先生方は、基本的に発展段階的な歴史観から

「日本の歴史」というものをお考えになられました。そして戦前においては、発展段階的な歴史観が導入された結果、縄文時代の社会は格差や階級の存在しない社会、平等な社会であるという形で理解されることとなりました。ただし、皇国史観が絶対的な思想であった戦前において、石器時代（縄文時代）の社会について記述されたものは、ここに挙げた方々の文章を除いて、ほとんどありません。当時の文化に関する議論というのは、むしろ土器などの道具の研究が中心となっていました。

(3)　戦後における縄文時代・文化の位置付け

縄文時代・文化の登場

ところが戦後になり、従来の皇国史観による「国史」が否定され、「新しい日本の歴史」を教育していくために、たとえば『くにのあゆみ』という国民学校用の教科書や『日本の歴史』という中等学校用の教科書などが、わずか半年ほどの間で新しく編纂されました。図1-1は師範学校用に編纂された『日本歴史　上』の中に、一九四七年の段階で終戦後すぐに描かれた日本の歴史、とくに縄文文化に関する記述です（文部省編一九四七）。執筆者は東京帝国大学史料編纂所編纂官だった竹内理三《たけうちりぞう》氏です（家永二〇〇二）。

ここでは、人類の歴史はその使用した材料によって、石器《せっき》時代、青銅器《せいどうき》時代、鉄器《てっき》時代の三段階を追うものとされています。さらに石器時代は新旧の二期に分かれるということも記述されています。

第二節　文化の黎明

縄文式文化　一般に古代文化の發達は、人類の使用した道具の材料によつて、石器時代・青銅器時代・鐵器時代の三段階を追ふものとされ、石器時代はさらに新舊の二期に分たれる。わが國においては、舊石器時代に人類が居住した痕跡は未だみとめられてゐない。したがつて日本民族の文化は、新石器時代に始まる。この時代の人人は發掘された人骨からみて、現在の日本人とは多少異るが、ほぼそのもととなつた、いはば原日本人ともいふべき人種であるといはれてゐる。その系統は明らかでないが、數千年の久しい間、國土の全域に分布してゐた。

彼らはいろいろの石器を使ひ、また土器を用ひてゐたが、土器には縄目の文を附けてゐるので、これを縄文式土器と稱し、その文化を縄文式文化と呼んでゐる。土器の文様や裝飾は複雜精巧で、その形狀や意匠の多樣豐富なことは、彼らがかなりの技術を有してゐたことを示してゐる。その住居は、簡單な竪穴《たてあな》形が多く、爐を中心とする圓形または矩形狀に地をやや掘り窪めた上に小屋掛をし、主として臺地に營まれ、若干の聚落をなした。その附近には食用に供した貝類の殼などが棄てられて、今日各地に見られる貝塚となつた。またその遺跡からは、彼らの使用した石斧《せきふ》・石匙《せきひ》・石鏃《せきぞく》・石棒や、骨角製の釣針・銛《もり》、あるひは耳飾・首飾・腕輪などの裝身具が發掘される。これらの遺物から、縄文式文化人は、主として狩獵及び漁撈を生業とし、野山に野草果實を採取したことが知られる。また女性をあらはした土偶が數多く發掘されるので、女性崇拜が行はれ、家庭生活は母を中心として營まれたことが推測される。

縄文式文化の竪穴住居址群

図1-1　『日本歴史　上』における縄文式文化の記述

まだこの頃は、群馬県岩《いわ》宿《じゅく》遺跡などの旧石器時代の遺跡はほとんど発見されておりませんので、そういった昔の人々が居住した痕跡は、旧石器時代は分からないけれども、世界史的な流れからいうと、日本民族の文化は新石器時代から始まると書かれています。

『日本歴史　上』では、日本における新石器時代の文化の前半を「縄文式文化」と呼び、この時期は基本的に狩猟および漁撈を生業として野山に野草、果実を採取したと記述されています。このように、戦後最初の教科書が編纂された一九四七年の段階で、縄文時代のアウトラインはすでに描かれていました。また、女性を表した土偶《どぐう》が数多く発見されるので、おそらくは女性崇拝が行われて、家庭生活は母を中心として営まれたと推察されるとも書かれています。このような母系的な社会として描かれた社会こそが、戦後すぐに出てきた縄文文化像、縄文時代像でした。

では、その縄文時代ですが、いまの一九四七年の『日本歴史　上』の記述は先ほどお話ししたとおりですが、この段階には実はまだ縄文時代、弥生時代といった「時代」という言葉による区分は明確には出てきておりません。『考古学雑誌』等の学術専門雑誌では、「縄文式時代」、「弥生式時代」といった時代区分が使われるのですけれども、まだ一般化はしていない時期です。

一九四六年には先ほどの新しい教科書、『日本歴史　上』に若干先行する形で、『国史学習指導要領案』というものが文部省から出されます。そこの中で「学習はどこまでも科学的な態度を持って貫き、真理探求の精神を固く持し、偏見に陥らないこと」と規定されています。当時最も科学的な知的叙述は何であったかというと、先ほど渡部義通先生のところでお話をしましたが、おそらくモデルになったのは『日本歴史教程』第一冊でしょう。これが参考とされるような形で、新しい教科書である『くにのあゆみ』や『日本の歴史』、『日本歴史』が作られてきただろうということは、実は戦後の教科書研究のほうからもしばしば指摘されていることです（たとえば勅使河原二〇〇五など）。

その縄文時代の来歴ですが、縄文時代と弥生時代、当時は縄文式文化と弥生式文化と言われていたわけですが、教科書編纂の中心的な人物となった文部省図書監修官であった丸山國雄《まるやまくにお》氏は、一九四七年の段階で、わが国最古の遺物遺跡は新石器時代のものであると述べています。時代としては新石器で、ただその新石器時代は縄文式文化と弥生式文化に分かれる。それで前者が採集経済で、後者が縄文式文化とは別系統であって農耕文化時代であるという言い方をしています（丸山一九四七）。ここで農耕文化時代とか採集経済時代という言葉がすでに使われてきております。

縄文時代・文化の歴史的位置付け

さらに先ほどの新しい教科書『日本歴史　上』のなかでは、小国家の分立としてこのような記述があります。「人類の家庭生活は、はじめ男性がもっぱら外に出て狩猟や漁撈にしたがったため、女性を中心として結合していたといわれる」。このように、いわゆる母系社会の存在を肯定的に扱っています。「わが国においても石器時代の遺物や後世の礼節などから、かような時代があったことが考えられる。しかるに農業の発展につれて、男性中心に移り、家族間の結合は血縁的集団である氏族間の結合に進み、有力な氏族の首長たちが、さらにその首長となって小さな国家の形を整えるにいたった」。実はこのような考え方が、一九四七年の段階で明確に出てきているわけです。食料採集から食糧生産へ。農業の発展とともに、女系の社会から男系的な社会へ。さらには社会そのものも家族間の結合から、氏族間の結合へ。そして小国家へ。そしてこの流れは縄文式文化、弥生式文化、古墳時代と変遷していく。こういうような形で、一九四七年の段階ですでに縄文文化の位置付けは規定されてきているのです。

先の文章中には、このような発展段階史観が明確に出ています。このような点と、先の丸山國雄氏の発言とあわせて考えていったときに、終戦直後の段階から、新しい国史編纂事業においては、すでに縄文時代というものの枠組が決められていたのではないか。このように考えることができるわけです。そしてそれは、当時としては最も科学的な歴史観だったと思われます。

(4)　固定化された縄文時代・文化の枠組

貧しく停滞的な縄文時代・文化

繰り返しますが、そのような「新しい日本の歴史」における縄文時代の位置付けですが、これまでみてきたように、その設定当初から発展段階的な歴史観によって日本の歴史、一国史を叙述するための一定点、すなわち狩猟採集経済の段階・平等社会、として規定されている。そしてその範囲も、一国史ゆえに当然ながら現在の日本国の範囲を想定してのものだったわけです。

そのような枠組が設定されましたから、縄文時代にも、たとえば秋田県の大湯《おおゆ》環状《かんじよう》列石《れつせき》のような大規模な配石《はいせき》を持つ墓地があり、その中にはいわゆる日時計といわれるような立派な立石《りつせき》を持つ配石墓がありますが、そういったものがあると判っていたとしても、これを身分差や上下関係、階級差を表現したものとして理解することはしなかったのです。

これについては、次のようなことがありました。たとえば、戦後に明治大学で教鞭を執られた後藤《ごとう》守一《しゅいち》先生は一九五二年の段階では、大湯環状列石の日時計のようなものは、階級上位の人の墓だと言われたのです（後藤一九五二）。ところが翌年の一九五三年には、どうも私にはそこまで言い切る自信がありませんと、先の説を撤回されてしまいます（後藤一九五三）。また、一九五六年に岡本勇《おかもといさむ》先生は、いろいろなお墓があるけれども、配石などの上部構造や装身具・副葬品をもっていたとしても、そういった人たちが権力者であったとは考えられない、支配するような階級位置にあったとは考えられないと述べられます（岡本一九五六）。

さらに一九六一年には、古代史の大家である上田正昭《うえだまさあき》先生も、縄文時代について、原始共同体社会であって、生産力が低い、余剰生産物はできない、階級を持つとかそういうことは起こらないと述べ、それが起こるのは次の時代からであるということを明言されました（上田一九六一）。

この意味で、縄文時代が貧しく、それ故に平等で停滞的であったとする言説は、たとえば、一九六二年に坪井清足《つぼいきよたり》先生が発表された「縄文文化論」にも見られるものです（坪井一九六二）。食料採集社会の「貧しい縄文時代」が行き詰まり、食糧生産社会の「豊かな弥生時代」へ移行したという発展段階的な捉え方は、一九六〇年代当時の基本的な歴史観であったと言えるでしょう。

一九七〇年代の縄文時代・文化観

このような考え方は一九七〇年代になっても変わらず、たとえば一九七三年には春成秀爾《はるなりひでじ》先生が「縄文社会は恒常的に生産物を生み出すことのできない生産力の質を自明のこととすれば、相互扶助性に支えられて個別集団間で貧しい平等を分かち合っていたといえるだろう」と述べられています（春成一九七三）。縄文時代の人々は狩猟採集民ゆえに貧しく、それゆえに平等な社会を築いていたという理解は、当時広く共有されていたものでした。

これら研究者の言を受けて、一九七〇年代の日本史の教科書には「縄文時代の社会は貧富や階級の差というものがない。そしてそれは住居の規模や構造、それから死者が共同墓地に埋葬され副葬品がほとんどないことからも伺われる」と記述されます（井上他一九七九）。そして重要なのは、次の記述です。「食料獲得方法の進歩や人口の増加はやがて自然食料資源の不足をもたらし、採集経済から新たな生産経済へと発展すべき必要に迫られることとなった」。これが、縄文時代がなぜ弥生時代へと移行したのかという問いに対する答えとなるわけですが、ここで、先にも見てきたように、食料採集社会の貧しい縄文時代は行き詰まり、そして食糧生産社会の豊かな弥生時代へ必然的に移行していくという歴史観は、実は戦前よりずっと述べられてきたものであったことを思い出していただければと思います。

(5) 現在の縄文時代・文化研究の状況

豊かな狩猟採集民としての縄文人

まだ資料の少ない時期には、この考え方は成立していましたが、一九七〇年代の後半から八〇年代、九〇年代、二〇〇〇年代とずっと通して発掘調査・研究が進み、さまざまな縄文時代の遺跡が調査されるようになると、状況が変わってきます。とくに低湿地遺跡等からは、さまざまな、非常に素晴らしい工芸品、縄文時代にもこういうものがあったのかと驚かれるような品物が出土し、そしてこれまでになかったような面積の大規模な発掘調査によって、巨大な規模の集落、通常のものよりもはるかに大きな住居址、大型の配石遺構や墓地、そういったものがどんどん見つかってくるようになりました。

そのような新規の資料に基づきながら、縄文文化というものを再検討してみると、縄文人は貧しくてその日暮らしをしているような人々ではなくて、高度に発達した技術に裏付けられた豊かな狩猟採集民であった、という具合に縄文時代・縄文文化の見方、枠組、パラダイムというものが変化してきました。おそらく、これが現在広く共有されている縄文時代・文化観でしょう。

そのような「見直し論」の顕著な例をいくつか挙げておきます。たとえば、これは一九九四年に発見された三内丸山遺跡に見られた大型の竪穴住居です(図1-2①)。縄文時代にものすごく複雑な社会があったと考える一部の研究者からは、これは上位階層者の住居ではないかとも言われました。また、一つのお墓の周りにこのような形で小型のストーンサークルがめぐるような配石墓も、やはり上位階層者の墓ではないかと言われたりしました（図1-2②）。

北海道のカリンバ遺跡というところでは、このようなものすごい漆製品《うるし》が一つの土坑墓《どこうぼ》の中からたくさん出てきました（図1-3）。さらには北海道鷲《わし》ノ木《き》遺跡のように、環状列石があって、その脇に付随するような形で特定の人々が埋葬されるような墓域も見つかりました（図1-4）。このような事例を目の当たりにして、多数の装身具を着装できる人物とは何者なのか、すごく社会が複雑化しているのではないか、場合によっては階層のようなものがあったのではないか、こうした人たちを従来の縄文時代の枠組の中で理解することはできるのだろうか。そういう議論は、すでに一九七三年に佐々木藤雄氏によって早くに提起されてきましたが（佐々木一九七三）、ようやく近年になって広く行われるようになってきました。

縄文社会と弥生社会の差異を議論する時に、私たち考古学研究者はいったい何が違うと考えてきたのかというと、たとえば社会に関しては階級というものの有無であったりしたわけですが、弥生時代に農耕が開始され、そこから階級というものが出てくるという歴史的記述の仕方であれば、縄文時代は階級のない共同労働が行われる社会として固定化される必要があったのではないか。これは北海道大学の小杉康先生がおっしゃっている、実に重要なご指摘です（小杉一九九一）。私たちは、一国史と

図1－2①　三内丸山遺跡の大型竪穴住居（復元）

図1－2②　三内丸山遺跡の環状配石墓

図1－3　カリンバ遺跡118号土坑墓における装身具出土状況

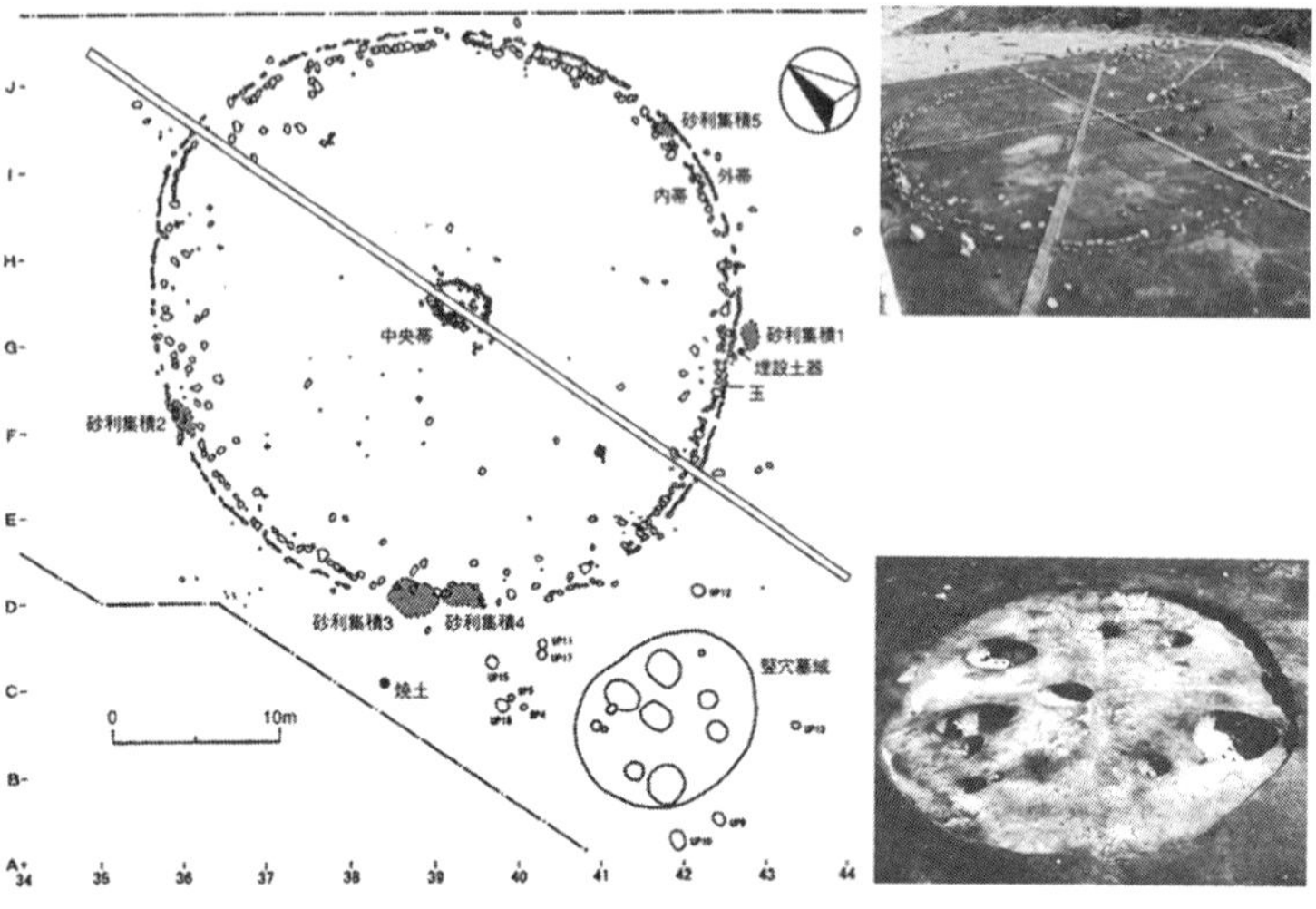

図1－4　鷲ノ木遺跡の環状列石と竪穴墓域

して日本の歴史を叙述する際に、縄文時代から弥生時代への移行を、食料採集から食糧生産、平等から身分・階級差の出現という形で描いてきている。そのことそのものが、実は縄文時代・文化を、そしてひいては弥生時代・文化を、非常に強い枠組の中に封じ込めてしまって、固定的に考えてきたという側面はないか、それが現在の研究の足かせとなってはいないのか、というのが、今回私が言いたいことです。

従来の枠組を飛び出す縄文文化

戦後すぐの段階で、日本の歴史において縄文時代はどう位置づけられてきたか。かつて、縄文時代は狩猟採集漁撈をなりわいとする平等な社会であり、弥生時代になると稲作を中心として食糧生産が行われるようになり、そこからたとえばコメの取れ高によって貧富の差が生まれ、さらには階層、格差、階級が出てくる。そういう社会だと、教わってきました。

ですけれども、現在における縄文時代の研究成果からみると、そうは単純にはいきません。たとえば、先ほどの話にもありましたカリンバ遺跡で出てきた素晴らしい漆工芸品は、はたして本当にパートタイムでできるのか。片手間でできるのだろうか、専業集団が存在するのではないか。それから三内丸山遺跡のところで出てきましたけれども、クリ林。クリというのは、縄文時代の人たちにとっては単なる食料資源ではなく、建築材としても非常にたくさん利用されています。三内丸山遺跡のような大型住居や、大型掘立柱建物の柱に使うために、クリの一本の木をどれくらいの期間育成しなければ

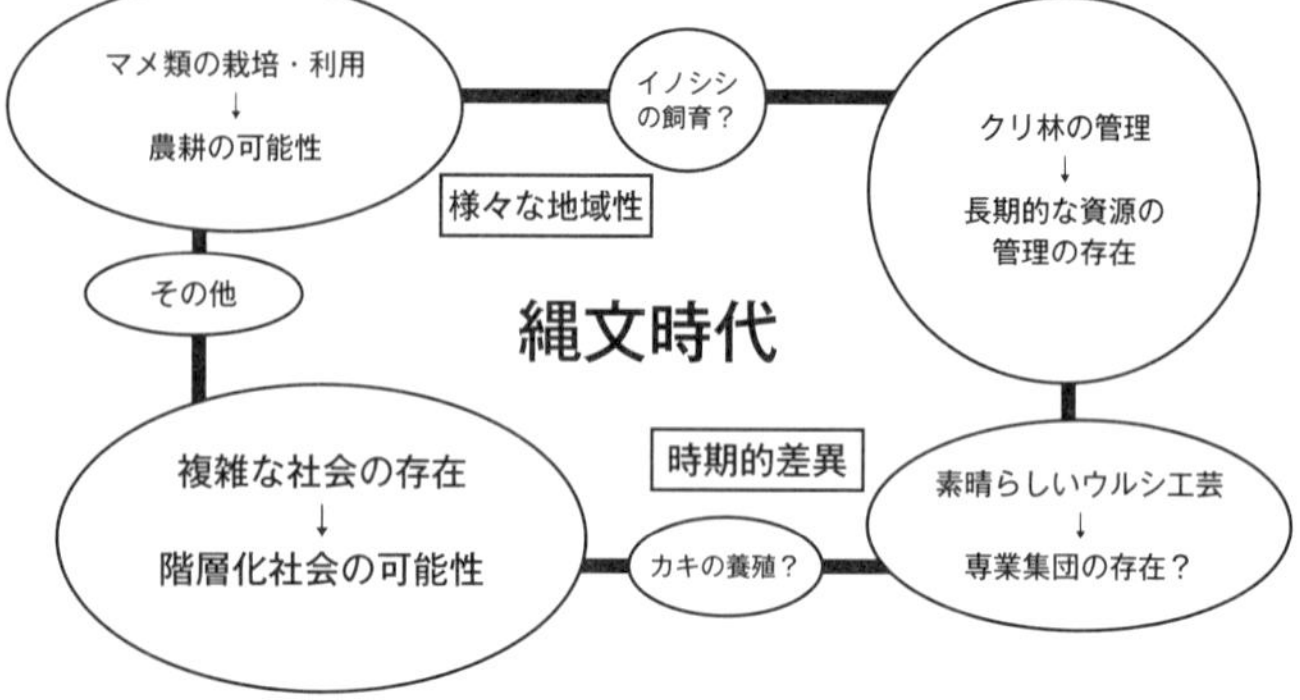

今や，縄文時代・文化の研究成果を，従来の枠組で囲い込むのはちょっと苦しい？

図1－5　現在における縄文時代の枠組とさまざまな研究成果

ばいけないのかというと、優に二〇〇年を超えるくらいかかります（木村二〇一二）。これは縄文人数世代分の時間です。ですから、非常に長期的な資源の管理を、縄文人はやっている。場合によってはイノシシの飼育や、最近非常に議論がさかんに行われているマメ類などの栽培。これは農耕の可能性はないのかといったものもあります。

この黒い枠線がいままでの縄文時代の枠組だとすると、もうそれからかなりはみ出すような形で、さまざまな縄文時代の研究が進んできています（図1-5）。そう考えていくと、ここからが研究者の考えが大きく分かれてくるところですが、あくまでもこれは縄文ということで、従来の枠組の中でワンセットとして捉えるような考え方ももちろんありますし、さらには「いや、このようになってきているのであれば、一回この枠組を外そうよ。発展段階的なこういった枠組を一回外して、縄文時代をもう一回考え直そうよ」というスタンスもあるでしょう。

あるいは、「縄文時代とか縄文文化という言葉で一括していることがいけない。縄文文化というものは、実はいくつもの時期・地域における地域文化の集合体なのであって、悪い言い方をすると共同幻想にすぎない。だから一国史ということをやめて、その内実を考えることから始めようよ」、という意見まで、実にさまざまな研究のスタンスというのが、いま出てきています。近年の縄文時代に関する研究成果を一括して従来の、少なくとも一九六〇年代までの枠組の中に囲い込むのはかなり難しいだろうと、さすがに私も思うようになってきました。

では私自身はどう考えているのかということですが、私は、従来の縄文・弥生という一国史的な枠組そのものをいったん離れて、地域差や時期差を踏まえてもう一回再構成するなりして、やはり今後考えていく必要があると思っております。このような考え方は、すでに首都大学東京の山田昌久先生もおっしゃっていますね（山田昌久二〇一四など）。縄文時代の地域性、時期的な差をちゃんと見ながら、一国史ゆえに一つの枠組の中に押し込むという方向ではない歴史的叙述の可能性をさぐるということは、方向を間違えると文化相対主義に陥るとか、いろいろ言われかねないのですけれども、このようなちょっと斜に構えたような見方があっても、やはりいいのではないかと考えております。

歴博第一展示室のリニューアル

現在、国立歴史民俗博物館では第一展示室（原始〜古代）のリニューアル工事を計画していますが、先のような考えからリニューアル後になんとか縄文時代・文化という言葉を使わないで展示を組み立てることができないか、検討を行いました。ですけれども、勉強すれば勉強するほどこの縄文時代・文化という枠組は非常に使い勝手がいいということが分かってきました。すごく便利なのです。ですから、なかなか「もういいんじゃない」という形で見捨てることができないというのが正直な答えです。リニューアル後の第一展示室では、縄文時代・文化という言葉は残しますが、その内容は時期・地域によって実にさまざまな側面もあり、それと同時に多くの共通性もあるということをおさえた上で、「多様な縄文列島」という形で展示を展開しようと考えております。

今回は、研究史からみた縄文時代・文化の枠組のお話をさせていただきました。実は縄文時代・文化の見方、イメージというものは、その時々、私たちの社会の世相によってもだいぶ変わってきました。たとえば、皆が平等で豊かに暮らしているという縄文時代像は、八〇年代後半から九〇年代初めの好景気、いわゆるバブル景気の時期に定着してきたものですし、縄文時代にも格差・不平等・階層があるという時代像は、バブル崩壊後の九〇年代以降、いわゆる「失われた一〇年」・「ロスト・ジェネレーション」の頃から強く主張されるようになってきました（山田康弘二〇一六）。そういうなかで縄文時代の研究はずっと進められてきたのですが、一回そういう一国史的枠組を外してみることも必要なのではないかということをお話しさせていただきました。もし興味がある方は、最近新潮社から『つくられた縄文時代』（山田康弘二〇一六）という本を出しましたので、それをご確認いただければと思います。ありがとうございました。

参考文献

家永三郎編著『「くにのあゆみ」編纂始末記』民衆社、二〇〇一年
井上光貞・笠原一男・児玉幸多他『標準日本史（改訂版）』山川出版社、一九七九年
上田正昭「時代区分と文化の特質」『講座　日本文化史』第一巻、三一書房、一九六一年
岡本　勇「埋葬」『日本考古学講座』第三巻、河出書房、一九五六年
木村勝彦「建材の年輪が語る縄文の森林とその利用」『日本植生史学会第二七回大会講演要旨集』二〇一二年
小杉　康「縄文時代に階級社会は存在したのか」『考古学研究』第三七巻第四号、一九九一年
後藤守一「上代に於ける貴族社会の出現」日本人類学会編『日本民族』岩波書店、一九五二年
後藤守一「組石遺構」斉藤忠編『大湯町環状列石』文化財保護委員会、一九五三年
佐々木藤雄『原始共同体論序説』私家本、一九七三年
笹山晴生・佐藤　信・五味文彦・高埜利彦編『詳説　日本史B』山川出版社、二〇一三年
勅使河原彰『歴史教科書は古代をどう描いてきたか』新日本出版社、二〇〇五年
坪井清足「縄文文化論」『岩波講座　日本歴史』第1巻　原史および古代1、岩波書店、一九六二年
禰津正志「原始日本の経済と社会」『歴史学研究』第4巻第4・5号、一九三五年
春成秀爾「抜歯の意義（その1）」『考古学研究』第20巻第2号、一九七三年
文部省編『高等小学歴史』一八九一年
文部省編『日本歴史　上』一九四七年
丸山國雄『新国史の教育―「くにのあゆみ」について―』惇信堂、一九四七年
山田昌久「「縄文時代」に人類は植物をどのように利用したか」『講座日本の考古学』第4巻　縄文時代（下）、青木

書店、二〇一四年
山田康弘『つくられた縄文時代―日本文化の原像を探る―』新潮選書、二〇一六年
山内清男「日本遠古之文化（二）」『ドルメン』第1巻第5号、一九三二年
渡部義通・早川二郎・伊豆公夫・三沢彰『日本歴史教程』第一冊、白揚社、一九三六年

Theme 2

縄文文化の範囲

2　縄文文化における北の範囲

福田正宏

(1)　縄文的生活構造の北限と限界

「縄文時代における北の範囲」というテーマでお話しをさせていただきます。これまで私は、環日本海北部地域で完新世《かんしんせい》遺跡群の発掘調査に携わり、ロシアと日本の二国間で考古学研究をしてきました。今回はこれまでに得た知識と経験から、考えていることをお伝えしたいと思います。

まず、縄文的生活構造の北限と適応の限界についてお話しします。はじめに結論を申し上げておきます。縄文文化、あるいは縄文的生活構造の北限というものは、サハリン島や中千島《なかちしま》以北の地域に認められません。北限は北海道の北東部、道東・道北と呼ばれる地域にあると私は考えています（福田二〇一三）。

千島列島ですが、南千島とくに国後《くなしり》は、基本的に道東の延長線上にあります。縄文系の遺物がそこそこ出ています。それに対して、択捉《えとろふ》海峡の先の中千島・北千島——ロシアでクリルと呼ばれる地域——では、旧石器時代または縄文時代の確実な遺跡が発見されていません。そもそもここは環境が過酷すぎて、この時代に人類が住めるような状況ではなかったという指摘さえあります（Fitzhugh. et

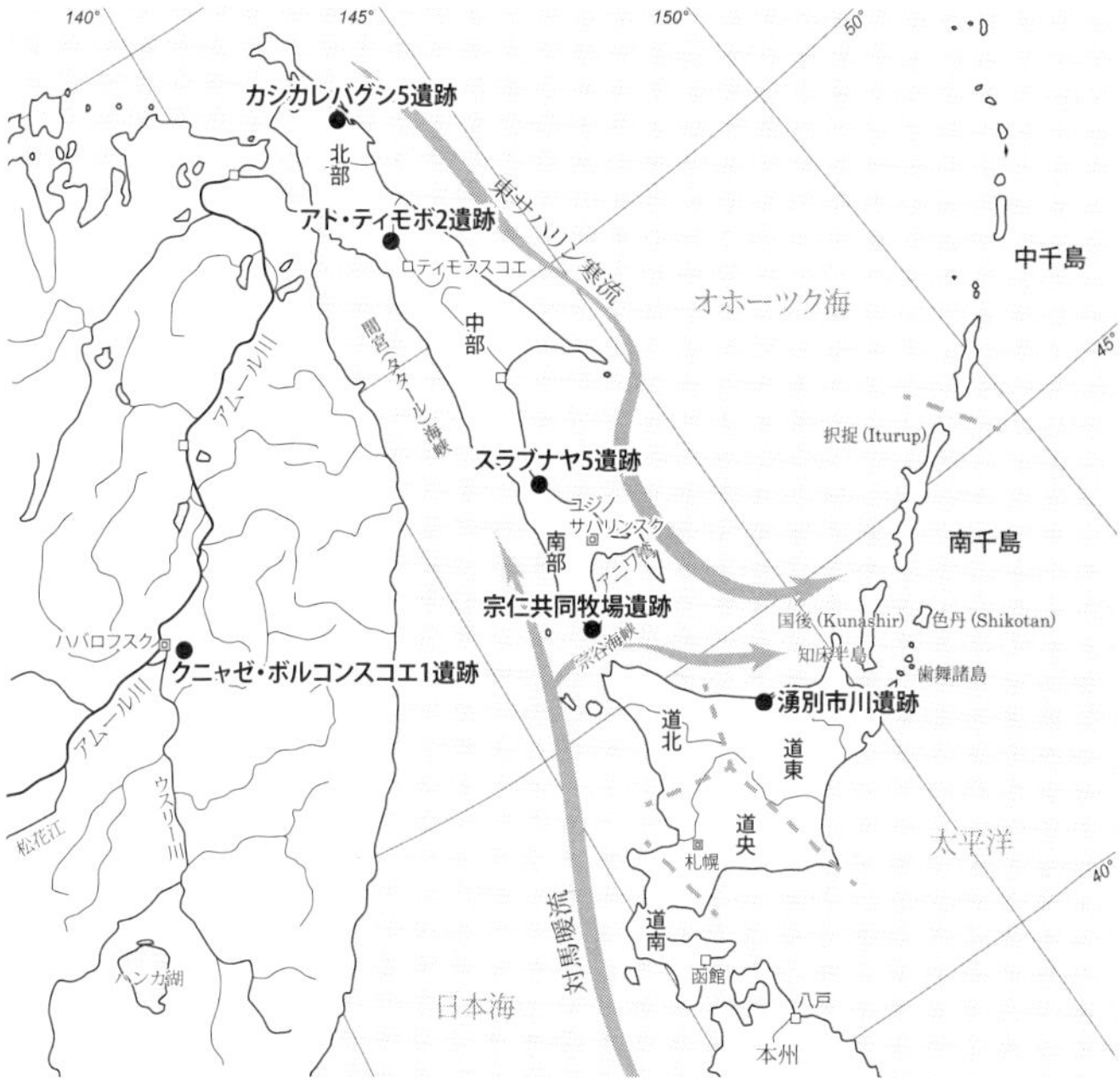

図2-1　日本列島北辺域の地図とおおまかな地域区分

al. 2002、手塚二〇一〇)。ですから、クリルのことは話しません。きょうお話するのはサハリン島から北海道島のことになります。

まずサハリンというところは、緯度にあわせて南部、中部、北部と、大きく三つの地域に分けて考えるのが適切です。ただし、サハリン東西沖には二つの海流が流れています。それらは各地の生活環境に地域差を生みだす大きな要因となっています。

北海道の道北地方は日本海を北上する対馬《つしま》暖流の影響を受けていて、道東は宗谷《そうや》海峡からその延長にある宗谷暖流が流れ込む地域です。対馬暖流の一部は北方流となってサハリン南西部にむかいます。またそれとは別に、地元の気候環境を左右する重要な寒流があります。日本ではあまり注目されていませんが、日本名は東樺太海流《ひがしからふと》、ロシア名では東サハリン海流です。こういった寒流がオホーツク海側に北から流れ込むことも考えて、各地域の生活環境を理解する必要があります。

道東オホーツク地方の縄文遺跡

こうした状況をふまえて、縄文文化の北限というものを考えます。注目したいのは道東の縄文時代遺跡、とくにオホーツク海に面した地域の遺跡です。それらのあり方について説明をします。

道東と一概に言いますが、実際にはとても広いところでして、知床《しれとこ》半島を挟んだ太平洋側とオホーツク海側とでは気候環境がだいぶ異なります。ここで注目するオホーツク海側ですが、基本的には年間を通じて晴天が多い。また降水降雪量が少ないというのが特徴です。すなわち湿度が低いという点で、道央・道南地方、あるいは道東太平洋側の地域に比べて亜寒帯的あるいはロシア大陸的な気候に近いとも言えます。気象庁ホームページの雨温データで、縄文の遺跡がわりと多い道南の函館《はこだて》と道東の北見《きたみ》市常呂《ところ》との間で湿度を比較すると、年間を通じて、オホーツク海に面した常呂の方が低くなっています。グラフ上では差がわかりにくいのですが、実際に住んでみるとこの差は非常に大きく感じられます。常呂という町に四年間住んでおりました私の実体験にもとづく意見です。

またオホーツク地方は、遺跡がある時期とない時期との差がはっきりとしています。このことは、一九七〇年代に藤本強先生がすでに指摘していました（藤本一九七九）。温暖期には居住・分布の規模が拡大し、寒冷期にはそれが縮小すると説明されています。実際に人がいなくなったのではないのかというような、遺跡が壊滅的に減少する時期があることも確認されています。

では、この辺りに住む人たちが周辺地域の人たちとどのような交流関係をもっていたのか。これについては縄文時代を通じて、基本的には道東太平洋側を経由する道央南方面との繋がりがあります。土器の特徴を調べてみると、道央南と道東との間で融合あるいは錯綜したり分離したりする関係性の変化を時系列上で辿ることができます。

サハリンの新石器時代

それでは、宗谷海峡のむこうのサハリン島はどうなっていたのかを、最新のデータにもとづいて説明します。ちなみに同じ時代のことを、ロシアでは新石器時代と言い、日本では縄文時代と言っています。私のように国境を越えてロシアと日本のことを研究していると、現実問題としてこれはとてもやりにくい。縄文という用語を厳密に定義したほうがよいという意見もありますが、新石器／縄文時代とするのが私にとっては一番便利ですからこれをよく使っています。そのことをご了承ください。

サハリンでは新石器時代を前期、中期、後期、晩期と分けるのがいまは一般的です。およそ九〇〇〇年前からの遺跡が見つかっています。近年遺跡調査が進み、新石器時代編年の精度が上がってきました。

南部では北海道側との関係がときおり生まれます。特に新石器時代前期、これは縄文時代早期並行ですけれども、そのとき北海道側と同じようなものが現れた。あるいはアニワ文化、これは続縄文文化の一部で縄文時代晩期の直後に並行しますが、この頃に道北との接触関係が強まりました。その一方で、サハリンの北部はツンドラ・タイガ地帯です。こういった地域では時々、東シベリアあるいはアムール下流域との関係が生まれました。

宗仁文化

新石器時代中期になると宗仁《そうに》文化が成立します。邦領南樺太時代に伊東信雄先生は宗仁共同牧場遺跡を調査しました。そして、この遺跡などから出土した遺物を分析した後、宗仁文化を設定しました（伊東一九四二）。

宗仁文化の土器は上からの見た目が四角く作られます（図2-2参照）。また、細い粘土紐を器面に貼付けた微隆《びりゅう》起《き》線文《せんもん》と呼ばれる文様も特徴的です。この土器と一緒に両面調整石器が出土しています。そしてもう一つ重要な石器として、先端に突起がつく細長い磨製《ませい》石器があります。これは、数センチから一五センチくらいの長さのものですが、ロシアでは漁網錘《ぎょもうすい》ではないか、あるいは疑似餌《ぎじえ》ではないかとも言われています。このように変わった形の磨製石器の存在が、特に目を引きます。

この文化の遺跡は、南サハリンのほうに非常に多い。そういった分布を示すので、ロシア人の間では南サハリン文化という名前で呼ばれてきましたが、最近は、先ほど言いました伊東先生の研究を尊

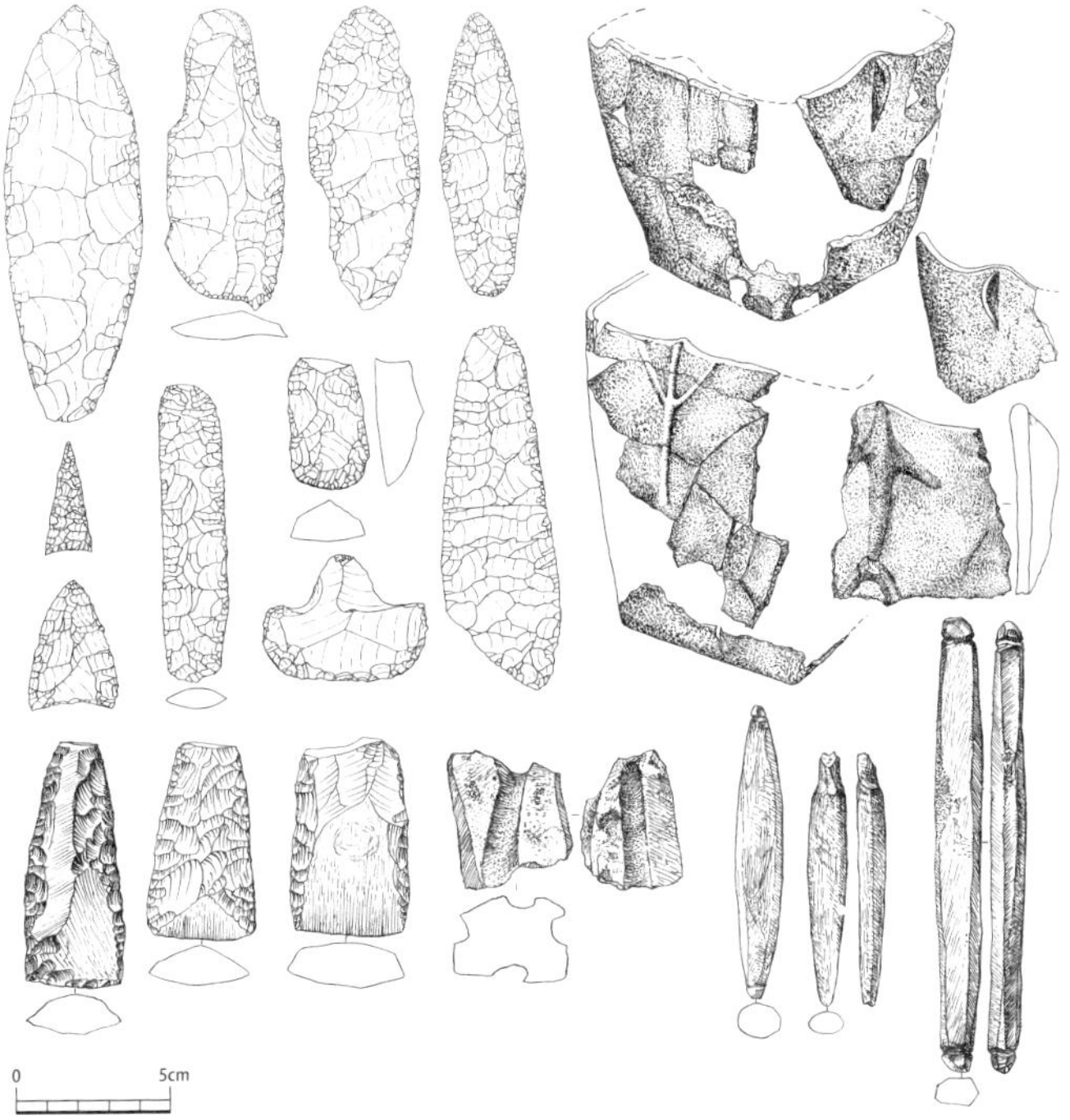

図2－2　宗仁文化の遺物（Vasilevskiĭ 2008）

重して、宗仁文化と呼ばれています（Vasilevskiĭ 2008）。

最近、サハリン北部の調査が進んだことで、実はこの文化の遺跡は北部にもわりと多いことが分かってきました。北側と南側とでバリエーションはありますが、基本的には同じものを作ります。北部でも先ほどの磨製石器とよく似たものが出土しています。

現地では、およそ七〇〇〇年前から六〇〇〇年前の文化とされています。その始まりですが、完新世の最温暖期、日本の縄文《じょうもん》海進《かいしん》最盛期あたりでしょう。サハリンではこの頃から、定着的な生活が営まれていたことが分かっています（Vasilevskiĭ 2008）。宗仁文化の年代を調べるため、私たちは東北大学所蔵の伊東先生が調査した標識資料の付着炭化物の年代測定をしました。そこで、ロシア側で言われている年代にほぼ沿う結果が得られています（福田他二〇一二）。いまのところ縄文早期後葉が宗仁文化の上限年代に並行します。

宗仁文化から数千年の時を経て、およそ二五〇〇年前の縄文時代晩期並行の時期になるまで、基本的にアムール下流域の大陸側の文化系統と日本の縄文系統は接触しませんでした（福田二〇〇八）。双方の中間にはサハリンの文化動態がありました。温帯性の縄文的生活構造はサハリン方面には拡がりにくくて、サハリン北部は生活環境が類似するアムール河口域と時々関係があります。ということで、縄文時代早期末頃から晩期まで、縄文文化と関係するものはサハリンに多くないことが分かるのですが、実はその直前と直後に異なる動きがあったことも分かっています。

(2)　北海道の「外来文化」

北海道に話を戻します。北海道の歴史編年ですが、皆さんおなじみの日本史の教科書でみられるような本州側の流れとは若干違います。その違いが生まれた背景として、昔から注目されていたのが大陸・サハリン側との関係です。縄文時代早期の「石刃鏃《せきじんぞく》文化」（木村一九七六）では、大型石刃を素材とするやや変わった形状の矢じり（石刃鏃）が作られました（図2―3参照）。これは基本的に道東を中心とした北海道に多くて、日本国内では他に見かけないのに対して、大陸側には広くいっぱいある。ということで、多くの日本人研究者がその存在に注目してきました。

それからもう一つ有名なものとして、時代が大きく下った紀元後五世紀から九世紀にオホーツク文化があります。この文化については大陸系の遺物がたくさん入ってきているし、人もやってきていることも分かっています。この二つの大陸系文化が特に注目されてきたわけですが、最近の私たちの調査も含めてロシア側で調査が進んでおりまして、どうやら紀元前一千年紀にも、サハリンから北海道へ南下する現象があったらしいことが分かってきました。石刃鏃文化とともに、後ほどその概略についてお話ししたいと思います。

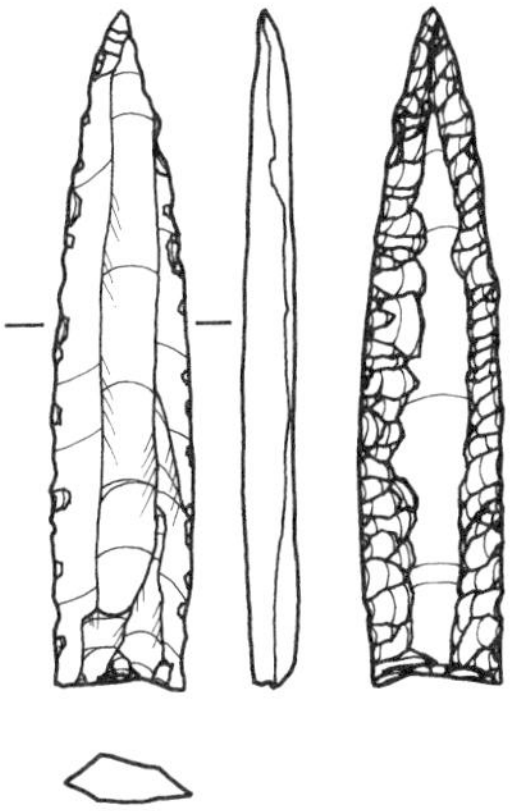

図2-3　湧別市川遺跡から出土した石刃鏃

石刃鏃文化

まず縄文早期の石刃鏃文化についてですが、ここ近年私たちが日露共同研究を進めてきたところ、いろいろなことが分かってきました。石刃鏃と同じ形のものは、これまでの指摘どおり、たしかに大陸側にもたくさん分布しています。

ですが、アムール下流域で同時期の遺跡群を発掘してきましたところ、大陸側と北海道側とでは、土器の作り方も違うし、集落構造あるいは居住形態も違うことが分かってきました。同じなのは、基本的に矢じりの形だけです。

北海道側と直接的な関係があると言えそうなものはサハリン南部にあります。スラブナヤ5遺跡で発掘をしたところ、多くの石器が出土しました（福田他二〇一五a）。北海道の石刃鏃と同じものがあります。注目したいのは、石器の原材料のほとんどが北海道産黒曜石《こくようせき》だということです。サハリン南部では、北海道産の質のよい黒曜石が多量に消費されていました。

どうやら、サハリン南部と道東では同じような道具と石材を使っていた。道東の人たちと関係する人たちはサハリン南部、すなわち北海道産黒曜石の主な供給範囲に住んでいた。そこに存在した交流関係のなかから、北海道の石刃鏃文化は成立したと考えられます。

ですが、集団が南下したことによりすべてが変わってしまったとは言えません。道東では、石刃鏃と一緒に「浦幌《うらほろ》・沼尻《ぬまじり》式系統」と呼ぶことのできる地元伝統に連なる土器群が作られていました。この土器を使った人々の集落構造は、道央南から東北北部のムシリＩ式やアルトリ式と呼ばれている縄文土器を使う人々との関係性の中に位置づけられます。それは石刃鏃文化の土器も集落も縄文文化の一部であることを意味しています。

湧別市川遺跡の発掘調査結果

オホーツク海岸に石刃鏃文化の遺跡として有名な湧別市川《ゆうべついちかわ》遺跡があります。二〇一三年に発掘調査をしました（福田編二〇一五）。この遺跡で過去に行われた発掘の結果もふまえて、私たちの調査成果をお伝えしたいと思います。

私たちの調査区は、面積は狭いのですが、遺構が重複して検出されました。竪穴住居や土坑がありますす。今回注目するのは、私が墓だと考える遺構4aです（図2-4参照）。埋土中から出た木炭の年代測定結果は七五二〇〜七三二〇年前となりました。従来言われてきた約七五〇〇〜七〇〇〇年という石刃鏃文化の時期とほぼ一致しています。

この土坑の中から出てきたものについて説明します。まず、土坑の北壁下部から底にかけて、黒曜石製の石器が多量に出土しました。これは「石刃鏃石器群」（高倉一九九七）と呼ばれる一群で、石刃鏃・彫器《ちょうき》・掻器《そうき》などと石核調整剥片があります。石刃鏃文化にごく一般的な組成です。総点数は三三〇〇点以上で、石材の九九％、ほぼ全てが黒曜石です。石核調整剥片の接合資料が四つあります。明らかに黒曜石を多量に消費して石器を作っています。

それから、坑底のほぼ中心からは土器の底部が出土しました。これはおそらくお墓の中に遺体とともに埋葬された土器の一部です。非常にもろい小破片が多くて、時間をかけて慎重に復元しました。土器の付着物の年代は約八〇〇〇年前と出ました。リザーバー効果の影響を考えて、石刃鏃文化の年代にほぼ相当するとみてよいかと思います。

道東太平洋側で浦幌式土器が多く作られましたが、出てきた土器はこれとほぼ同じものです。上面

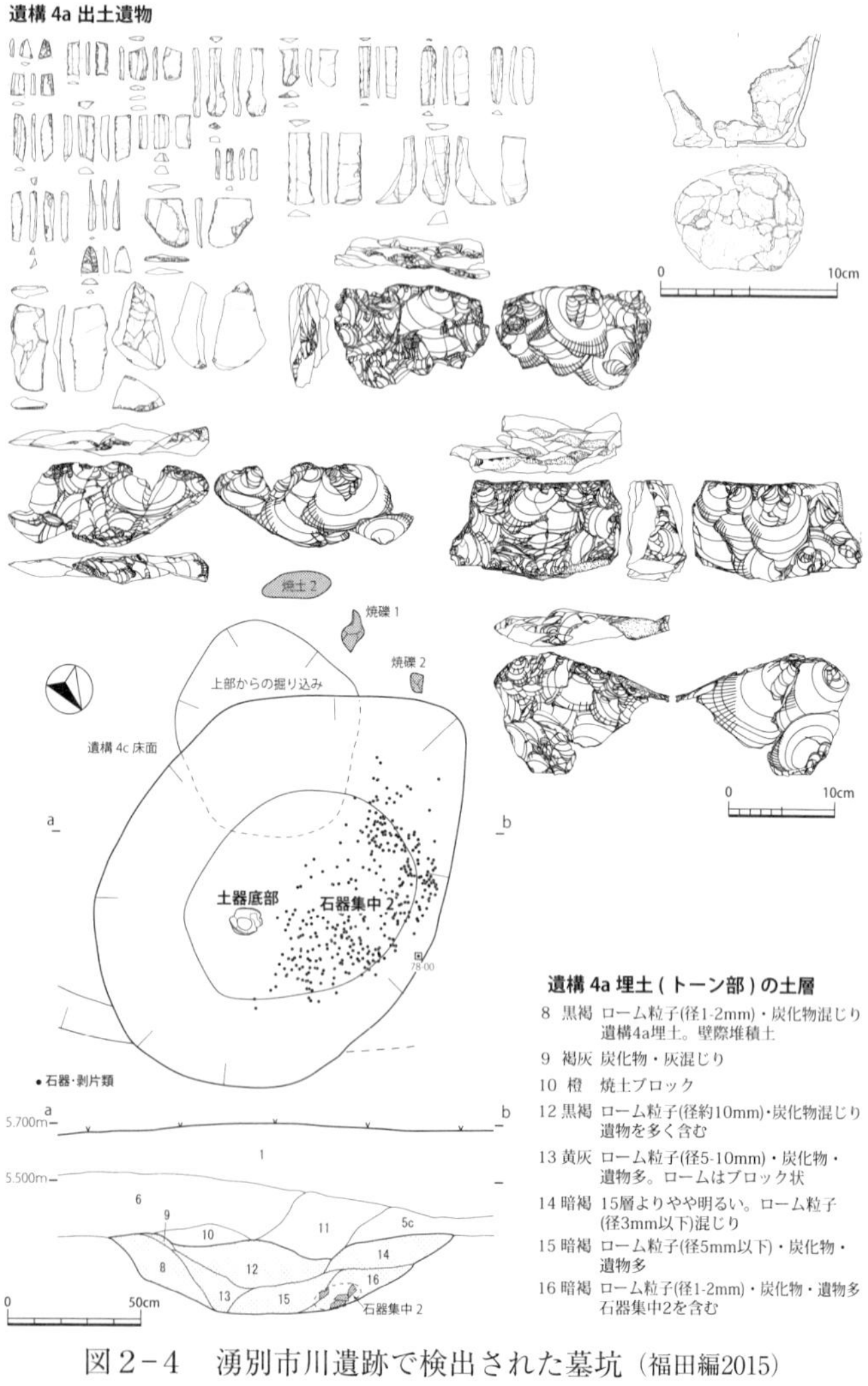

遺構 4a 出土遺物
0
10cm
焼土 2
焼礫 1
焼礫 2
上部からの掘り込み
遺構 4c 床面
a
b
土器底部
石器集中 2
78-00
0
10cm
遺構 4a 埋土 (トーン部) の土層
8 黒褐 ローム粒子(径1-2mm)・炭化物混じり 遺構4a埋土。壁際堆積土
9 褐灰 炭化物・灰混じり
10 橙 焼土ブロック
12 黒褐 ローム粒子(径約10mm)・炭化物混じり 遺物を多く含む
13 黄灰 ローム粒子(径5-10mm)・炭化物・遺物多。ロームはブロック状
14 暗褐 15層よりやや明るい。ローム粒子(径3mm以下)混じり
15 暗褐 ローム粒子(径5mm以下)・炭化物・遺物多
16 暗褐 ローム粒子(径1-2mm)・炭化物・遺物多 石器集中2を含む
● 石器・剥片類
a
b
5.700m
5.500m
1
6
9
10
11
5c
14
8
12
16
13
15
石器集中 2
0
50cm

図２−４　湧別市川遺跡で検出された墓坑（福田編2015）

が略楕円形をなしているのが特徴的です。この遺跡で石刃鏃期の文化層に伴う土器を私は「湧別市川Ⅰ群」と呼んでいます。絡条体圧痕文《らくじょうたいあつこんもん》——棒に縄を巻きつけて土器の表面に押し付けた文様——をもった口縁部破片も出土しています。この文様が浦幌式の特徴です。また、道東の別の地域には沼尻式と呼ばれる土器がありまして、その伝統を継承した無文の土器もあります。これは、湧別市川Ⅰ群のなかで浦幌式土器と異系統共存の関係にあります。

この土坑の埋土から他に多量の炭化植物遺体（木炭）が出土しました。縄文早期の道東では、おそらくお墓とみられる土坑に木炭をあえて集中的に捨てる風習がありました。遺構４ａにもそれと同じ傾向が認められます。木炭は建築部材あるいは薪炭と思われるものです。植田弥生さんに樹種同定してもらいましたところ、基本的に有用植物でして、堅果類（オニグルミ、コナラ節）のほかにヤナギ属、ニレ属、ノリウツギ、ヤマブドウ、ハシドイ、トリネコ属、ガマズミ属などがあります（植田二〇一五）。面白いことに針葉樹はありません。

國木田大さんが、土器付着物の炭素年代を測定して縄文早期の編年を考察しています（國木田二〇一四）。彼の作った編年表の中のどこに湧別市川Ⅰ群が位置づくのかといいますと、浦幌式の年代幅に収まっています。浦幌式全体の中でも古い部類になるようです。

サハリン・大陸方面との関係

ところで、石刃鏃に伴う土器としてもう一つ注目したいのが、女満別《めまんべつ》式・トコロ14類と呼ばれる土器群、大陸側と関係があるのではないかと言われてきた土器群です。湧別市川遺跡では出土していません。道東太平洋側の浦幌式系統（大正Ⅳ群）と沼尻式系統とが共存してオホーツク地方の湧別市川Ⅰ群となります。でもオホーツク地方に多い女満別式は、実は浦幌式などの道東在地の型式とは違いまして、どうやらサハリンと関係があるようです。

一方、石刃鏃は大型石刃の片面に加工を施したものですが、佐藤宏之先生の研究によると、その前段階（嘉多山式期）の石鏃は菱形の両面調整石器です（佐藤二〇一五）。また、浦幌式期に後続する東《ひがし》釧路《くしろ》Ⅱ式期になると、一部で石刃鏃の形が変わります。山原敏朗さんが指摘したように（山原二〇〇八）、もともとの形は踏襲しますが、片面全体に調整加工を施します。前の時期と似たものを作りながら変化させるようなこともあったようです。

石刃鏃の形が変化したり減少したりするのは約七〇〇〇年前のことですけれども、この年代はちょうど東北地方北部の縄文海進最盛期となる縄文早期後葉の赤御堂《あかみどう》式期に並行します。温暖化がピークに達してできた環境のなかで石刃鏃石器群の技術は、必要とされなくなり放棄された。あるいは変質、変容したと言えそうです。

湧別市川遺跡の石刃鏃文化層の出土木炭の年代は七六四〇〜七二四〇年前で、これを暦年較正すると八五一五〜七九八三年前になります。この暦年代は、最近話題になっている暦年八二〇〇年前の世界的な寒冷期（８・２ｋａイベント）と重なっています。石刃鏃の出現は寒冷期の到来と関係するので

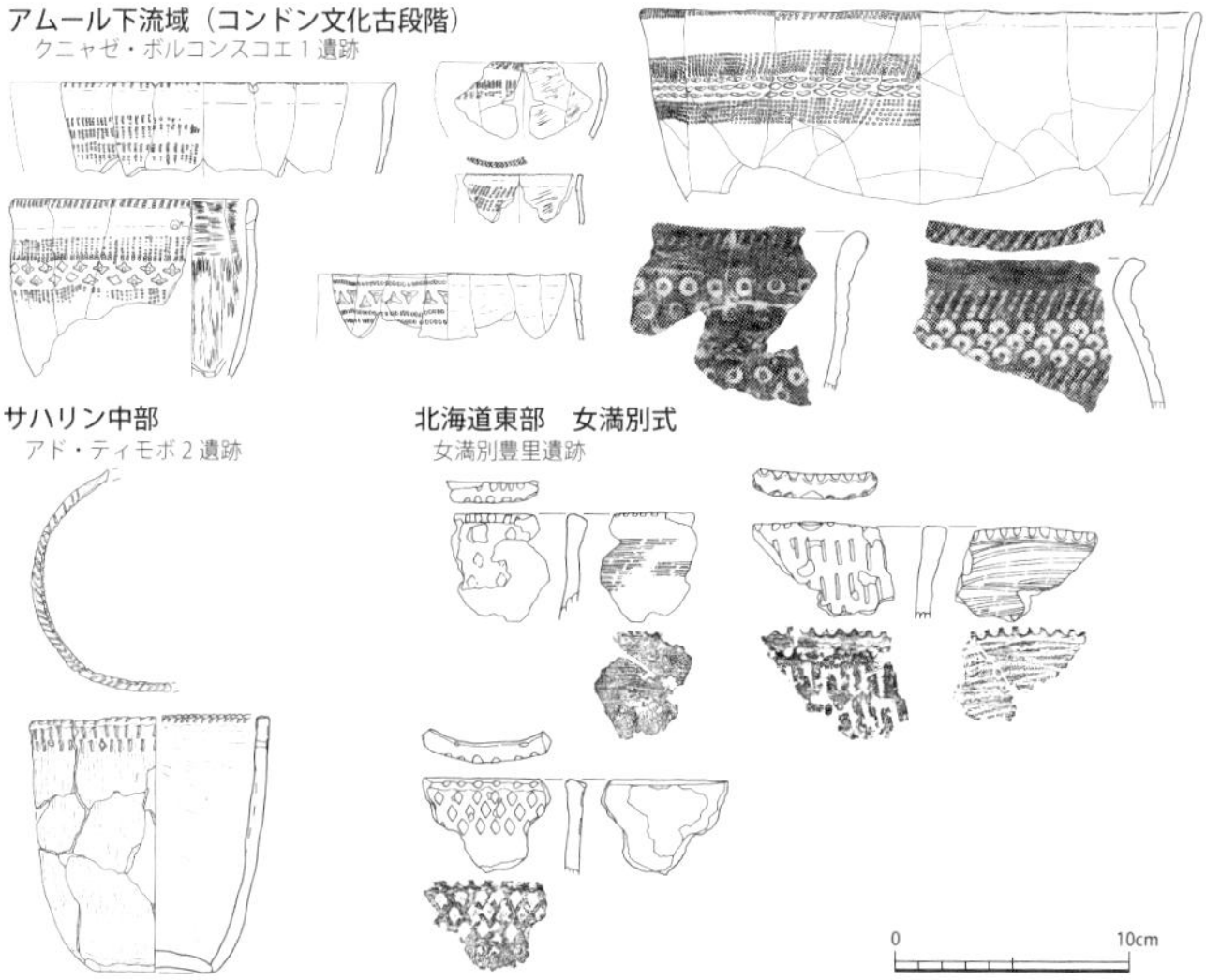

図2−5　女満別式土器と関連資料（各文献より）

はないかと指摘されています（山原二〇〇八、Morisaki, Sato 2015）。たしかに年代値を大つかみすれば一致すると言えるのですが、湧別市川遺跡での木炭の樹種や縄文海進最盛期との並行関係を考えると、石刃鏃が使われた時期のすべてが寒冷期に収まるとは思えません。寒かった期間はもっと短くて、年代が古く出る傾向にある女満別式の段階に絞られるのではないかと私は考えています。

ところで、北海道の女満別式土器と関係がありそうな土器がロシアにあります。サハリン中部にティモフスコエという街があり、そこから北に少し行ったところにアド・ティモボという村があります。この村の遺跡（アド・ティモボ2）で型押文が特徴的な女満別式土器とよく似た土器が出土しています（ヤンシナ他二〇一一、福田他二〇一五b）。

ただ、アド・ティモボの土器に関しては、女満別式よりもっと近縁関係にあるものが、アムール下流域のほぼ同年代の遺跡で出土しています。私たちが調査したクニャゼ・ボルコンスコエ1遺跡から出土したコンドン文化古段階の土器群を見てみましょう（福田他編二〇一一）。女満別式と文様が類似するので、北海道の石刃鏃文化と関係するのではないかと言われていた一群ですが、スタンプ文の付け方や土器の作り方を見ると、アド・ティモボの土器はこのコンドン文化の系統上にあります。

女満別式とアド・ティモボを直接結びつけた議論をしたいところなのですが、残念ながら、サハリン中部と道東オホーツク地方との中間地帯となる道北とサハリン南部で関連遺跡が発見されていません。ということで、サハリン中部と道東がいずれ繋がる可能性はあるけれども、関係はまだ薄く、サハリン中部の土器はアムール側に連なるものであると言っておきます。

ちなみに、女満別式の方形・菱形スタンプ文とともに注目されてきた常呂貝塚のトコロ14類土器にある鳥類の長管骨《ちょうかんこつ》を押したような円形スタンプ文、これも大陸の土器と関係があるのではないかと言われていました。が、コンドン文化系統のものとは施文具、施文方法がまったく違います。これはおそらく列島縄文系のものです。今回よく分かったのは、一九六〇年代に佐藤達夫先生が女満別式土器の位置づけに関連して提示した枠組みは（佐藤一九六四）、いまでも有効だということです。

続縄文期初頭の動き

縄文海進最盛期以降、アムール方面と北海道側とで文化系統が二極化すると先ほど説明しましたが、次に、その二極構造が大きく変化する頃、つまり紀元前一千年紀後半のアムール下流域、サハリンそして北海道のことをお話ししたいと思います。皆さんご存じかと思いますが、この頃の東北地方には弥生文化の系統がありまして、対岸の北海道南部には東北北部からの影響を多分に受けた続縄文期の恵山《えさん》文化が成立します。東北と北海道の関係についてはよく注目されてきたのですが、実はサハリン方面との関係についてはあまり注目されていません。私が長年取り組んできて、これまでに分かったことを簡単にお話ししたいと思います。

この時期の宗谷海峡を挟んだ両岸の地域に共通性の高い土器が生まれます。ロシアではサハリン最南部のアニワ湾周辺に遺跡が増えるので、アニワ文化と呼ばれています。これは北海道続縄文が拡大したものです。この時期になると、先ほど言いましたような縄文時代特有の適応範囲を超える動きや変化が千島方面でも起こっています（福田二〇一三）。

それではこの時期のサハリン中部・北部はどうだったのかと言いますと、ナビリあるいはピリトゥンと呼ばれる文化が設定されています（Vasilevskiĭ, Grishchenko 2012）。他にカシカレバグシ文化もあります。重要なことは、大陸側のアムール河口域にひろがった文化が拡大してきたことです。これはおよそ二四〇〇年前から二〇〇〇年前までの出来事でして、大陸側のバリシャヤブフタ文化の影響がサハリンに及んできました。

バリシャヤブフタ式あるいはバリシャヤブフタの系統にある土器には、他とは違う非常に分かりやすい特徴があります。まずは丸底です。そして突瘤文《とつりゅうもん》と呼びますが、内側から外側に棒を押し込んでつくる瘤状の文様があります。サハリン中部以北で多く出土していますが、サハリン南東部でも出土することが分かっています（木山他二〇〇三）。

バリシャヤブフタ式土器については、東シベリア・ヤクーチヤの青銅器文化に同じようなものがあります。日本人には聞き慣れないのですが、ウラハン－セゲレンニャーフスカヤという文化がありまして、現地ではバリシャヤブフタ式はこの文化と関係があると指摘されています（Dyakonov 2012）。年代に関しては、私たちもけっこうな点数を測っているのですが、いかんせん測定値が少なすぎます。紀元前一千年紀後半だとしか言えません。

北サハリンでは、紀元前一千年紀に入ったころからナビリ文化、ピリトゥン文化の遺跡が一斉に増えはじめます。私が対岸のアムール河口域で行った、出土土器の層位的前後関係と各層出土木炭の炭素年代値を組み合わせた編年考察があります（福田二〇〇七）。三五〇〇年前から二〇〇〇年前を五段階に分けておりまして、サハリンの土器群はそれぞれに対比することができます。サハリンのものは、日本の縄文系のものとはまったく違っていて、明らかに大陸側との関係性のなかに位置づけられます。

ところで、私はこの時期の北サハリンに張り出し部が付く竪穴住居がよくあることを気にしています（福田二〇一四）。サハリン国立大学のグリシェンコさんの研究によると、カシカレバグシ5遺跡で注目すべきデータが得られています（グリシェンコ二〇一五）。

この遺跡はカシカレバグシ文化の標識遺跡です。6号竪穴住居から出土した土器片ですが、縄目文様が付いています。先ほどのサハリン南部・アニワ文化の土器と類似しています。そしてもう一つ注目したいのは、一緒に出ている石器の石材が北海道産黒曜石だということです。本来ここは北海道産黒曜石の主な供給範囲内ではありませんでした。先ほど言いました宗谷海峡をまたいだ続縄文系の文化と関係するカシカレバグシ文化が北サハリンにあることが、最近になって分かってきました。

まだ未検証の部分が多々ありますが、一つの仮説を提示しておきます。カシカレバグシ5遺跡でも張り出し部をもつ竪穴住居が見つかっています。実は北海道では、続縄文期あるいは縄文時代の晩期後半頃からこういう形の竪穴住居が出現します（図2-6参照）。これは、その前の北海道には確認できない一方で、北方民族の住居様式によくある玄関施設に似ているので、古くから北方寒冷地域の集団との接触関係が窺われてきました。千島のほうから伝播してきた可能性などが指摘されてきましたが、どうやら北サハリンのこういった類例に関連づけられる見通しが得られてきました。

そういえば、続縄文期の北海道ではサハリン産の可能性の高いコハクが増えると指摘されています（青野・大島二〇〇三）。また、それまでの北海道には伝統がなかったイヌを家畜にする習慣が、道北にあらわれるとも言われています（内山二〇一四）。そういった意見を踏まえると、本州側との関係の

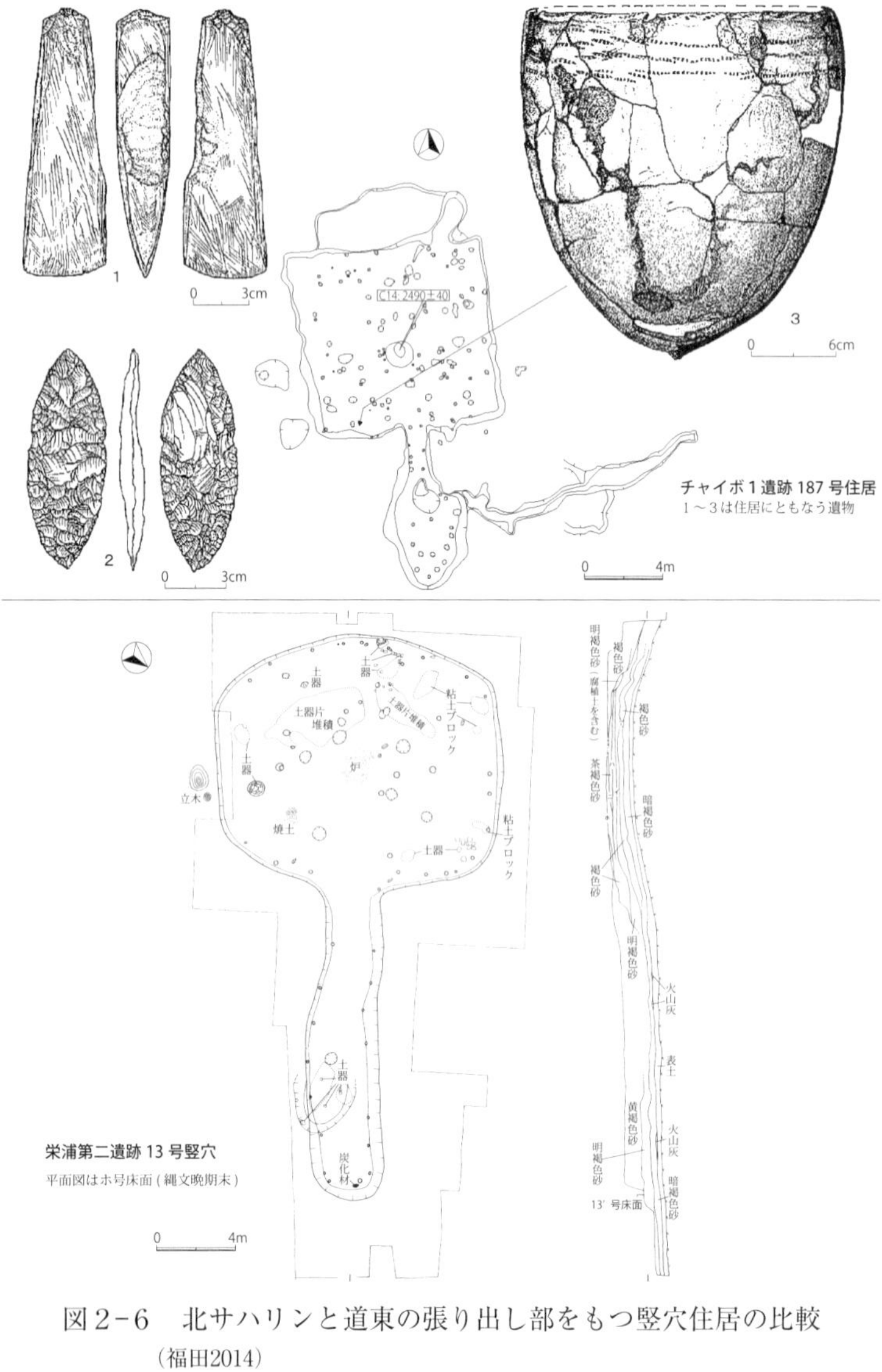

図2-6　北サハリンと道東の張り出し部をもつ竪穴住居の比較
(福田2014)

みならず、サハリン側との関係をあらためて考えた上で北海道の続縄文を捉えることが大切になると思います。現時点でこうした展望が見えてきました。今後はもっと精度を上げた研究を進めていくことが必要となります。

(3)　北海道の縄文文化の独自性

最後に論点をまとめておきます。まず、北海道の縄文早期後葉から晩期は、基本的に本州側との関係性のなかに位置づけられます。そして、縄文的生活構造の適応限界は道東北にあります。亜寒帯性の環境に縄文集団は順応しにくいということが分かってきました。

次に、縄文・続縄文の北海道には大陸集団由来の社会構造変動は認められません。いつでもサハリンの動態が中間に位置づいています。縄文早期の石刃鏃期と続縄文期の北海道―サハリン間には異なる背景の連絡関係がありました。そのとき、北海道―大陸間にゆるやかな関係性が生じたとは言えますが、先に述べましたように、中間にはサハリンの動態が存在しました。

そして最後に、北海道―サハリン間に関係がある時期におけるサハリンからの南下現象というものは、実際にはどれも一過性です。そして定着しにくい、あるいは必要とされなくなる、という構造が読み取れることが分かってきています。

参考文献

青野友哉・大島直行「恵山文化と交易」『新北海道の古代2』北海道新聞社、二〇〇三年
伊東信雄「樺太先史土器編年試論」『喜田博士追悼記念國史論集』大東書館、一九四二年
植田弥生「木炭の樹種同定」『日本列島北辺域における新石器／縄文化のプロセスに関する考古学的研究』湧別市川遺跡調査チーム・東京大学、二〇一五年
内山幸子『イヌの考古学』同成社、二〇一四年
木村英明「石刃鏃文化について」『江上波夫教授古稀記念論集　考古・美術編』山川出版社、一九七六年
木山克彦・シェフコムード・コシツゥナ「バリシャヤブフタ1遺跡の土器が提起するもの」『古代文化』第五五巻一一号、二〇〇三年
國木田大「石刃鏃石器群の年代」『環日本海北回廊における完新世初頭の様相解明』東京大学、二〇一四年
グリシェンコ（福田正宏訳）「続縄文文化の一部としての北サハリンのカシカレバグシ文化」『日本列島北辺域における新石器／縄文化のプロセスに関する考古学的研究』湧別市川遺跡調査チーム・東京大学、二〇一五年
佐藤達夫「女満別式土器について」『ミュージアム』第一五七号、一九六四年
佐藤宏之「北海道の石刃鏃石器群と石刃鏃文化」『日本列島北辺域における新石器／縄文化のプロセスに関する考古学的研究』湧別市川遺跡調査チーム・東京大学、二〇一五年
髙倉　純「石刃鏃石器群における石刃剥離技術」『北海道考古学』第三三輯、一九九七年
手塚　薫「千島列島における先史文化の適応と資源獲得・流通の検討」『北海学園大学人文論集』第四八号、二〇一〇年
福田正宏『極東ロシアの先史文化と北海道』北海道出版企画センター、二〇〇七年

福田正宏「北方の考古学」『季刊東北学』第一五号、二〇〇八年
福田正宏「北海道とサハリン・千島」『季刊考古学』第一二五号、二〇一三年
福田正宏「シベリア大陸部との関係」『オホーツク海沿岸の遺跡とアイヌ文化』北海道出版企画センター、二〇一四年
福田正宏・阿子島香・國木田大・吉田邦夫「宗仁式土器の再検討」『Bulletin of the Tohoku University Museum』第一一号、二〇一二年
福田正宏・グリシェンコ・ワシレフスキー・大貫静夫他「サハリン新石器時代前期スラブナヤ5遺跡の発掘調査報告」『東京大学考古学研究室研究紀要』第二九号、二〇一五a年
福田正宏・グリシェンコ・ワシレフスキー・大貫静夫他「サハリン中部アド・ティモボ遺跡群の考古学的調査（二〇一四年度）」、『第16回北アジア調査研究報告会予稿集』二〇一五b年
福田正宏編『日本列島北辺域における新石器／縄文化のプロセスに関する考古学的研究』湧別市川遺跡調査チーム・東京大学、二〇一五年
福田正宏・シェフコムード・熊木俊朗・内田和典編『東北アジアにおける定着的食料採集社会の形成および変容過程の研究』東京大学、二〇一一年
藤本　強『北辺の遺跡』教育社、一九七九年
山原敏朗「更新世末期の北海道と完新世初頭の北海道東部」『縄文化の構造変動』六一書房、二〇〇八年
ヤンシナ・ゴルブノフ・クズミン（福田正宏訳）「サハリン新石器時代前期に関する諸問題―アド・ティモボ2遺跡―」『黒曜石の流通と消費からみた環日本海北部地域における更新世人類社会の形成と変容（I）』東京大学、二〇一二年
V. M. Dyakonov. 2012. Ceramic of the Ulakhan-Segelennyakh Culture, Early Bronze Age, Yakutia. *Archaeology*

Ethnology & Anthropology of Eurasia, Vol.40, No.4.

B. Fitzhugh, V. O. Shubin, K. Tezuka, Y. Ishizuka, and C. A. S. Mandryk, 2002. Archaeology in the Kuril Islands. *Arctic Anthropology*, Vol.39, Nos.1-2.

K. Morisaki and H. Sato, 2015. Hunter-gatherer Responses to Adrupt Environmental Change from the Terminal Pleistocene to the Early Holocene in the Lower Amur Region. *Forgotten Times and Spaces: New Perspectives in Paleoanthropological, Paleoethnological and Archaeological studies*. Czech Academy of Sciences; Masaruk University.

A. A. Vasilevskiĭ（ワシレフスキー）, 2008. Soni: Kul'tura srednego neolita na ostrove Sakhalin. *Neolit i neolitizatsiya basseĭna Yaponskogo morya: chelovek i istoricheckiĭ landshaft*. DVGU.（露語）

A. A. Vasilevskiĭ and V. A. Grishchenko（ワシレフスキー・グリシェンコ）, 2012. Sakhalin i Kuril'skie ostrova v epokhu paleometala. *Uchenye zapiski Sakhalinskogo gosudarstvennogo universiteta*, No.9.（露語）

3　縄文文化における南の範囲

伊藤慎二

はじめに、日本列島周辺の様子を考えたいと思います。周辺地域からみた縄文文化、そもそも縄文文化の範囲という場合に、縄文文化とはいったい何だろうか、その輪郭と定義の問題を考えます。

(1)　周辺地域からみた縄文文化――輪郭と定義――

先ほど福田正宏さんのお話にありました、北海道の縄文時代早期の女満別《めまんべつ》式土器あるいは石刃鏃については、最近の福田さんの研究によって細かいことが分かってきました。ロシア極東の新石器時代のルドナヤ＝プリスタニ遺跡（沿海地方）、ノヴォペトロフカ遺跡（アムール川流域）に代表されるアムール編目文土器や石刃鏃《せきじんぞく》が分布している地域と北海道の間で関わりがあるということは従来から想定されていました。そして、先ほどのご発表によって間をつなぐサハリン（樺太《からふと》）島方面の詳しいことが分かってきました。

一方、南に目を向けます。九州・長崎県の対馬《つしま》では縄文時代の遺跡が多くを占めるなかに、時に韓国の新石器時代の土器そのものが見つかる場合がある。たとえば越高《こしたか》尾崎《おざき》遺跡では、韓国の新石器時代の隆起文《りゅうきもん》土器そのものが主体的に出土しています。

日本列島は、ユーラシア大陸東縁のさまざまな地域に接しています。そのため、大陸側近隣の新石器文化と日本の縄文文化との間で、時に交流や接触があったのは当然です。

そして、もう一つ考えなければいけないのは生活の問題です。日本に接するユーラシア大陸・東北アジア地域の新石器時代と比較した縄文時代の暮らしぶりを考えます。じつはどちらの地域も、竪穴《たてあな》住居に人々は暮らしています。そして狩猟採集や漁撈を生活基盤にしています。さらに煮込み料理作りに適した丈の深い形の土器である深鉢形《ふかばちがた》土器を使う地域ということも共通します。また興味深いことに、お隣の朝鮮半島やロシア極東南部の特に沿海地方などでは、狩猟採集を行っている新石器文化の後半段階に植物栽培・農耕をはじめます。縄文文化でも、同じように途中から植物栽培をはじめたと最近では考えるのが普通になっています。東北アジアの新石器文化と縄文文化が展開した地域は、じつは歴史的経緯も似ているのです。

そう考えると、日々の暮らしぶりでは、じつは縄文文化とその近隣周辺の新石器文化とは区別ができなくなってしまいます。そうするといったい何でそれらをはっきり区別するのか。結局、縄文土器を主に使う地域が縄文文化、縄文土器を主に使っている時期が縄文時代という話に行き着いてしまいます。では、縄文土器とは何なのでしょうか。

典型的な例を二つあげます。たとえば関東地方の縄文時代前期の関山《せきやま》式土器です。土器の表面をすき間なく非常に複雑な縄文施文で埋めています。そして、もう一つは縄文文化の代名詞として知られるようないわゆる「火焔土器《かえんどき》」があります。縄文時代中期の越後〜会津地方を中心に分布する馬高式《うまたかしき》土器です。この二つの縄文土器様式の特徴を要約すると、縄文施文と口縁部突起の発達が重要な要素といえます。

ここで少し世界に目を向けて、縄文土器のこの二大特徴を考えます。最初に縄文です。土器の表面にほどこした縄目文様の縄文は大きくわけて三種類あります。第一に、縄文土器のように縄を回転させてつける文様「回転縄文」があります。この回転縄文が、縄文文化の縄文土器の特色です。第二に、小さな羽子板のような物に縄を何重にも巻きつけて、捏ねた粘土をそれで打ち延ばして土器の形を作る際にできた文様「縄蓆文《じょうせきもん》」があります。この縄蓆文が世界の多数派の縄文です。そして第三に、縄そのものを土器の表面に押しつけた文様「原体圧痕文《げんたいあっこんもん》」があります。

縄文土器で普通に行われる回転縄文手法にかぎっても、世界ではたとえば西・東アフリカ、あるいは東北アメリカの五大湖周辺にもあります。日本近隣でもロシア極東の新石器時代のザイサノフカ文化の土器にも一部回転縄文がみられます（伊藤二〇〇六a）。

つまり「縄文」だけでは、縄文土器を世界の他の文化の土器と区別するのが難しいです。

つぎに、口縁部の突起です。口縁部の突起は、そもそも容器としての実用性には全然関係がありません。しかし、縄文文化の人たちはわざわざ土器の口縁部に装飾的な突起をつけることにこだわります。そして、世界に目を向けると、ロシアのシベリアや中国長江下流域などにもありますが、回転縄文よりはっきりと、口縁部突起に強いこだわりを持つ地域として、日本列島周辺が世界のなかで鮮明に浮かびあがってきます（伊藤二〇〇六b）。

先ほどの福田正宏さんのお話のなかで、サハリンの新石器時代の宗仁《そうに》式（南サハリン文化）にも口縁部突起がついた土器があることが紹介されました。これについても縄文文化の北海道の隣接地ですので、縄文土器の一様式と見なす見解もあれば、福田さんのようにサハリン島独自の新石器文化の土器伝統に位置づけるという見解の相違があります（福田二〇一三）。土器でもなかなか文化の境界区別が難しい問題があるわけです。

これらの土器が使われていた時代には、現在ではすでに失われた多くの有機質の物質文化や、考古資料としては痕跡が残らない言葉だけで表現していた社会や宗教の複雑な決まりごとまであったはずです。現代の考古学者と過去の文化の実際の担い手の人々との間では、文化の範囲境界認識が異なることもじゅうぶん考えられます。では、どうやって縄文文化の範囲境界を限定するか。ともかくも、考古学が今把握しているカタチのある資料に基づいて、いったん仮の区切りをつける必要があります。

日本周辺の先史文化で、いろいろな地域を比較可能な普遍的にある材料は、やはり土器です。そして、土器には時期・地域に応じて決まった土器様式があります。それらの土器様式は、時期を経るにつれて入れ代わったり似通ったりする連絡関係があります。そのような土器様式間の通時的で系統的な連絡関係が安定して見られる一連の歴史的伝統・地域を、縄文文化とその範囲とみなします。そこで、そのような土器様式の連絡関係のあり方に限定的な基準をおいて、縄文文化の南の範囲を検討します。

(2)　琉球列島の状況

まずはじめは琉球列島です。琉球列島は大きく北と南に区別します。北琉球は、沖縄県の沖縄諸島と、鹿児島県の奄美《あまみ》諸島・トカラ諸島から構成されます。南琉球は、沖縄県の宮古《みやこ》・八重山《やえやま》諸島、または先島《さきしま》諸島と呼ばれる地域です。

南琉球

南琉球の様子をみますと、縄文時代後期ごろには独特の土器文化が展開しています。下田原《しもたばる》式土器を使う文化です。下田原式土器が最初に発見された頃は、底が平らで広く、丈は浅く内側にすぼまった口縁部が特徴的な、鍋のような形をした土器のみが知られていました。ところが、一九九五年に、石垣島《いしがきじま》の石垣市ピューツタ遺跡の発掘調査が行われた結果、約四〇〇〇年前の一番古い段階には深鉢のような形をしたような土器も存在することが分かりました。

そこで、南琉球の下田原式系土器が時期によって変化するのか私も調べたところ、三段階に区別できました。そして、最古段階には深鉢のような形があるけれども、最終的には鍋のような形の土器のみに変わっていくことがわかりました（伊藤二〇〇六b）。

これらの下田原式系土器文化の起源について、研究初期には台湾方面の先史文化との関わりも指摘されたのですが、依然としてよく分かっていません。また逆に、縄文文化とのつながりについても、南琉球については明確に確認できないのが現状です。

北琉球

では、北琉球はどうでしょうか。最初に結論を要約すると、縄文文化と直接関連を持つ最南端の場所・文化、それが北琉球の貝塚文化です。その時代の北琉球を貝塚時代前期と呼び、前1期～前5期にまで区別します。前1期は縄文時代早期末～前期頃、前2期は前期～中期頃、前3期は中期～後期頃、前4期は後期～晩期頃、前5期は晩期～弥生時代初頭頃になります（高宮・新里編二〇一四）。北琉球の貝塚文化と縄文文化との関係は断続的で選択的というのが特徴です。

北琉球の貝塚時代前期の土器様式の変化について、私の研究成果では少なくとも七つの土器様式があって、連続的に入れ代わる二八段階の変遷状況を確認しています。土器様式の新旧交代は連続的で、それまでの土器様式から新土器様式に断絶的に刷新されるような状況は確認できませんでした。

貝塚文化の土器の起源をめぐって

現在定説的に理解されている確実に貝塚時代最古の土器様式は、前1期の爪形文《つめがたもん》系土器です。発見当初の北琉球の爪形文系土器は、九州などの縄文時代草創期の爪形文土器との類似性が注目されました。ところが研究が進んでいくと、時代的には九州などの縄文時代早期の終わりから前期初め頃に相当する貝塚時代前1期の土器であり、その時代の九州などの縄文文化には同じような土器が存在しないことも分かってきました。つまり、縄文時代草創期の爪形文土器とはまったく「他人の空似」の北琉球独自の土器様式であることがわかったのです。

つまり大事なことは、北琉球の貝塚文化最古期の土器様式は、現在確実な資料では縄文文化との関連性が不明確である。縄文文化以外との関連性もなお検討する必要がある状況ということになるわけです。

北琉球の爪形文系土器は、指先・爪先のような道具で土器の表面に文様をくまなくつけています。器の作りも古い段階では非常に薄く、断面の厚さが五ミリぐらいのものもあるのですが、比較的堅緻な土器です。

しかし最近、新しい問題が浮上しました。沖縄本島南部にある八重瀬《やえせ》町の港川《みなとがわ》フィッシャー遺跡から、新たな特徴の土器が見つかりました。口縁部に波状の沈線《ちんせん》を多数ほどこした、おそらく尖底の土器です。そしてこの土器の近くで見つかった貝から八六四〇年前という年代値が得られました。先ほどの約七〇〇〇年前の爪形文土器と年代値だけ見るとはるかに古い土器ということになります。

さらにもう一つ、同じ沖縄本島南部の南城市のティーラガマ遺跡が、沖縄県立博物館・美術館の山崎真治さんにより最近発見されました。ここでは、発掘調査ではなく地層の断面から偶然港川フィッシャー遺跡とやや似た特徴の土器が採取されました。そしてやはりその土器の近くにあった貝を測ったところ、9785BPと9090BPという約九〇〇〇〜一万年前近い年代値が得られました。これらの資料をもとに、山崎真治さんは、縄文時代早期頃の南九州に関連する赤色条線文系土器あるいは有肩押引文系土器《ゆうけんおしびきもん》が沖縄に存在するという仮説（山崎他二〇一三）を提唱しました。これらの問題をどう考えるかということが、貝塚文化の土器の起源を考えるうえで重要な課題になります。つまり、土器出現期の北琉球の文化圏が琉球列島内で完結するのか、あるいは九州と関連するのかという大きな課題につながります。

しかし、私はこの仮説に反対しています。というのは、これらの資料は土器様式を特定する資料としてはあまりにも少量で断片的で、そもそも露頭断面採取資料や堆積過程がよく分からない地層から出土した資料です。また、考古学で土器の新旧を判定する決め手となる他の土器様式との地層中での上下関係が把握できていません。つまり、爪形文系土器《つめがたもん》との地層での新旧関係がまだ未確定です。

さらに最大の決め手の年代値も、土器そのものあるいはその土器を使っていた当時の生活面の年代ではなく、性格がよく分からない地層の中でたまたま土器の近くにあった試料の年代にすぎません。たとえば、現代の地表にたまたま縄文土器片と江戸時代の寛永通宝がならんで落ちていたとしても、縄文土器が江戸時代まで使われていた証拠にはならないのと同じです。私自身は、これらの土器は前1期の爪形文系土器より後の時期の文様施文手法の特徴を備えているので、前2期の条痕文系土器古《じょうこんもん》段階に位置づけています（伊藤二〇〇八・二〇一一）。

したがって、確定した学説としては爪形文系土器が北琉球最古の土器ということは、現在も変わりません。すると、貝塚時代最古の段階は縄文文化とのつながりが見えないことに戻ります。ではそれらの点を踏まえたうえで、琉球列島はいつから縄文文化との関連性が明確になったのかということを考えます。

貝塚文化への縄文土器様式の影響

そうすると、貝塚時代の土器に縄文土器様式の影響がはっきり現れる最古の例は、前2期になります。貝塚時代の条痕文系土器新1段階に属する九州の縄文時代前期の曽畑《そばた》式とその影響を受けた土器が最古の資料です。ところがこの曽畑式は、北琉球に出現すると、九州では見られなかった変化を遂げます。

九州ではあまり見られない無文の尖底状の丸底となったものが北琉球では多いです。九州では平底に近いような丸底で、底部まで沈線でまるで蜘蛛の巣のような文様を描くのが非常に特徴的です。ところがこの北琉球の曽畑式は、底が尖りぎみとなり、その部分には文様をつけなくなってしまうのです。曽畑式を受容する。しかし受け容れると同時に北琉球風に変化させてしまう特徴がみられるのです（伊藤二〇〇八）。

さらに後の時期の例をみます。貝塚時代前4期初頭から前葉の土器様式である沈線文系土器や籠目《かごめ》文系土器の口縁部とその文様の組み合わせ方に、九州の縄文時代後期の松山式・市来《いちき》式土器の影響が現れます。

より九州に近い北琉球の奄美諸島で最初に受容された市来式土器も、一見雰囲気はそのままのようでいて細部の文様のほどこし方が変わります（籠目文系土器古1段階）。さらにその次の段階（古2段階）になると、その文様をさらに大胆に再解釈して、独特の籠の編目のような文様に変化します。先ほどの曽畑式と同じく受容と同時に変容が進むのです。これらと異なる例では、貝塚時代前4期後葉～末葉の奄美諸島の肥厚口縁《ひこうこうえん》系土器（「面縄西洞《おもなわせいどう》」式）には、それまで貝塚時代になかった浅鉢形《あさばちがた》土器が九州の影響で突然出現する例もあります。また、前5期後葉～後1期前半の無文尖底《むもんせんてい》系土器（特に阿波連浦《あはれんうら》下層式）にも、縄文時代晩期の九州の黒川式土器などに類似した器面を平滑に磨き上げた浅鉢形土器などが出現します。

こうした北琉球の貝塚時代と九州の縄文時代の土器文化の関わり方を図式的に整理します（図3-5）。左側が北琉球の貝塚時代で、右側が九州の縄文時代です。大きく四種類に分けられます。まず(A)没交渉類型です。土器文化からは、琉球と九州の相互関係の有無が見えない類型です。前1期の爪形文系土器や前4期の点刻線文系土器が代表的です。(B)共伴類型は、少しだけお互いの土器を伴う類型です。さらに、(C)型式・形式受容折衷類型は、相互の土器様式を構成する一部型式あるいは一部の形式（器種）を受け入れ、それらを独自に変容させる類型です。琉球・九州の間で両方に例があります。最後の(D)様式受容・在地化類型は、貝塚時代前2期あるいは縄文時代前期の曽畑式のように、九州で使われている縄文土器様式そのもの全体を受容して、独自に変容して在地化させてしまう類型です。

つまり、(A)～(D)類型の順序で、琉球と九州の土器文化が全く無関係から密接な関係までの差異があることを図式的に整理したのですが、どちらも双方の土器様式をそのまま完全に受け入れてしまう例が存在しないことが重要です。

貝塚文化は、縄文文化の縄文土器様式を完全には受容せず、独自の自律的な変遷過程を保つことが特徴的であるということになります。

貝塚文化の土器様式の独自性

そこで、あらためて貝塚文化の土器様式変化の独自性の特徴が注目されるわけです。貝塚時代最初の前1期の爪形文系土器から貝塚時代最後の平安時代頃の後2期のくびれ平底系土器様式までの変遷状況を確認します。そこから見えてくるのは、前1期の爪形文系土器から後2期のくびれ平底系土器まで土器様式の変遷は連続的であり、そこに断絶的な交代は確認できないことです。

そして縄文時代に相当する貝塚時代前期で考えてみると、研究当初から知られていることですが、最大の特徴として貝塚文化の土器様式は縄文文様をいっさい使わないことで終始一貫しています。さらにその形式（器種）の作りわけの特徴をみると、縄文文化にも時々はあるのですが、前3期の隆帯《りゅうたい》文《もん》系土器の段階から壺形《つぼがた》土器が出現して、その後も継続的に作り続けるというのが貝塚文化の際立っ

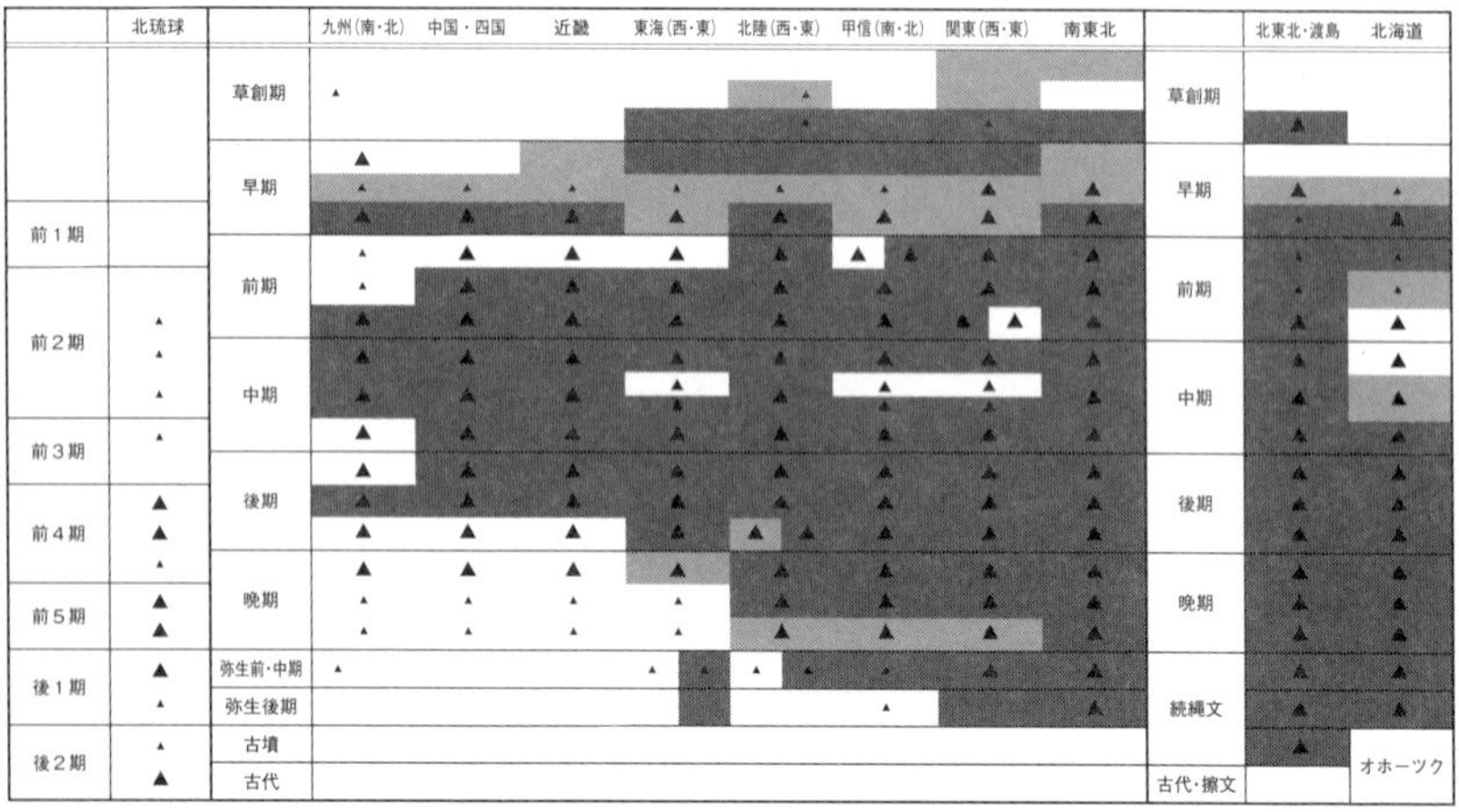

※網濃淡・▲大小＝多い・少ない

図3−1　縄文施文（網《あみ》）と口縁部突起（▲）の時期・地域別出現状況

た特徴です。

日本各地の縄文施文と口縁部突起の出現・多寡の状況を時期別に照合して比較します（図3−1）。三角形が口縁部の突起、大きい小さいが多い少ないを反映しています。網がかかっている部分の濃淡は縄文の多い少ないを表現しています。縦軸が時代、上が古く下が新しくなります。横軸が地域の違いで、左端が琉球の貝塚文化です。

そうすると一目瞭然なのは、日本の他地域で縄文が盛んに使用されている時期も含めて、北琉球の貝塚時代には縄文がありません。そして縄文土器を特徴づける口縁部突起も貝塚時代前2期末葉の隆帯文系土器古1段階から一般的になるのですが、北琉球では出現時期がかなり遅れたうえで、その後も多くなったり少なくなったりという不安定な状況が続きます。

図3-2　貝塚文化（前4期）の口縁部突起土器

日本の他地域にもいろいろ例外はありますが、口縁部突起が出現するとその後は一貫して続くというのが縄文文化の基本的な特徴ですので、そうしたところも貝塚文化と縄文文化の異なる特徴として把握できます。

たとえば、北琉球の貝塚文化の土器で口縁部突起が発達した時期にあたる沖縄県伊是名《いぜな》島伊是名貝塚出土の前4期の点刻線文系土器の例です（図3-2）。この中には壺形土器の上半分もありますが、こういう形の壺形土器を前3期の隆帯文系土器の時期からその後も継続的に作り続けます。しかし、口縁部突起は、その後に続かないのです。この直後の肥厚口縁系土器古2段階になると、口縁部突起が目立たなくなります。でもその後の新段階の土器では再び目立つようになる。さらにその後も含めて口縁部突起出現の不安定な状況が、日本の他地域ではもうすっ

図3-3　貝塚文化と縄文文化の境界

かり口縁部突起が忘れ去られていた平安時代頃にあたる貝塚時代後2期まで続くのです。

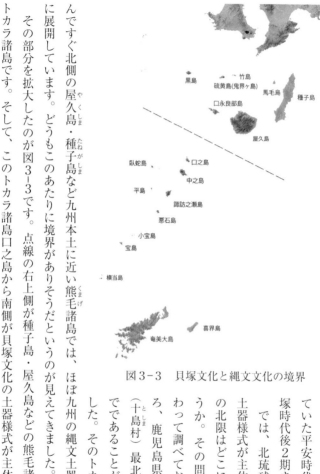

では、北琉球の貝塚文化の土器様式が主体を占めた地域の北限はどこになるのでしょうか。その問題に私もこだわって調べておりましたところ、鹿児島県のトカラ諸島(十島《としま》村)最北端の口之島《くちのしま》までであることが分かってきました。そのトカラ海峡をはさんですぐ北側の屋久島《やくしま》・種子島《たねがしま》など九州本土に近い熊毛《くまげ》諸島では、ほぼ九州の縄文土器様式が主体的に展開しています。どうもこのあたりに境界がありそうだというのが見えてきました。

その部分を拡大したのが図3-3です。点線の右上側が種子島・屋久島などの熊毛諸島、左下側がトカラ諸島です。そして、このトカラ諸島口之島から南側が貝塚文化の土器様式が主体的に展開した

図3－4①　種子島下剥峯遺跡の室川下層式土器

ことのある地域であることをつきとめました。

このトカラの島々を踏査した際に、最北端の口之島でオオバタケ遺跡を見つけました。ここが貝塚文化の土器様式が主体を占める最北端の遺跡です。前3期の隆帯文系土器や縄文時代後期の市来式土器の変容した例などが主体的に散布する状況を確認しました。

図3－4②　種子島下剥峯遺跡の室川下層式折衷土器

反対に北側の種子島・屋久島などの熊毛諸島の様子をみます。たとえば種子島西之表《にしのおもて》市下剥峯《しもはぎみね》遺跡では、出土土器の中心はほぼ普通の九州の縄文土器です。その中に、北琉球の貝塚文化の土器が少し混ざっています。前2期後葉の条痕文《じょうこんもん》系土器新2段階の土器（室川下層式）そのものがみつかっています（図3-4①）。そのほかに、文様は条痕文系土器新2段階そのものですが、胴部がふくらんだ独特の器形の胴部破片もみつかっています（図3-4②）。

じつはこういう図3-4②の形の土器は北琉球ではまったく作っていません。この土器を伴う主体の下剥峯遺跡の土器は、縄文時代中期の土器です。それらの縄文時代中期の土器は、胴部がふくらむ器形が特徴的です。器形は普通に九州風に作りながら、文様の付け方だけ北琉球のやり方をするような、つまり両地域のものを混ぜあわせた土器が出現しているのです。

ほかにも似た例があります。北琉球の貝塚時代には壺形土器が特徴的にみられます。そして北琉球と接していた熊毛諸島の縄文時代後期松山式・市来式期の人たちも、その壺形土器にさらに工夫を加えて、真上からみると舟の形をしたような口縁部の片口付（舟形口縁《ふながたこうえん》）壺形《つぼがた》土器を創りあげています。文化の接触変容現象が見られるのです（伊藤二〇〇八）。

このように、トカラ諸島と熊毛諸島の間に貝塚文化と縄文文化の主要な境目があるのですが、そこで断絶や一方通行になるのではなく、両方向の往来があり、ときに互いに影響を与えて新たなものを産み出している状況もうかがわれます。

(3) 伊豆・小笠原諸島の状況――もう一つの南――

では、ここでもう一つの南側の境界を考えます。それは、東京都の伊豆・小笠原諸島です。伊豆・小笠原諸島で現在知られる最南端の縄文文化の遺跡は、伊豆諸島の八丈島の倉輪《くらわ》遺跡です。この遺跡からは、関東・中部・東海地方の縄文時代中期の普通の土器がしっかりそのままみつかっています。

これより南はどうなのか。八丈島で見つかる独特の磨製石斧《ませいせきふ》・丸ノミ形石斧に着目した小田静夫さんの研究によると、それらの石斧の仲間が小笠原諸島よりさらに南のミクロネシアのマリアナ諸島でみつかる石斧と類似するということを、以前から指摘されています(小田二〇〇〇)。しかし、その間をつなぐ島々でしっかりとした遺跡が確認できないことが問題でした。ところが、一九九一年に、小笠原村の無人島の北硫黄島で石野《いしの》遺跡が発見されました。そこでは、石斧の問題に関わる資料とともに、未知の土器もみつかりました(早川他二〇〇五)。

この石野遺跡は、縄文文化とは明らかに異なる土器文化に属する遺跡だったのです。出土土器の付着炭化物を測った結果、約一八六〇年前、つまりだいたい二〇〇〇年前の弥生時代頃の土器ということが明らかになったのです。

しかし、この文化はどこから来たのかということが、その後も詳細不明なまま解決していませんでした。ところが、小笠原諸島の南隣の北マリアナ諸島の土器研究が急速に進んできました。それらの研究成果（Hunter-Anderson and Butler 1995）を参照すると、土器の形式（器種）やその組成・年代などが、北マリアナ諸島の先ラッテ中間期（intermediate pre-Latte）という時期の土器と瓜二つです。この北マリアナ諸島の先ラッテ中間期の文化が北硫黄島までおよんでいたのはほぼ確実と考えられます。

そこで問題となるのは、これら北マリアナ諸島の土器文化は、実は一番古い段階が縄文時代後期頃まで遡ることです。もしかすると今後の調査研究の進展によっては、そうしたもう一つの南の文化と伊豆諸島の縄文文化の最南端との接点の有無も明らかになるかもしれません。

いずれにしても、現在判明している縄文文化の南東側の境界は、伊豆諸島の八丈島まで

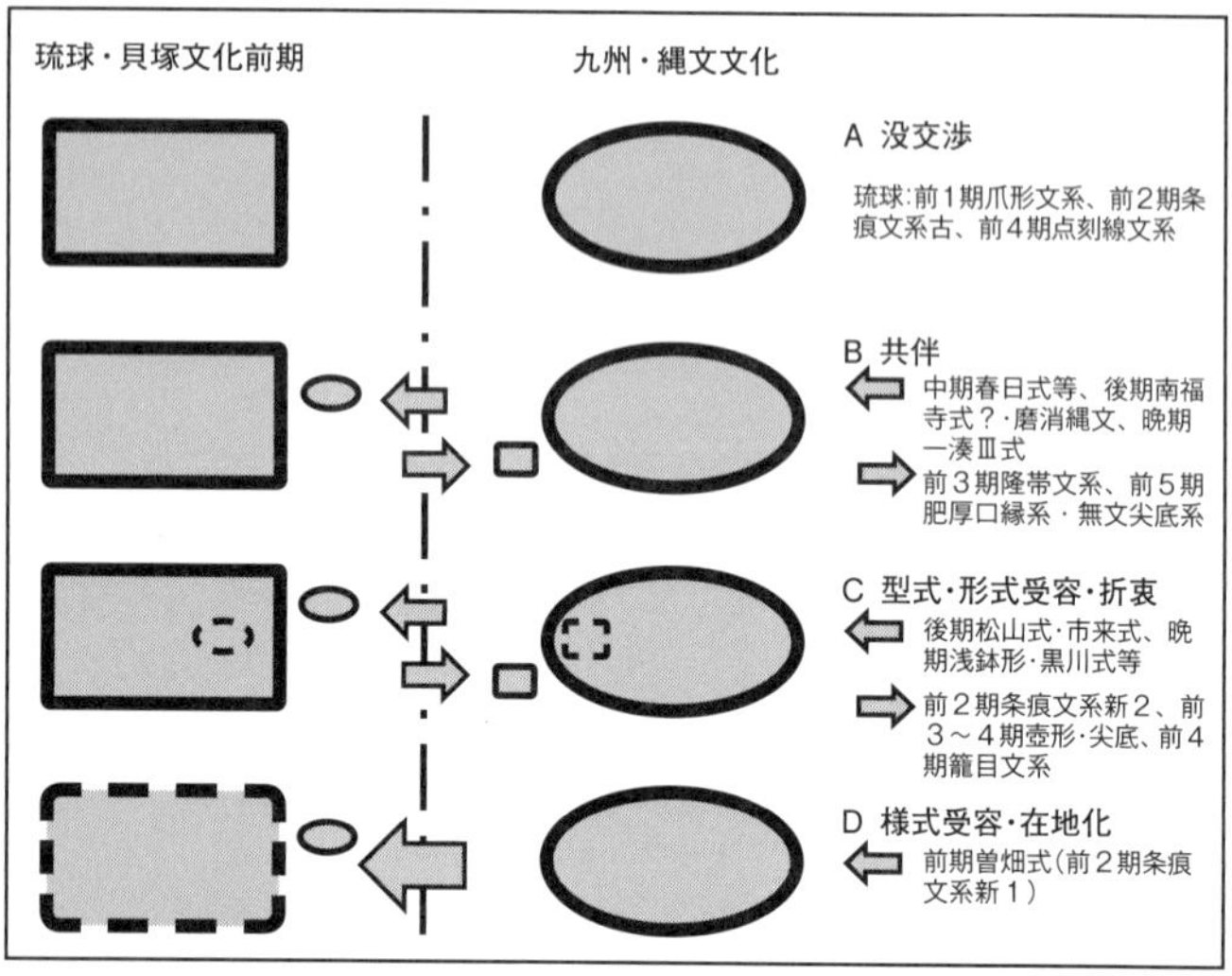

図3−5　琉球・貝塚文化と九州・縄文文化の土器様式相互関係の類型区分

です。伊豆諸島の有人島では八丈島のすぐ南の青ヶ島《あおがしま》が最南端ですが、青ヶ島ではまだ縄文文化の遺跡は見つかっていません。

(4)　琉球の貝塚文化の独自性

南西側の北琉球の貝塚文化に再度もどります。縄文文化をどう定義づけるかによって、縄文文化の南の範囲は、熊毛諸島から沖縄諸島まで解釈の幅がありえます。しかし、すでに検討したように、北琉球の貝塚文化を土器からしっかり見直すと、縄文土器様式間の通時的で系統的な連絡関係を北琉球は一部しか共有していません（図3-1・図3-5）。

北琉球の貝塚文化が未共有の連絡関係の具体例を挙げます。縄文時代早期には多くの地域で口縁部の突起が出現し、押型文施文技術も広く共有していますが、北琉球の貝塚文化にはおよびません。あるいは縄文時代中期のキャリパー状器形という、口縁部が膨らんですぼまるような器形も、北琉球の貝塚文化には登場しません。さらに、縄文時代後期には磨消縄文《すりけし》という文様施文手法が北は北海道東部から南は鹿児島まで一挙に広まりますが、北琉球の貝塚文化は受容していません。北琉球と九州の間で比較的往来があった時期であっても、縄文文化が列島全体で広域的に連動展開する動向を、北琉球の貝塚文化はいっさい受容していないのです。その反対に、北琉球の貝塚文化の土器様式は、最古段階から独自の系統的連絡関係を保って自律的に変遷しています。

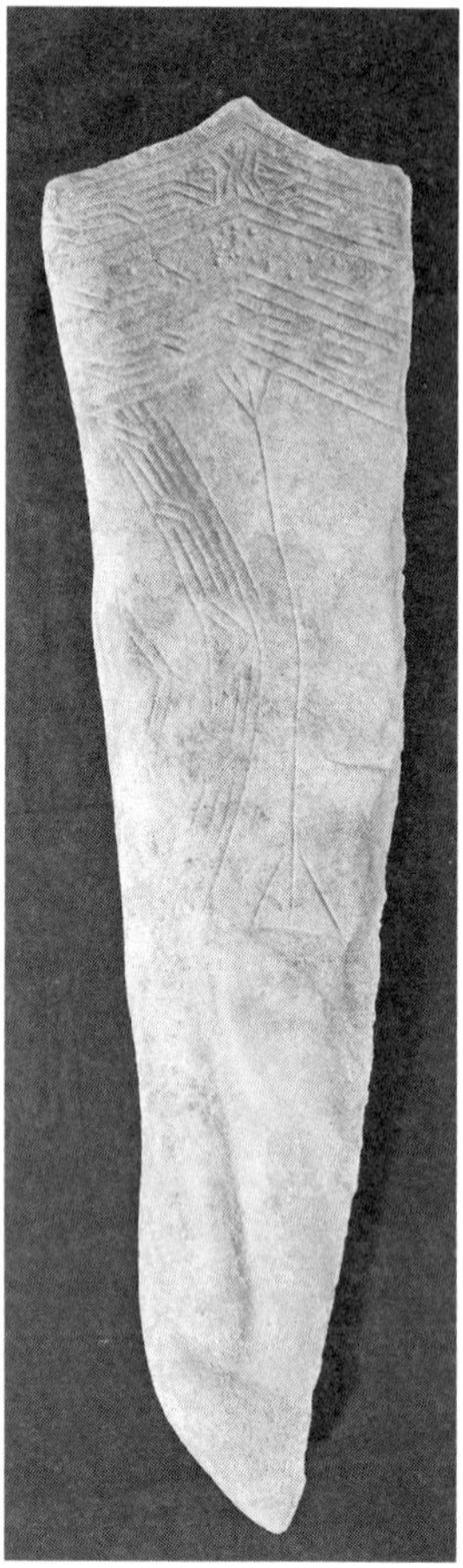

図3-6　平敷屋トウバル（うるま市教育委員会提供）

さらに、縄文文化といえば土偶《どぐう》や石棒《せきぼう》というような独特の重要な社会的・宗教的遺物がありますが、北琉球の貝塚文化ではそれらがまったく見られないことが以前から知られています。その代わりに、蝶《ちょうがた》形製品という、貝や骨などで作られた、装身具の一種だと思われる蝶の形に似た独特の遺物が沖縄諸島の前4・5期を中心に存在します。そして、さらに最近驚くべき発見がありました。沖縄本島うるま市の平敷屋《へしきや》トウバル遺跡から、長さが一メートル近くある巨大な線刻石板《せんこくせきばん》が出土しました（図3-6）。石板の表面の文様や先端部の形は前4期の点刻線文系土器の口縁部とその文様を明らかに意識しています。何かの記念物（monument）的な石板と考えられます。日本の他の地域では、似た例はまったく見つかっていません。貝塚文化独自の象徴的な遺物といえます。貝塚文化の土器様式の自律的変化は、社会的・宗教的観念の独自性が主体的要因であった可能性が見えてきました（伊藤二〇一二)。

北琉球の貝塚文化は、独自の土器様式変遷の主体性を保ちながらも、縄文土器様式の要素を選択的に受容して「縄文化」した部分があるのは間違いありません。しかし他の部分でみると、特に前4期以降、蝶形製品やあるいは線刻石板などの社会的・宗教的観念に関連する独自の遺物が発達していきます。

このことは、縄文文化の精神的世界観に関連する土偶や石棒を貝塚文化はまったく受容していないことと、物事の両面として関わっている可能性があります。そうすると、縄文文化の南西側の範囲は熊毛諸島までで、北琉球の貝塚文化は、縄文文化に隣接する独自の主体性を備えた別の文化として捉えるべきなのではないかと考えられます。

問題はその要因です。それ以前の旧石器時代からの関連性の問題もありますが、一つ目はやはり土器文化の起源です。二つ目は、地理・生態環境の問題です。温帯~亜寒帯の森林に支えられた縄文文化に対して、貝塚文化は亜熱帯の森林とサンゴ礁の取り巻く多島嶼地域に展開しています。これらの相違が琉球の貝塚文化の独自性を支えていたのではないかと考えられます。

参考文献

伊藤慎二「ロシア極東の新石器文化と北海道」『東アジアにおける新石器文化と日本』Ⅲ、五九―九〇頁、国学院大

学二一世紀COEプログラム、二〇〇六年a

伊藤慎二「縄文文化の南の境界」『東アジア世界における日本基層文化の考古学的解明』一―一四頁、国学院大学二一世紀COEプログラム、二〇〇六年b

伊藤慎二「琉球縄文土器　前期」『総覧縄文土器』八一四―八二一頁、アム・プロモーション、二〇〇八年

伊藤慎二「先史琉球社会の段階的展開とその要因」『先史・原史時代の琉球列島―ヒトと景観―』四三―六〇頁、六一書房、二〇一一年

伊藤慎二「琉球貝塚文化における社会的・宗教的象徴性」『祭祀儀礼と景観の考古学』二七五―二八六頁、国学院大学伝統文化リサーチセンター、二〇一二年

小田静夫『黒潮圏の考古学』第一書房、二〇〇〇年

高宮広土・新里貴之編『琉球列島の先史・原史時代における環境と文化の変遷に関する実証的研究』六一書房、二〇一四年

早川泉他『小笠原村北硫黄島石野遺跡』東京都埋蔵文化財調査報告第二一集、東京都教育委員会、二〇〇五年

福田正宏「日本列島北辺域における新石器／縄文時代の土器」『古代文化』六五巻一号、二一―四二頁、古代学協会、二〇一三年

山崎真治他「沖縄先史土器の起源と南下仮説」『九州旧石器』一七、二八三―二九五頁、九州旧石器文化研究会、二〇一三年

Hunter-Anderson, R. L. and B. M. Butler 1995 *An Overview of Northern Marianas Prehistory*, Micronesian Archaeological Reports 31, Division of Historic Preservation Department of Community and Cultural Affairs (Saipan)

Theme 3

縄文文化の地域性

4　東日本の縄文文化

菅野智則

(1)　東北地方の地域性

今回与えられた題は「東日本の縄文文化」ですが、東北地方の縄文集落を主題として縄文文化の地域性についてお話しさせていただきます。一口に東北地方と言いましてもかなり広いものですから、私が研究している地域、とくに北上《きたかみ》川流域と仙台《せんだい》湾周辺地域の事例を中心とし、それから、馬淵《まべち》川流域周辺の北方の地域とときどき阿武隈《あぶくま》川流域も合わせてお話しさせていただきます。

私は岩手県南部の北上川流域の地域で育ちました。その地で生活をしていて気がつくのですが、たとえば北上川沿いを走る電車で岩手県の南から北に向かって行くと、盛岡市以北では植生も変わりますし、地形も変わってきて間近に山が迫ってくるような印象を受けます。逆に北から南、つまり岩手県から宮城県の方に向かうと、一関市を過ぎたあたりで一気に視界が開けてきます。

このような個人的な印象ではありますが、岩手県内だけでも北と南ではかなり違う。従来の考古学的研究からしますと、おおむね北緯四十度地点、おおよそ盛岡《もりおか》市近辺を境として、大木《だいぎ》式土器と円筒《えんとう》土器が分布を別にしていることが知られています。そして、こうした土器以外についても北と南ではかなり違う、つまり「地域性」があるということは以前より指摘されていました（冨樫一九九一、高木他二〇〇五など）。今回の話では、こうした北と南の「地域性」に関する内容を含めた上で、縄文時代の集落について話をしたいと思います。

(2)　縄文集落の出現と展開

出現期の集落遺跡

縄文時代の出現期の集落として、青森県八戸《はちのへ》市の南のほうに黄檗《きわだ》遺跡（図4-1の7）があります。この遺跡では、縄文時代のいわゆる「草創期」と呼ばれる時期の爪形文土器と共に竪穴の遺構が五基

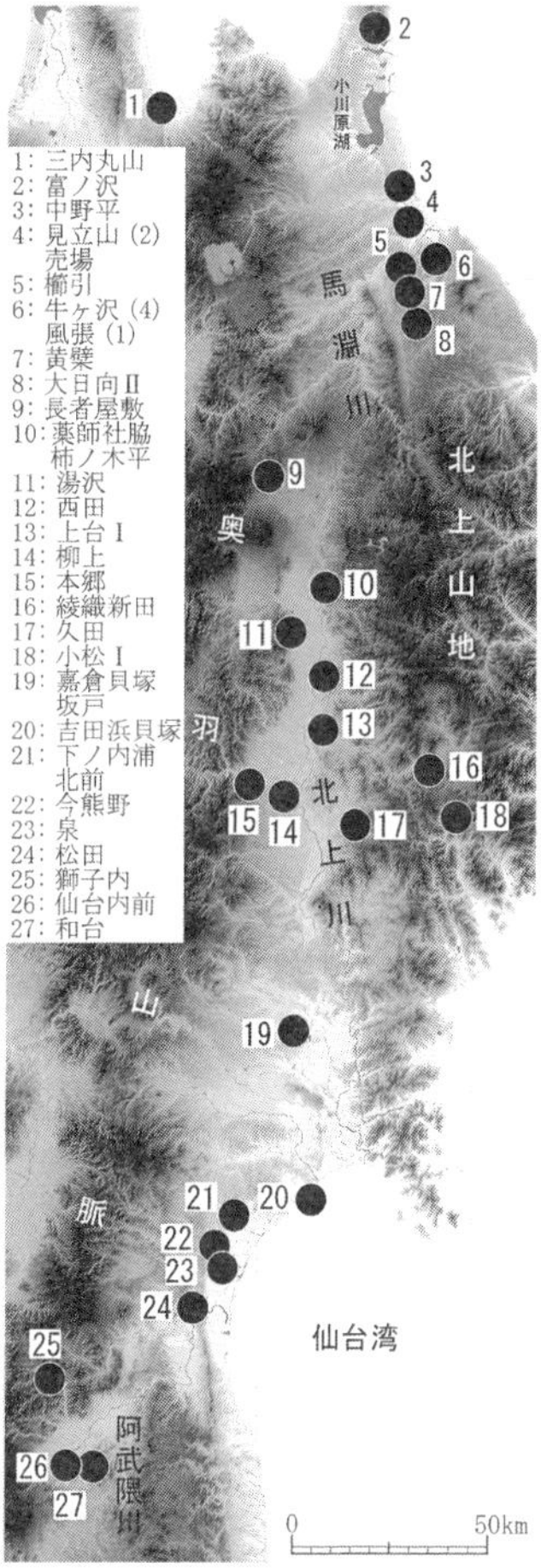

図4-1　本報告で触れている遺跡

発見されました。この竪穴の遺構のひとつ（第2号竪穴遺構）の規模は一・三平方メートルと、非常に小さく、柱穴跡や炉跡もないものです。この竪穴の遺構が住居かと言われると微妙ですが、こうした遺構があります。

それから、黄檗遺跡より北に約一六キロ離れている八戸市櫛引《くしびき》遺跡（図4-1の5）では、爪形文《つめがたもん》土器より後の多縄文系土器と呼ばれる土器と共に二軒の竪穴《たてあな》住居跡が発見されています。第1号竪穴住居跡の規模は一七・五平方メートルと少し大きく円形を呈しています（図4-2の1）。この竪穴住居跡には、炉跡はないのですが、柱穴《ちゅうけつ》のような跡があります。

これらの縄文時代「草創期」の竪穴の遺構は、われわれ現代人がイメージするような竪穴住居ではなく、おそらく簡易的な建物であったと考えられます。それにしても、簡易的とはいえ竪穴を掘る労力は大変なものであったでしょう。こうした遺構が縄文時代の初めのころに登場してきます。

それから、無文《むもん》土器を伴う早期初頭には、数は少ないのですが岩手県花巻《はなまき》市上台《うわだい》I遺跡（図4-1の13）や福島県福島市仙台内前《せんだいうちまえ》遺跡（図4-1の26）などの遺跡があります。もちろん、未発見の遺跡も多数あるでしょうから、必ずしもそうだとは言い切れませんが、東北一円に広がってくる印象を今のところは受けています。仙台内前遺跡の2号住居跡では、柱のような痕跡はありますが、明確に並ぶというようなものではありません。おそらく前時期と構造はあまり変わりがなかったのではないかと考えています。

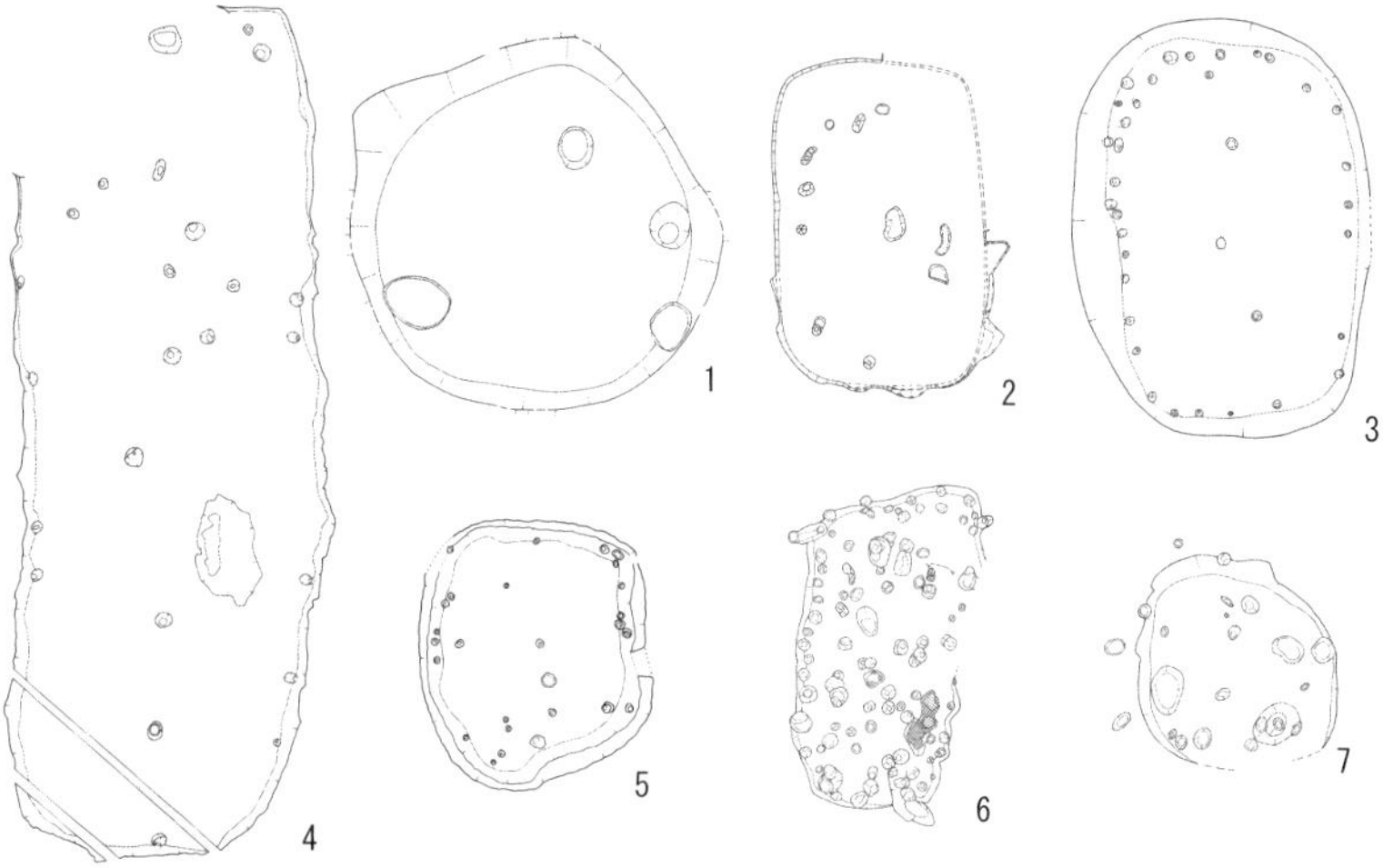

1. 櫛引遺跡　第1号竪穴住居跡（17.5㎡：草創期）
2. 松田遺跡　竪穴住居跡（13.6㎡：早期前葉）
3. 牛ヶ沢(4)遺跡　第13号竪穴住居跡（18㎡：早期前葉）
3. 中野平遺跡　第105号竪穴住居跡（49.7㎡：早期中葉）
4. 薬師社脇遺跡　RA13（7.6㎡：早期中葉）
5. 北前遺跡　5号住居跡（16.6㎡：早期後葉）
6. 北前遺跡　8号住居跡（6.5㎡：早期後葉）
（各報告書から引用し改変した）

図4-2　各時期の竪穴住居跡1（縮尺1／200）

早期前葉（日計《ひばかり》式期）になると、集落遺跡数が東北各地でさらに増加します。たとえば、青森県八戸市売場《うりば》遺跡、見立山《みたてやま》（2）遺跡（図4-1の4）、牛ヶ《うしが》沢《さわ》（4）遺跡（図4-1の6）、岩手県軽米《かるまい》町大日向《おおひなた》Ⅱ遺跡（図4-1の8）、宮城県白石《しろいし》市松田《まつだ》遺跡（図4-1の24）等があります。その頃の竪穴住居跡は、丸いものから四角いものなど色々あり、壁柱穴と呼ばれるような小さな穴が壁際に並ぶ場合もあります（図4-2の2・3）。ただし炉跡はあまりありません。この時期は、一つの集落遺跡の中での竪穴住居跡の数はそれほど多くはありませんが、遺跡数が増加する傾向があります。

増加する集落遺跡と貝塚の出現

早期中葉（貝殻沈線文土器期《かいがらちんせんもん》）以降、とくに八戸市近辺と小川原湖《おがわら》の周辺に集落遺跡が増えてきます。たとえば先程もあげた八戸市牛ヶ沢（4）遺跡のように、小型の竪穴住居跡が数軒程度のまとまりをもって分布するようになります。竪穴住居跡の形態は、前の時期とそう変わりありません。

早期中葉における竪穴住居跡数が多い集落遺跡は、岩手県盛岡市にもあります。それは、薬師社脇《やくししゃわき》遺跡（図4-1の10、図4-2の5）という遺跡でして、竪穴住居跡がまとまって発見されています。これらの竪穴住居跡は、重複関係などもありますので、一時期にこれが全部存在していたというわけではありません。同時期には数軒程度だったのでしょうが、同じ場所に継続的に竪穴住居が形成されるということになります。ですから、一つの集落遺跡の中で竪穴住居跡の数が増えてくるという特徴があります。

また、他の特徴ですが、早期中葉においらせ町中野平《なかのたい》遺跡（図4-1の3）にあるように長方形の大型の竪穴住居跡が出てきます。たとえば第105号竪穴住居跡は、四九・七平方メートルとかなり大きいものです（図4-2の4）。この竪穴住居跡には、炉跡はないのですが、竪穴住居跡の中央を通るように柱跡があり、主柱穴と考えられます。こういった住居の構造が判断できるものが出てきます。

早期中葉の集落遺跡は、住田町《すみた》小松《こまつ》Ⅰ遺跡（図4-1の18）のように岩手県南部にもあるにはあるのですが、規模の大きな集落遺跡はそれほど多くありません。もちろん土器等の遺物は多数出土していますので、遺跡がないわけではありません。しかし、こういった規模の大きな集落遺跡というのは北の方に多いのかなという印象を受けています。

また、先程の早期前葉の事例を含めてではありますが、この時期の集落遺跡は標高の低いところに位置しており、現在は海や川の下あるいは地面のかなり深いところに埋もれてしまっている可能性もあります。宮城県仙台市下ノ内浦《しものうちうら》遺跡（図4-1の21）では、地表下約四メートル下から早期前葉の竪穴住居跡が見つかっています。このような事例もあることから、この時期頃の集落遺跡は、まだまだ見つかっていないことが多いとは考えています。

早期後葉（条痕文・縄文条痕文土器期）になりますと、岩手県南部や仙台湾周辺地域、福島県でも集落遺跡が多数出てきます。仙台市北前《きたまえ》遺跡（図4-1の21）の竪穴住居跡は、長方形のプランで多数の柱跡があって地床炉《じしょうろ》もあります（図4-2の6）。あるいは円形プランで柱跡があるものもあります（図4-2の7）。こうした竪穴住居跡が多数出現します。それから、この時期になりますと、貝塚が一般的に出現してきます。七ヶ浜《しちがはま》町吉田浜《よしだはま》貝塚（図4-1の20）などが古い事例となっています。

地域性の出現

縄文時代の最初の頃は集落としては不明確な部分が多々あるのですが、早期中葉頃になると、東北地方の北部に規模の大きな集落遺跡が多いという印象があります。この時期の竪穴住居跡は、壁柱穴はあるものもありますが炉跡はほぼありません。そして、大型の住居が出てきますので、竪穴住居跡の小型と大型という規模の区別も現れます。早期後葉になると、東北地方の全域に集落遺跡や貝塚が発見されるようになります。また、地床炉というような炉跡が出てきて、わかりやすい竪穴住居跡が確認される時期となります。このような状況を踏まえると、縄文時代早期の東北地方という時期・地域の幅の中においても、北と南でしばしば地域性が現れてきていることがわかります。また、それとは逆に、似たような特徴が広域的に見られる時期もあることもわかります。

それから、東北地方北部の八戸市の近辺に集落遺跡が多い理由は、正直なところよくわかりません。先にも述べたように他の地域では見つかっていないだけかもしれませんが、それにしても多いことは確かです。八戸市より北方の三沢《みさわ》市や六ヶ所《ろっかしょ》村にある小川原湖周辺地域は、縄文時代の集落遺跡が継続的に発見されています。貝塚もこの地域で多数確認されており、さまざまな資源が利用されていたことがわかっています。こうした豊富な資源の存在が、集落遺跡が多いことの背景にあることは確かですが、それだけでは理由にはならないとは思います。

(3)　前期集落における地域性

大規模集落遺跡の出現

前期前葉（大木1式〜大木2ｂ式期）になりますと、集落が非常に巨大化するといいましょうか、竪穴住居跡の軒数が非常に増え、たとえば五十軒を超える竪穴住居が密集する遺跡が出てきます。こうした集落遺跡は、早期から続いてくる集落遺跡で、徐々に増えてきたというわけではなくて、この時期になると新しい場所に集落遺跡を形成するようです。

仙台湾周辺地域の宮城県名取《なとり》市に泉《いずみ》遺跡という集落遺跡があります（図4-1の23）。張り出す丘陵の頂部平坦面から斜面部の変換点付近に前期前葉の竪穴住居跡が数多く分布します。他にも泉遺跡から北に約二キロ離れた場所に今熊野《いまくまの》遺跡（図4-1の22）という集落遺跡がありまして、こちらもほぼ同時期の竪穴住居跡が多数重複しながら分布するようになります。

これらの遺跡の竪穴住居跡の形状ですが、ほとんどのプランは方形になりまして、壁柱穴の他、中央部に深い主柱穴、そして壁の一端に入り口とも考えられる丸い土坑が付いています（図4-3の1）。この形態は、比較的定型的であり広く分布するようになります。

それから、この時期には、山中にも大きな集落遺跡が登場します。東北地方では、中央部にある奥羽山脈を越える、つまり太平洋側から日本海側に抜けるルートがいくつかあります。現代では、道路や電車が通るようなルートとなっています。この中でも、福島県福島市から山形県高畠《たかはた》町へと抜ける国道があるのですが、途中の山中に福島県福島市獅子内《ししうち》遺跡があります（図4-1の25）。現在は摺上《すりかみ》川ダムの底となっている場所です。このような狭隘な場所から、前期前葉を主体とする百軒程度の竪穴住居跡が発見されています。こうした事例からすると、この時期は拠点的な役割が想定される大規

1. 今熊野遺跡　第６号住居跡（7.4 ㎡：前期前葉）
2. 綾織新田遺跡　第９号竪穴住居址　（50.5 ㎡：前期中葉）
3. 和台遺跡　120 号Ⅱ期住居跡（23.1 ㎡：中期末葉）
4. 久田遺跡　A1 住居跡（26.1 ㎡：後期中葉）
5. 風張（1）遺跡　第 192 号竪穴住居跡（50.3 ㎡：後期後葉）
（各報告書から引用し改変した）

図４−３　各時期の竪穴住居跡２（縮尺1／200）

模な集落を、さまざまな場所に形成する時期だと言えます。ちなみに、獅子内遺跡では早期末葉の竪穴住居跡も発見されています。先ほどは、新しい場所に集落遺跡を形成すると話しましたが、こうした特徴的な場所に関しては、前時期から利用されていた場所を大規模化させるようです。その場所に何らかの重要な意味があるのだと想像しています。

大規模集落遺跡の衰退

獅子内遺跡では前期前葉でも大木１式期と判明した竪穴住居跡は七〇軒程度あり、非常に多いです。また、大型の住居跡もあります。しかし、次の大木2a式期になると六軒となり減少します。こうした減少傾向は、宮城県内でも同様です。大木1式期に急激に竪穴住居跡が増えて集落遺跡が各地に形成されて、そのまま発展していくと思いきや、そうはならない。そして、前期中葉頃になると、仙台湾周辺地域では集落遺跡の存在が見えなくなってしまいます。

その理由の一つとして考えられるのが、大木2a式期以後、おそらく大木2b式期頃における十和《と》田《わ》火山の噴火です（星二〇〇二）。十和田《だ》火山は、現在秋田県と青森県の境にある十和田湖として、その痕跡を留めています。この噴火による火山灰は十和田中掫《ちゆうせり》テフラと呼ばれ、宮城県の牡鹿半島の遺跡まで確実に飛んでいたことが、近年の震災復興関連調査でもわかっています（石巻市中沢遺跡：石巻市教育委員会二〇一三）。こうした自然現象もあって順調には展開しなかったという様相が想定できます。ただし、竪穴住居跡数の減少は大木2a式期から始まっていますから、厳密には噴火の時期とはずれています。したがって、大規模集落遺跡の衰退の直接的原因が、火山噴火であるとは考えられません。まず、きっかけとして内在的な何らかの理由があったのかもしれません。

そして、前期中葉には集落遺跡が認められなくなりますが、全く人がいなくなったわけでなく、土器・石器等は遺跡から出土していますし、その頃の貝塚等もありますので、人がいたことは確かです。丘陵頂部に多くの竪穴住居跡を作って集落を作るという居住形態が、大きく変化したのではないかと想定しています。一方、東北北部ですと、この噴火後に円筒下層a式土器が出てくるわけですが、それが成立するきっかけになったとも指摘されています（辻他二〇〇五）。そして、この地域では、仙台湾周辺地域とは異なり集落遺跡数がしだいに増加していきます（市川二〇一二）。また、後に触れますが、この時期の北上川中流域では、別の形態の集落遺跡が出現します。十和田火山噴火だけとは限りませんが、そうした自然イベントをきっかけに各地域に特徴的な様相となることがわかります。

ところで、話は縄文時代のことではないのですが、岩手県立博物館で「火山灰から社会をよむ」という興味深い展示（二〇一五年九月一九日～一一月二八日）がなされていました（丸山二〇一五）。これは十世紀における十和田と白頭山《はくとうさん》の二回の噴火に関する展示でした。このときの十和田の噴火でも、十和田ａと呼ばれる火山灰が東北一円に降り注いでおります。この図録の中で、降灰による影響に関する一般的な説明がなされていますが、ほんの二センチ程度の降灰でも人体や生態系に大きな影響があることがわかります。縄文時代前期の十和田火山の噴火でも、同様の大きな影響があったのではないかと思っています。

環状集落遺跡の出現

先ほども触れましたが、岩手県の北上川中流域では、別な形態の集落遺跡が登場してきます。大木２ｂ式～大木４式期にかけての集落遺跡である遠野《とおの》市綾織新田《あやおりしんでん》遺跡です（図4−1の16）。この遺跡では、完全ではないのですが、長方形大型住居跡が環状に近い構成で並んでいることがわかりました（図4−3の2、図4−4）。この長方形大型住居跡の機能にはさまざまな意見はありますが、基本的に

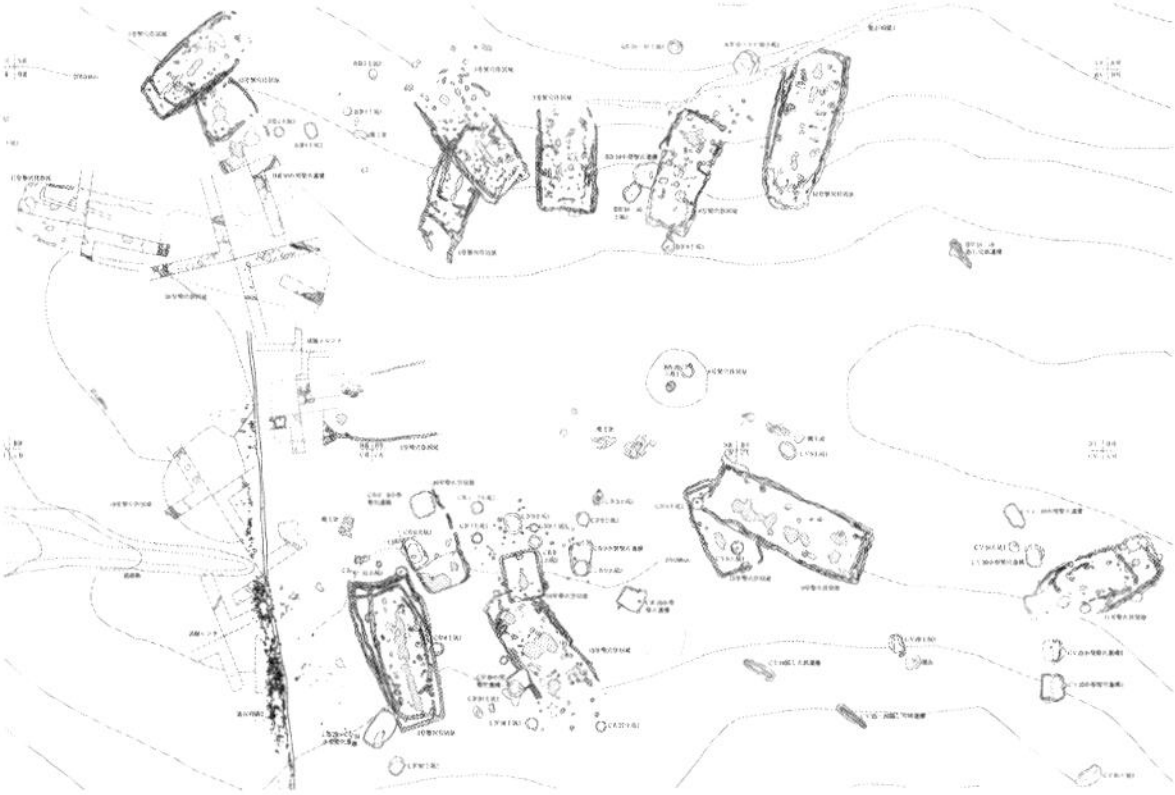

図4－4　綾織新田遺跡の遺構配置図（縮尺1／1000）
（報告書より引用し改変した）

多くの人を収納できる規模がありますので、それまで個々の竪穴住居跡に居住していた人々が集まり住んだ場所と考えておきたいと思います。この後、東北地方各地に広がっていくことになります（小林・菅原二〇〇九）。近い場所ですと宮城県栗原《くりはら》市嘉倉《かくら》貝塚（大木5～6式期：図4-1の19）、少し離れた場所ですと山形県寒河江《さがえ》市高瀬山《たかせやま》遺跡（大木6式期）などがあります。

(4)　中期の集落遺跡の展開

中期中葉の集落遺跡の特徴

中期中葉（大木8a式・8b式期）の特徴的な集落遺跡としては、岩手県紫波《しわ》町に西田《にしだ》遺跡という著名な遺跡があります（図4-1の12）。この遺跡は中心部には土坑《どこう》墓《ぼ》があり、その周辺には掘立柱《ほったてばしら》建物が周り、さらにその外側には竪穴住居跡が並ぶという整然とした環状構成です。先程の前期の綾織新田遺跡よりも、遺構の種類が多く、さらに綺麗に並びます。ただし、このような整然とした配置は、大木８ａ式期という一時期のみで、続く大木８ｂ式期では、こうした構成とはなっていません。そして、他の同時期の集落遺跡を見てみると、このような環状集落というのはほぼありません。

周辺の大木８ａ式期の集落遺跡は、それほど多くありません。たとえば竪穴住居跡の配置関係がわかる遺跡としては、北上市本郷《ほんごう》遺跡があります（図４−１の15）。中期前葉の竪穴住居跡と同じ場所に位置し、点在するような構成となるものです。全体像がわかるような事例が少ないため判然としませんが、おそらくはこのような点在配置となるのではないかと考えています（菅野二〇一二）。大木８ｂ式期には、盛岡市に柿ノ木平《かきのきだいら》遺跡という大規模な集落遺跡があります（図４−１の10）。大木８ｂ式を更に細分した土器型式で竪穴住居跡の配置関係を見てみると、各時期ともに環状になるというよりは列状になっています（菅野二〇一四）。こうした周辺の事例を含め考えると、西田遺跡が当地の縄文集落遺跡の典型かというと、むしろ例外的な事例ではないかと考えています。

ところで、前期のところで述べたように、長方形大型住居跡による環状に近い集落遺跡が前期前葉に出現して以降、かなり広く周辺地域に広く分布するようになります。類似する事例としては、中期中葉の山形県村山《むらやま》市西海渕《せいかいぶち》遺跡などがあります。一方で、中期中葉の北上川流域では、長方形大型住居跡はほぼ廃れており、通常の竪穴住居跡が主体となっています。大木式土器分布圏とひとくくりにまとめていますが、その中でも地域ごとに多様な特徴が生じていることがわかるかと思います。

集落遺跡の急激な増加

中期後葉・末葉（大木９式・10式期）になると、複式炉と呼ばれる特徴的な炉跡を有する竪穴住居跡が出てきます（図４-３の３）。複式炉は、土器埋設部や石囲部、掘込部等を組み合わせて連結させた炉跡です。この炉跡があると、この時期の竪穴住居跡であることがわかります。また、大木９式・大木10式土器という土器型式が、強い影響力を持つようになり、円筒土器分布圏にもその影響が広がります。こうした特徴が東北地方全域に広がります。

この時期には、集落遺跡の数、それから竪穴住居跡の数が激増しますが、とくに中期末葉の集落遺跡が非常に多くなります。これらの多数の集落遺跡は、分布域の偏りというのは無くて、東北地方全域に出てきます。それから、百軒を越えるような多数の竪穴住居跡数が発見されている集落遺跡、あるいはいくら調査しても三軒程度しか竪穴住居跡が無い集落遺跡もあることがわかっています。つまり、大規模集落遺跡と小規模集落遺跡というものが明瞭に分かれていることがわかります。その前後の時期では、たしかにある程度大きな規模の集落遺跡はありますが、その差は大きくはありません。

大規模な集落遺跡の場合、たとえば岩手県北上市柳上《ようしゅう》遺跡（図４-１の14）ですが、一見して土坑、竪穴住居跡、掘立柱建物等のさまざまな遺構が重複しながら多数あることがわかるかと思います（図４-５）。この配置関係は、明瞭な環状構成であるとは言いがたいもので、群でまとめることはできる程度かと思っています。他の例としては盛岡市湯沢遺跡があげられます（図４-１の11）。ここの遺構

図4-5　柳上遺跡の遺構配置図（トーン部が竪穴住居跡，縮尺1／1200）

群の配置関係も等高線に沿って散在するというような形です。こうした大規模集落遺跡が増えてきますが、ある一地域にこうした大規模集落遺跡が密集しているわけではなくて、各地域に大規模集落遺跡があるという状況となります。福島県ですと福島市和台《わだい》遺跡（図4-1の27）、青森県ですと富ノ沢《とみのさわ》遺跡（図4-1の2）等が著名です。

集落遺跡の基本構成単位

このような大規模集落遺跡を構成する単位を、ごく稀に確認することができます。たとえば岩手県八幡平《はちまんたい》市長者屋敷《ちょうじゃやしき》遺跡という遺跡があります（図4-1の9）。この遺跡は、盛岡市以北の遺跡ですが、中期後半には大木式土器分布圏と考えて良い地域の遺跡となります。この遺跡の一番西側の丘陵の場所に、ちょうどよいまとまりを見て取ることができました。丘陵上の平坦面に大きな竪穴住居跡が三軒、その周辺に小さい竪穴住居跡が何軒かあるという構成が見て取れます。全ての竪穴住居跡の確実な時期比定はできていませんが、少数の大きな竪穴住居跡、多数の小さな竪穴住居跡という基本単位があるのではないかと考えています。今のところ、大規模集落遺跡はこうした単位が多数集まって形成されたと想定しています。そして、この単位は、生活をする最小の単位であり、社会構造や生業形態などを考える上で重要な情報だと考えています。

このような単位が認められる遺跡の分布の南限は、今のところ宮城県登米《とめ》市坂戸《さかと》遺跡（図4―1の19）を挙げておきたいと思います。この遺跡の調査面積は狭いため、もっと竪穴住居跡がある可能性がないとはいえませんが、今のところというところでお許し下さい。この遺跡は、北上川下流域にあり、仙台湾周辺地域の北部とも捉えられる場所にあります。一方で、仙台市近辺では、こうした基本単位は認められず、類似する規模の竪穴住居跡のみで集落遺跡が構成されています。おそらく集落を形成する背景が異なっているものと想像していますが、確実なところは今後考えていきたいと思っています。

中期後半のその他の特徴

その他の特徴ですが、東北地方の北の方、馬淵川流域より西側の青森県青森市三内丸山《さんないまるやま》遺跡（図4―1の1）では、非常に大きな竪穴住居跡が確認されており、前期の長方形大型住居跡のような形態をしています。同時期で、こうした形態・規模の竪穴住居跡は他にはありません。それから、東北地方の南の方、福島県あるいは先ほどの仙台市以南の地域ですと、竪穴住居跡内に敷石を施す住居跡が見つかっています。これは、関東・中部地方等の影響が考えられますので、この地域で伝統的に発展してきたものではないと捉えています（山本二〇〇二など）。

こうした状況からは、複式炉や大木式土器が広く分布する一方で、東北一円に同じような集落遺跡が出現するのではなく、これまでの伝統や周囲の影響を受けつつ、地域性を更新していく状況が考えられます。

(5)　晩期に向けての変化

晩期に向けての変化

時間もありませんので、後・晩期は少し省略しながら説明します。中期から後期の境に関しては、詳しいことはよくわかりません。地域的な特徴を有しながらも広く分布していた大木10式土器が、後期になるとより細かい地域性を有する土器型式へと分化します。集落遺跡数も減り、大規模集落遺跡などもなくなり、詳細が掴みにくくなります。ただし、大きな変化があったことは確かだと言えます。

まず集落遺跡の立地がかなり変わってきます。集落遺跡が、沖積地などの低地に形成されるようになります。これまでは丘陵の頂部近くに集落遺跡を形成していますので、かなりの大きな変化であったと考えます。事例としては後期中葉の岩手県奥州《おうしゅう》市久田《きゅうでん》遺跡（図4-1の17）では、沖積地に近い斜面地に立地しています。竪穴住居跡の形態も、四本柱あるいは三本柱の主柱穴と壁柱穴、そして出入口状の土坑を持つような、やや潰れた円形の形状となっています（図4-3の4）。この形態は定型的であり、こうした竪穴住居跡が東北地方一円に広がる状況になるのではないかと考えています。

東北地方北部に八戸市風張《かざはり》（1）遺跡という後期後半の大規模な環状集落遺跡があります（図4-1の6、図4-3の5）。こういった集落遺跡は、北上川流域ではほぼありません。前期以来の環状を呈する集落遺跡は、この風張（1）遺跡のように東北地方北部の方に顕著に残っている傾向があるのではないかと考えています。そして、晩期になると、亀ヶ岡《かめがおか》文化という名前で代表されるような優美な物質文化を形成します。その背景に、このような文化的伝統があるのではないかと推測しています。また、集落遺跡は、二〜三軒程度の竪穴住居跡によって構成される事例が多くなり、各地に登場することとなります（高瀬二〇〇四）。かつての環状を呈するような大規模集落というものはなくなります。

地域性の変遷について

集落遺跡や竪穴住居跡の数等を見ていくと、激増や激減してしまう時期が複数回あることがわかります。そして、そのような時期には集落遺跡の諸特徴が大きく変化しています。その内容はさまざまで、地域的な伝統を継続しつつも、別地域の文化的要素を取り込んでいる事例、あるいは、全く別の様相が認められる事例など、色々とあります。そして、このように急激に変化する時期に関しては、人口の増加・減少、あるいは「人の移動」ということを考えやすいのではありますが、それを考古学資料から実証的に明らかにすることはなかなか難しいものです。今回、変化の理由に関する説明はほとんどできませんでした。前期中頃の激減する要因に関しましては、十和田火山噴火等の事例を挙げると説明はしやすいのですが、では具体的に当時の人々はどのように対処してきたのかという点についてはよくわかっていません。今後の課題として、現実の人間の行動に関して、遺構・遺物の面から明らかにしていく必要があるということです。また、今回は主に竪穴住居跡の特徴だけで説明してきましたが、土器や石器等の遺物に関する研究の他、動植物遺存体等にもとづいた生業形態の研究とか、そういったものを含めて総合的に考えていかないといけないだろうと考えています。

参考文献（頁の関係上、遺跡発掘調査報告書については省略した）

石巻市教育委員会「石巻市中沢遺跡」『平成二五年度宮城県遺跡調査成果発表会発表要旨』宮城県考古学会、二〇一三年
市川健夫「八戸市内における縄文時代の竪穴住居跡数と居住規模」『研究紀要』一、八戸市埋蔵文化財センター是川縄文館、二〇一二年
菅野智則「北上川中流域における縄文時代中期集落に関する基礎的研究」『東北地方における環境・生業・技術に関する歴史動態的総合研究I』東北芸術工科大学東北文化研究センター、二〇一二年
菅野智則「北上中流域における縄文時代中期後半集落遺跡の特徴」『完新世の気候変動と縄紋文化の変化』東北芸術工科大学東北文化研究センター・東京大学大学院新領域創成科学研究科社会文化環境学専攻、二〇一四年
菅野智則「東北縄文集落の姿」『北の原始時代』東北の古代史1、吉川弘文館、二〇一五年

小林圭一・菅原哲文「押出遺跡と最上川流域の縄文前期集落遺跡」『日本考古学協会二〇〇九年度山形大会研究発表資料集』、日本考古学協会二〇〇九年度山形大会実行委員会、二〇〇九年
高木晃他『縄文北緯40°』岩手県文化振興事業団、二〇〇五年
高瀬克範『本州島東北部の弥生生活誌』六一書房、二〇〇四年
辻誠一郎他「三内丸山遺跡の生態史研究」『特別史跡三内丸山遺跡年報』8、青森県教育委員会、二〇〇五年
冨樫泰時「円筒土器様式と大木土器様式」『北からの視点』今野印刷株式会社、一九九一年
星　雅之「縄文時代前期十和田中掫テフラ降下期集落跡の検討」『紀要』XXI、岩手県文化振興事業団埋蔵文化財センター、二〇〇二年
丸山浩治『火山灰から社会をよむ』岩手県文化振興事業団、二〇一五年
山本暉久『敷石住居址の研究』六一書房、二〇〇二年

5　中部日本の縄文文化

長田友也

(1)　中部日本の縄文時代

縄文時代の地域区分

私に与えられたテーマは「中部日本の縄文文化」ということですが、非常に広い範囲になります。図5-1は私の恩師である渡辺誠先生が、一九八三年に提示した縄文時代における日本列島の地域区分です。学生の時分よりこういったことを刷り込まれてまいりましたので、縄文時代の日本列島には図のような地域区分があり、その地域区分は植生など環境による違いだけではなくて、文化的な変化の差として理解しています（渡辺一九八六）。このあたりが、縄文時代の文化の重要な部分ではないかと考える次第です。

中部日本の範囲と隆盛

今回私が対象とする中部日本は、先の地域区分をいくつもまたぐような範囲となります。現在の地方区分においても、北から甲信越地方、北陸地方、それから私が参りました愛知県をはじめとする東海地方がその範囲となります。これに地勢的な問題から三重県を含めて東海地方と呼ぶ場合もありますし、三重県を近畿地方に入れる場合もありますが、今回は東海地方に含ませていただきます。こういった範囲を対象に、縄文時代の文化を考えてみたいと思います。

さて、中部日本の縄文時代というと、縄文時代中期における文化的な盛行期・隆盛が特徴として挙げられます。中部高地と呼ばれる長野県・山梨県にまたがる八ヶ岳《やつがたけ》山麓の井戸尻《いどじり》式土器群。あるいは新潟県信濃《しなの》川流域に見られる火炎《かえん》土器。まさに縄文時代の華々しい世界が展開しております。同様に中部日本各地の縄文時代中期に注目すると、東海地方でも装飾性豊かな中富《なかとみ》・神明《しんめい》式土器が作られ、

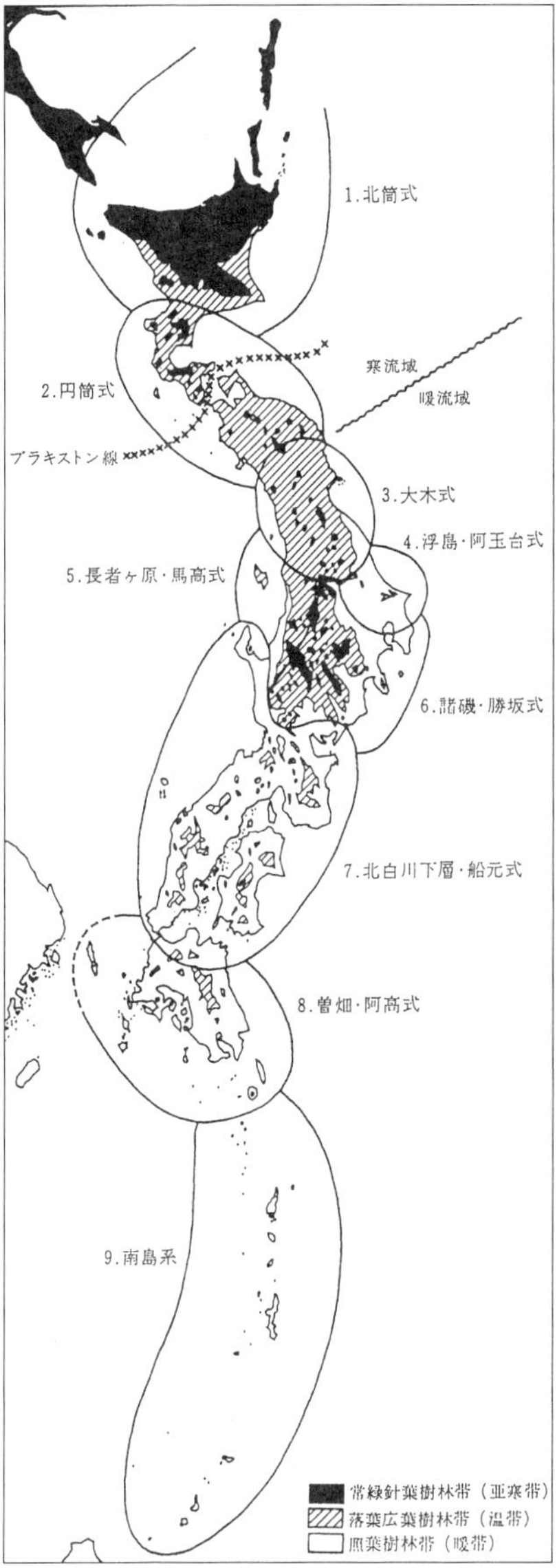

図5－1　縄文時代前・中期の自然環境と多様な生活文化圏（渡辺1986）

北陸地方でも上山田《かみやまだ》・天神山《てんじんやま》式土器のように幾何学的な装飾が顕著な土器が作られるなど、まさに縄文時代らしさと称されるような華々しい土器文化が見られるわけです。

縄文時代晩期の中部日本

それに対して、今回お話しするのはこの華々しい縄文時代中期についてではなく、その後に訪れる縄文時代後期以降の状況、特に縄文時代晩期について考えてみたいと思っております。縄文時代晩期というと、たとえば東北地方、青森県八戸市の是川中居《これかわなかい》遺跡で出てくるような赤漆を塗った土器ですとか、あるいは関東地方、埼玉県大宮《おおみや》台地の赤城《あかぎ》遺跡で出てくる特徴的な土器群や土偶などに代表されるように、縄文時代晩期においても「縄文時代らしさ」と呼ばれるような文化的な高揚は続いていくわけです。

しかし、先に挙げた東北・関東といった地域に比べて中部日本では、たとえば石川県の御経塚《おきょうづか》遺跡を標式とする御経塚式土器、長野県の北部を中心にみられる佐野《さの》式土器などに代表されるように、もちろん重要な遺跡は散見されるのですが、縄文時代の中期の遺跡に比べると、どうしても見劣りがしてしまうのは否めないのではないかと思います。

ただ中部日本の晩期においても、もちろん文化的な中心となる遺跡がないわけではなく、さらにもっと言えば、列島規模で見ても、中部日本という地域は、非常に重要な特産品の宝庫であるとも言えるわけです。たとえば、国史跡に指定されました長野県の星ヶ塔《ほしがとう》遺跡の黒曜石《こくようせき》採掘坑跡では、地表から深さ五メートルまで掘り下げ、黒曜石の岩脈まで掘り抜いています（宮坂編二〇〇八）。採掘坑内で灰色に見えるものは全て黒曜石が風化した状態のものです。この土坑からは先ほどの佐野式土器が出ておりますので、地元信州の縄文時代人が採掘に従事していたのだろうと考えられます。遺跡の周辺に行けば、黒曜石のかけらがガラガラと落ちています。これらは「ズリ」と呼ばれる質の悪い黒曜石で、いわば売り物にならない黒曜石であり、裏を返せば良質の黒曜石が選択され大量に持ち出されていることを示しています。あるいは、北陸地方に目を向ければ、のちほど少しご紹介いたしますが、いわゆる硬玉（ヒスイ）というものが存在するわけです。こういった非常に重要な特産品が中部日本にはあり、列島的に見てもいろいろな地域に信州産の黒曜石が動く、あるいは硬玉が動くといったようなこともよく話に出てきます。

これら重要な特産品の存在にもかかわらず、なぜ縄文時代後期・晩期の中部日本では、縄文時代中期のように「華開く」と表現されるような文化的な高揚が見られなかったのか、というのが今回の私のテーマとなります。繰り返しになりますが、中部日本に産する重要な特産品は縄文時代晩期においても、日本列島各地にもたらされており、中部日本という地域は、各地で必要とされる重要な特産品を産する地域であったわけです。そうした地域が、なぜ「華開く」ことがなかったのかについて考えてみたいと思います。

(2)　東海地方の様相――小地域圏の発達――

東海地方の小地域区分

さてそうはいっても、まずは私の地元である東海地方のことについて少しご紹介したいと思います。縄文時代晩期の東海地方というのは、東海地方の中でも比較的遺跡数が多い時期であり、それなりに文化的高揚が見られる時期であります。その中で愛知県を中心とする伊勢湾・三河湾周辺を対象に考えてみたいと思います。

名古屋市があります濃尾《のうび》平野は、木曽《きそ》川・長良《ながら》川・揖斐《いび》川の木曽三川によって広大な沖積平野が形成されております。縄文時代には今ほどの沖積平野は形成されてはいなかったと考えられておりますが、この濃尾平野とその周辺に特徴的な土器型式の分布がみられます。また愛知県の東部にあたる三河地方でも、岡崎《おかざき》市などを流れる矢作《やはぎ》川流域と、豊橋《とよはし》市などを流れる豊川《とよがわ》流にそれぞれ特徴的な土器型式が分布しております。このように伊勢湾・三河湾周辺では、大河川流域などの地勢単位で、土器型式が異なることがかつてより指摘されており、同様に伊勢湾の対岸である伊勢地域にも特有の土器分布がみられます（増子一九八一）。

こうした小地域における土器型式の相違は、土器だけに特有の事象ではなく、土製耳飾《どせいみみかざり》の分布においても特徴が見られます。土製耳飾が多くみられるのは、矢作川流域にほぼ限定され、特に長野県に類似する土製耳飾がみられることから、中部高地の方から入ってくると考えられる耳飾を多く保有する地域として指摘されています（吉田二〇〇七）。この他にも墓制ですとか、石器の石材利用といったことを含め、どうやら先に挙げた小地域のまとまりというのが土器型式だけにみられるのではなく、他の文化的要素にもみられるのではないかということが考えられるわけです。

晩期東海地方の社会

東海地方の縄文時代晩期といいますと、山田康弘先生・設楽博己先生が最近発掘調査されました愛知県田原《たはら》市の保美《ほび》貝塚における盤状集骨であるとか、伊川津《いかわづ》貝塚の有名な多遺体埋葬遺構ですとか、あるいは土器棺《どきかんぼ》墓群のように、大量の埋葬人骨が出土するということが古くから知られております。このため、かつては日本人種論の展開や、墓制の問題から縄文時代の社会といった問題を研究する、まさに主要な研究フィールドにもなってきたわけです。

しかし、東海地方の遺跡の状況からして、このお墓の方はよくわかるのですが、竪穴住居など居住の単位や、遺跡全体の構造が分からないといった問題がありまして、遺跡自体がどういった規模で形成されていたのか、集団はどういった単位であったのかというような、地域社会についての議論が難しい状況にあります。

遺跡間関係からみた社会復元

では、こうした状況の下で、どのように社会を研究するかを考えた際に、先に触れた小地域と、その中に散在する遺跡間の関係性から、当時の社会というものを復元できないかと考えました（長田二〇一二）。その際に注目したのが、特有の特産品の在り方でした。たとえば磨製石斧《ませいせきふ》がどういった地域の石材を使って作られ、それがどのようにもたらされ利用されているのかについて考えてみました。対象としましたのは愛知県三河地方の矢作川流域ですが、ここで出土する磨製石斧は、矢作川流域では産出しない緑色片岩《りょくしょくへんがん》という石が用いられております。これは東隣の豊川流域で大量に作られているものであり、豊川流域で作られた磨製石斧が矢作川流域に持ち込まれ、さらにそれを個々の遺跡で利用している状況が明らかにうかがえます。ただし、その中で矢作川中流域にある岡崎市、徳川家康で有名な岡崎城のある岡崎市ですが、岡崎市の真宮《しんぐう》遺跡では、この豊川流域で製作された磨製石斧を大量に保有しております。これは磨製石斧を大量に用いて、何らかの木工細工などを行っていたという状況も考えられるのですが、どうもそれだけではなく、この真宮遺跡を起点にして、矢作川の上流域、あるいは下流域にこれらの磨製石斧を配っていたのではないかということを考えました。そうすると真宮遺跡は、矢作川流域におけるいわゆる拠点的な集落として位置づけられるのですが、他の遺物ではどうなのでしょう。私が専門にしております小型石棒・石刀といった石製儀器でも、もちろん真宮遺跡というのは矢作川流域において最多の出土量を誇るのですが、ただ多いという状況のみで、真宮遺跡を起点に磨製石斧のように矢作川流域の諸遺跡に配るという状況ではありません。たとえば上流域では独自の石刀を入手していたり、あるいは下流域でも独自の石棒類を保有していたりと、各遺跡において石製儀器の保有状況が異なることがわかりました。

また、先にご紹介しました土製耳飾については、実は真宮遺跡では土製耳飾がほとんど出土しておらず、矢作川流域に特徴的であった長野県方面とのつながりが希薄であるのです。これらの状況からすると、どうも拠点集落であるはずの真宮遺跡が、必ずしもすべての文化事象において中心にあるというわけではないことが指摘できるわけです。

これらのことをいろいろと紡《つむ》いでいくと、どうも縄文時代晩期の東海地方にみられる非常に小規模な地域の中で、いろいろなモノのやりとりがなされていたことが明らかになっていきます。具体的には先にあげた磨製石斧ですとか、あるいは小型石棒・石刀に代表される石製儀器ですとか、あるいはもっと縄文時代の人々に身近であったであろう石鏃などを作る石材ですとか、さまざまなモノがやりとりされていたことが示されます。また土器や墓制を含めて、さまざまな文化事象の広がりを重ねてやると、東海地方の中にさまざまなグラデーションとして小地域が浮かび上がってくるのです。

大きく列島的に見れば、中部日本あるいは東海地方というように一つの地域として見えるものですが、その中には実は複数の小地域圏というものが形成され、それらが相互にさまざまなモノのやりとりを介して、社会的なつながりを形成している状況が指摘できるのではないでしょうか。

東海地方の特産品

少し東海地方の特産品についてご紹介しますと、先にあげました保美貝塚や伊川津貝塚など渥美半

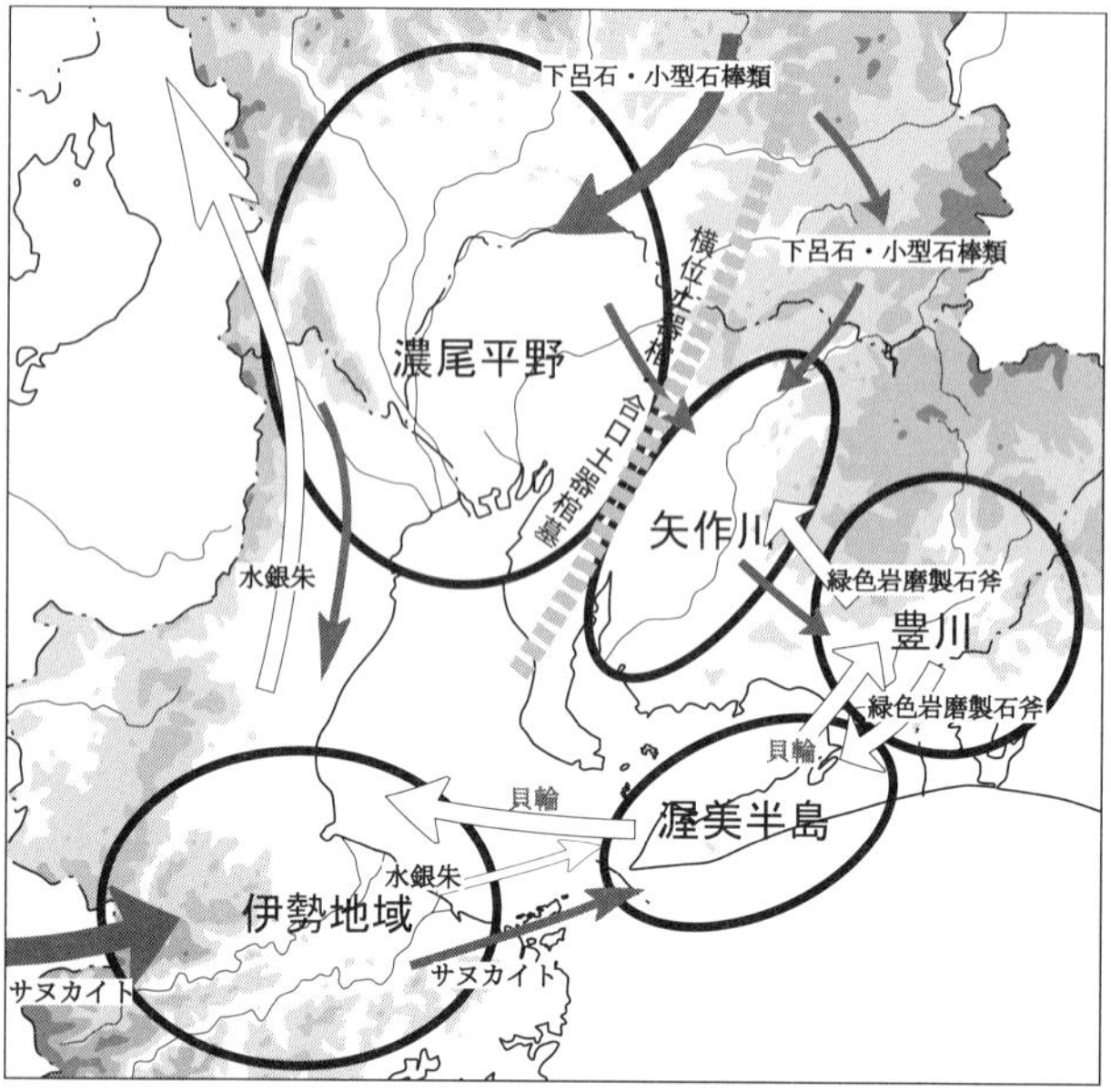

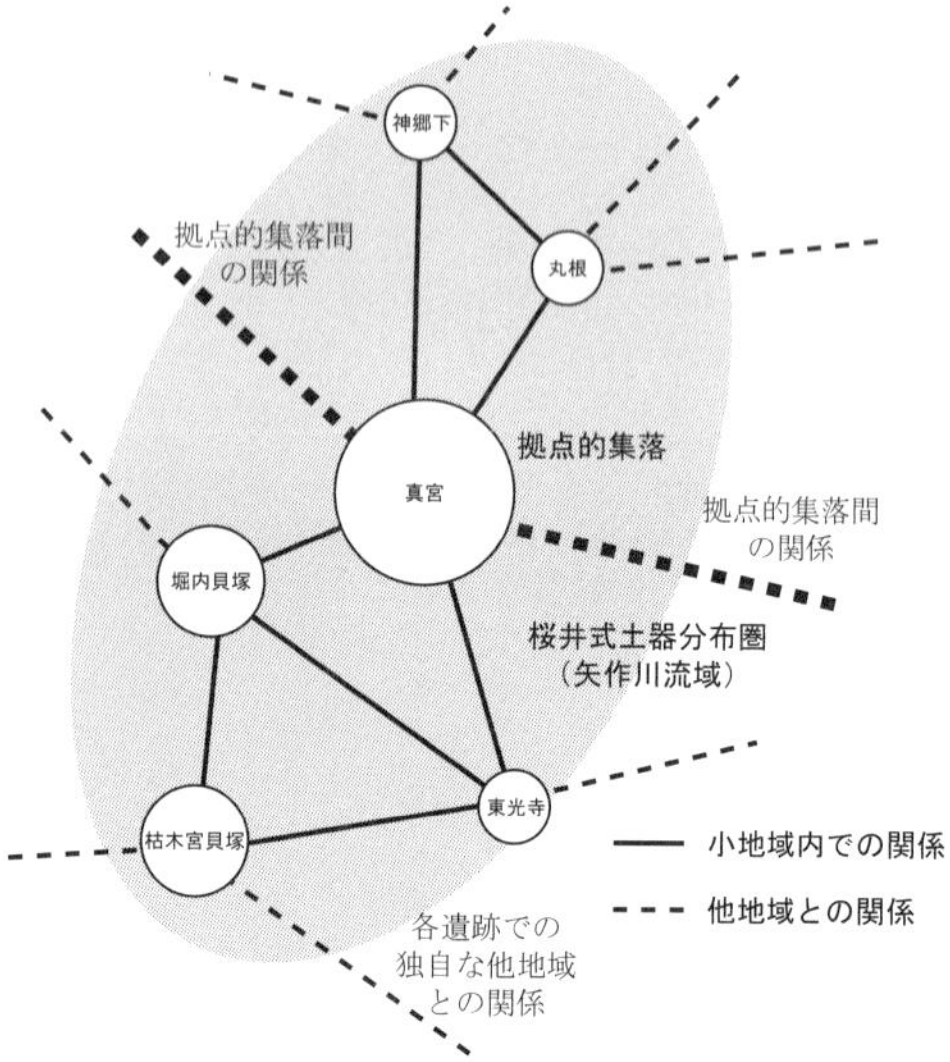

図5－2　後期後半から晩期における東海地方の地域間関係（上）
と小地域内の遺跡間関係モデル（下）（長田2011）

島の貝塚群では、近年の研究において大量の貝輪を作っている状況が指摘されております（川添二〇〇五）。これらの貝輪の素材は、すべて「表浜」と呼ばれる太平洋側に産出する貝であり、それらを大量に拾ってきて内湾側の貝塚遺跡の人たちが貝輪に加工している状況というのが分かってきています。どうもこの貝輪製作が、渥美半島における重要な特産品であったのだろうと考えられるわけですね。

それから、先ほどご紹介した磨製石斧というのは、まさに豊川流域の重要な特産品です。豊川下流域にはちょうど中央構造線が走っておりまして、その中央構造線に沿って産出する緑色岩と呼ばれる変成岩《へんせいがん》を用いて磨製石斧を大量に作っている状況が明らかになっております。その中心になるのが豊川市麻生田大橋《あそうだおおはし》遺跡という遺跡であり、旧東海道や現在の東名高速道路が走っているすぐ近くに位置しており、東西の交通の要衝ともいうべき立地です。また豊川を下ってくると、谷合の中から出てきて、ちょうど開けた空間がこの麻生田大橋遺跡になり、人の移動を考えると格好の遺跡立地であることがわかります。麻生田大橋遺跡では、大量の磨製石斧の未製品と完成品が出土しており、ここで磨製石斧の集積などがなされていたのではないかということも考えられます。この緑色岩を用いた磨製石斧が、豊川流域における重要な特産品であったことは疑う余地がないわけであります。緑色岩製磨製石斧が、西隣の矢作川流域に大量に持ち込まれていることからしても、お分かりいただけるのではないかと思います（図5-2上）。

これらのことから、東海地方では地勢ごとに小規模な地域性がみられ、非常に小規模な遺跡群の中にも拠点となる集落が存在するとともに、個々の遺跡においても独自のモノのやりとりを行うような遺跡間関係を有した社会が存在したことが指摘できるでしょう（図5-2下）。本来であれば竪穴住居ですとか集落構造全体を加味して、遺跡の大きさや集団像を考えたいところではありますが、そういったところが見えない東海地方の縄文時代晩期では集団像や社会にアプローチができません。しかし先にあげた地域資源のやりとりを通じて、遺跡間の関係性を考えるだけでも、小地域内における社会の様相がうかがえるのではないかと思っております。

(3)　中部日本における様相——特産品の展開から——

中部日本の特産品

さて、ようやく中部日本という広い視野で見ていきたいと思います。東海地方の状況からみても、縄文時代晩期にはさまざまなモノが移動し流通していたことが明らかです。その中で地域に特有の特産品のありかたが重要であり、地域を活性化する一つの要因であったこともおぼろげながら浮かび上がってくるのです。

中部日本という範囲でみれば、北陸地方の新潟・富山県境に産出する硬玉《こうぎょく》を用いた玉類。縄文時代晩期になるとこれらの玉類を大量に用いる状況がみられます。今回は触れられませんが、同じ地域ではいわゆる蛇紋岩《じゃもんがん》と呼ばれる貴石を用いた磨製石斧も重要な特産品としてあげられますし、同じ新潟県域であれば接着剤として用いられるアスファルトも産出します。中部高地ではもちろん黒曜石が重要な特産品になります。岐阜県北部では有名な下呂《げろ》温泉に産出する下呂石と呼ばれる石材もあります。東海地方であれば、先にあげたような貝輪などがあげられます。このように中部日本には、各地域に特有のさまざまな特産品がみられるわけです。

特産品としての石製儀器

では中部日本の中で、これら特産品がどのように動いているのかというと、先にも触れました小型石棒や石剣・石刀といった石製儀器の展開をしめしたものが図5-3になります。断面に斜線をかけているものが、北陸地方周辺で産出する凝灰質片岩《ぎょうかいしつへんがん》と呼んでいる石材をもちいた石刀です。これらは北陸地方だけでなく、中部高地や東海地方といった中部日本一円に広く展開しています。しかし新潟県の北になると断面を塗りつぶしてある石剣がみられ、これらは東北地方で産出するスレート材を用いて作られた石剣であり、それらが流入してくる遺跡が少なからずみられます。また長野県・山梨県あたりでは、断面に薄い網掛けのある、関東地方西部で産出する緑泥石片岩を用いた石剣が入ってくる地域があります。これらの状況は、隣接する地域で石製儀器がお互いにやりとりされるという状況がみられます。

本来はこうした石製儀器が、どのあたりまで広域に展開するのかを示す必要があるのですが、結論

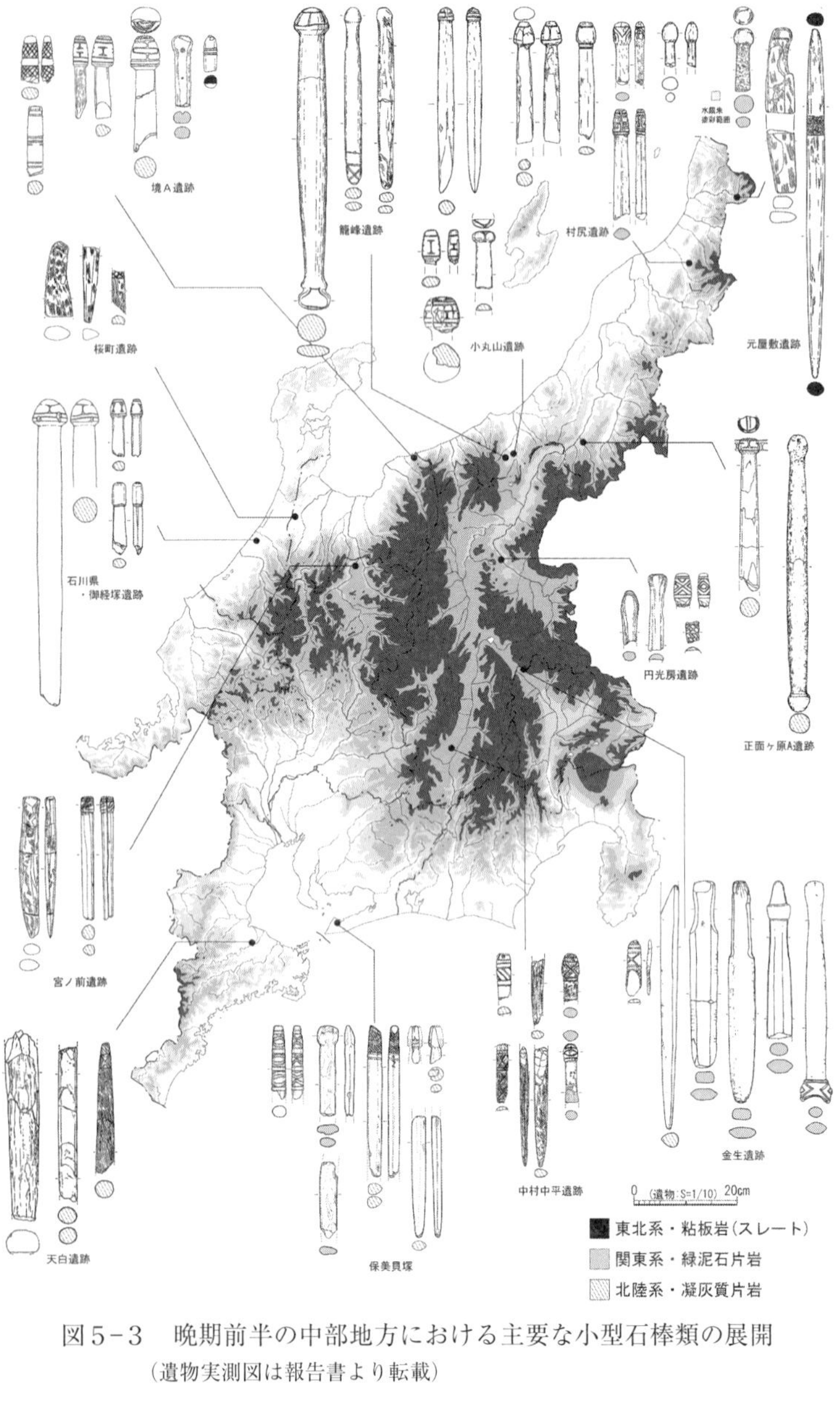

図5－3　晩期前半の中部地方における主要な小型石棒類の展開
(遺物実測図は報告書より転載)

から申し上げますと、北陸地方辺りで作られた石剣・石刀は、ほとんど関東平野にもたらされることは少ないです。一部、関西地方へは動いていくことがあるのですが、その辺りが中部日本という地域の特産品が動いていく一つの限界であったとも考えられます。それに比して、東北地方で作られた石剣が中部日本にもたらされる状況は、大きく地域を飛び越えた状況として説明され、東北地方の石製儀器の影響力が強い点が指摘できるかと思います。

特産品としての玉

それに対して中部日本の特産品としてより広域に展開するのが硬玉製の玉です。先にも触れた新潟県・富山県境の辺りが、いわゆる硬玉産地と呼ばれる地域です。硬玉製産地周辺では、縄文勾玉《まがたま》や小型の玉をたくさん作って、各地に流通させている状況がみられます。玉の製作には、硬玉が露頭から川へ転がり、さらに海に至り洗い戻されたような海浜礫と呼ばれる素材を利用していますが、硬玉製の玉を作る地域は、こうした海浜で硬玉が採取できるような硬玉産地周辺だけではなく、どうもそこから数十キロも離れた周辺地域と呼ばれる範囲まで含め、硬玉製玉の製作を行っている状況が確認できるわけです。特に新潟県内では、西端にあたる硬玉産地の糸魚川《いといがわ》市周辺で採集された硬玉が、新潟市を飛び越えた新発田《しばた》市村尻《むらじり》遺跡あたりまで玉を製作している状況が確認されています。一例のみご紹介しますと、糸魚川市から一つ谷を隔てた上越《じょうえつ》平野の山裾にあたる部分に上越市籠峰《かごみね》遺跡がありますす。こちらでは完成した玉も出土するのですが、まだ穴をあけている途中のモノや、硬玉の原石もみられます。ですから硬玉製の玉を作っている状況が確認できるわけですね。

硬玉製の玉を作っている状況は確認できましたが、使っている状況はどうなのかというと、なかなかその辺りの判断は難しいです。使っている状況としては、新潟県内の最北端に奥三面《おくみおもて》という地域があるのですが、そこにある奥三面ダムの開発で発掘調査がなされました村上《むらかみ》市元屋敷《もとやしき》遺跡という遺跡があります。元屋敷遺跡はダム開発に伴う発掘調査のため、遺跡の全面が発掘調査されまして、遺跡内の東側に配石墓《はいせきぼ》群がみられます。この配石墓群の中に、硬玉製玉を大量に出土するお墓がいくつかみられます。その出土状況をみると、それらは、どうも連珠といわれる要するにネックレスのようにして玉を使っていた状況がうかがい知れるのです。

本来はこのような連珠としてあり方が、縄文時代晩期にみられる玉の使われ方ですが、少し戻って先ほどの上越市籠峰遺跡の状況を見てみましょう。籠峰遺跡では元屋敷遺跡と同じような石で囲んだお墓があるわけですが、そういったところにはこれら玉類は一つも複葬されていません。どちらかというと、先に触れた他所からもらってきた貴石を用いて、玉を作っている状況の方が強調される出土状況といえるわけです。元屋敷遺跡では、玉はお墓の中で頭のある側からまとまって出土している状況がみられ、同じ新潟県内にみられる両遺跡の在り方を比較すると、遺跡における玉の在り方に大きな差があることが指摘できるでしょう。

それでは、新潟県内の各地で作られた玉は、元屋敷遺跡のみで使われるのでしょうか。実はそうではなく、元屋敷遺跡のようにお墓に玉を大量に副葬する、あるいは着装したまま葬る状況は、新潟県より北方の東北地方に顕著に見られる事例です。東北地方でも、特に青森県を中心とする北東北と呼ばれる地域で、大量の硬玉製の玉が墓から出土しています（図5-4）。最も多くの玉が出土しているのは、青森県六ヶ所《ろっかしょ》村上尾駮《かみおぶち》（1）遺跡であり、遺跡から数百点もの玉が出土しています。このように、どうも縄文時代晩期にみられる硬玉製の玉は、北東北の人のために新潟県・富山県境から新潟県の北側の人たちまで含めて、皆で玉を作り、北東北を中心とする地域に展開していった状況が見て取れるのです。

そうした生産地域と北東北の中間に位置する元屋敷遺跡は、ひょっとするとこれら硬玉製の玉を扱う最初の地域、あるいは硬玉製玉を北東北へと仕入れていくような人たちであった可能性も考える必要が出てくるわけです。このように縄文時代晩期の硬玉製の玉というのは、新潟県内の人々にとって非常に重要な特産品であるわけですが、どうも新潟県の多くの人々は自分たちで用いず、遠隔地の人たちにもたらすことに専従していたといっても過言ではない状況が確認できます。

特産品としての黒曜石

黒曜石については、これは私の研究ではなく大工原豊さんの研究を引用させていただきます。ご存知の方も多いと思いますが、縄文時代の前期段階から黒曜石の流通が非常に頻繁になっていきます。図5-5は、長野県の諏訪湖周辺の黒曜石産地である星ヶ塔（H）と和田峠（W）から、関東地方へ

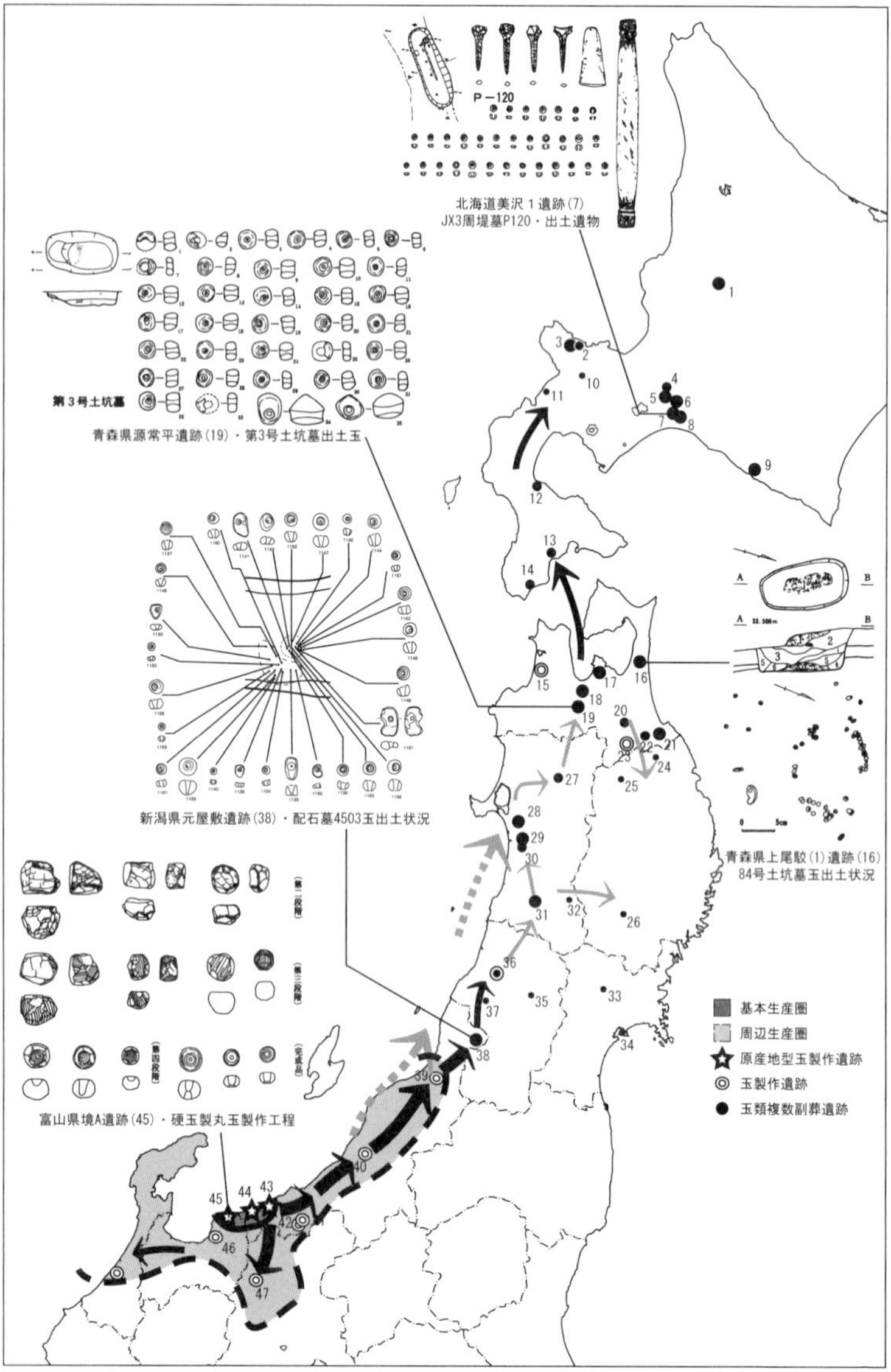

図5-4　晩期北陸地方から東北地方にかけての硬玉製玉の展開
（長田2008）

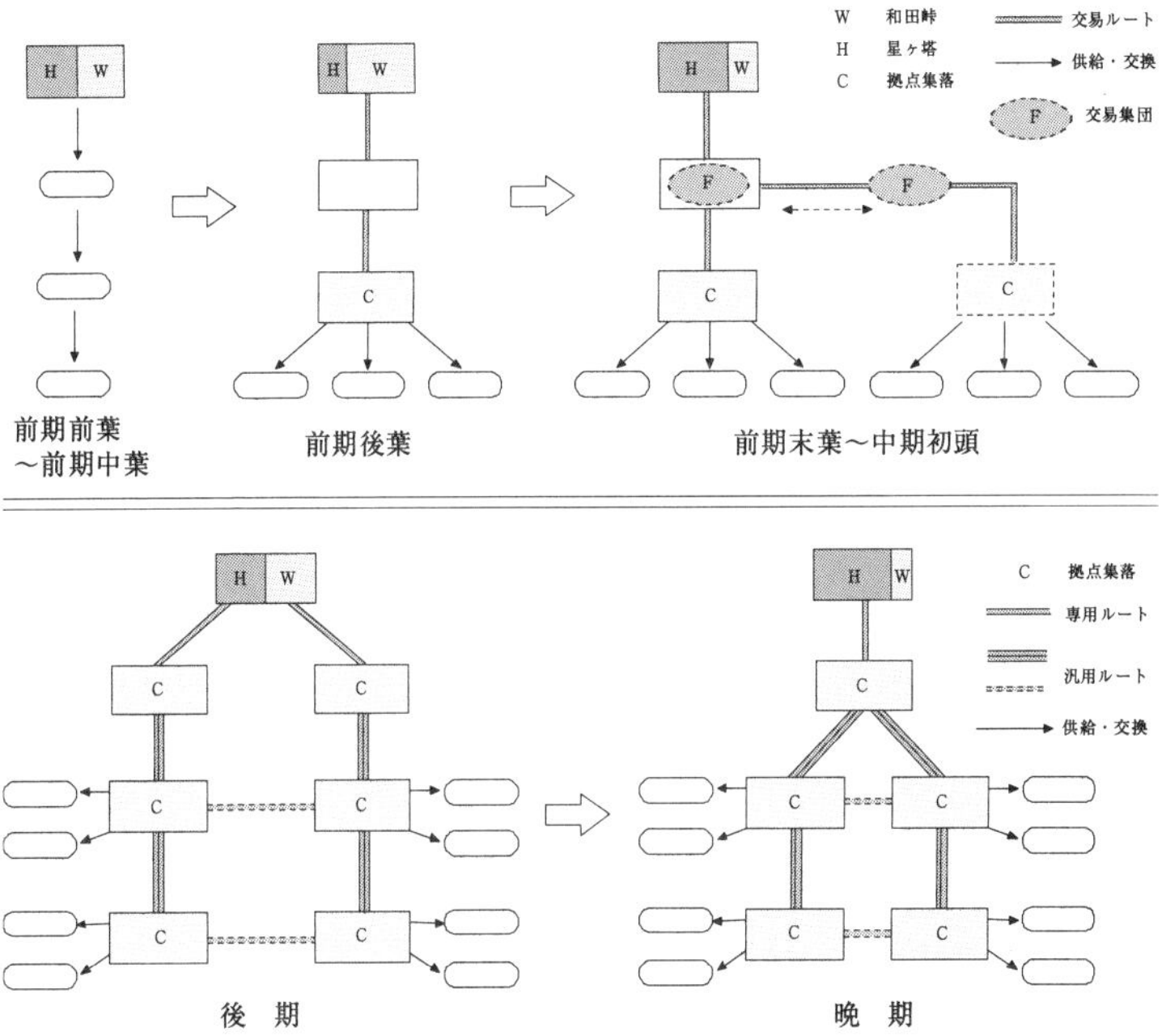

時期	前期前葉-中葉	前期後葉	前期末葉～中期初頭	中期前葉～後葉	中期末葉～後期前葉	後期中葉～後葉	晩期
入手方法	転石採取	表層採掘	露頭(二次堆積層)採掘	転石採取？	転石採取	露頭(二次堆積層)採掘	露頭(岩脈)採掘
主たる産地	和田＞星ヶ塔＞男女倉	和田＞星ヶ塔	星ヶ塔＞和田	星ヶ塔・和田・麦草	山梨ルート：星ヶ塔群馬ルート：和田＞星ヶ塔	山梨ルート：星ヶ塔群馬ルート：和田＞星ヶ塔	星ヶ塔
原石形状	亜円礫・亜角礫	亜角礫・旧石器	角礫(剥離面状)	亜角礫・角礫	亜角礫	亜角礫・角礫(剥離面状)	角礫(礫面・剥離面状)
原石サイズ	中形・小形	超大形・中形・小形	超大形・中形・小形(山梨ルート：大形)	中形・小形・超小形	大形・中形・小形・超小形(ズリ)	大形・中形・小形・超小形(ズリ)	中形・小形・超小形(ズリ)
特殊な出土状況		集落内安置・流通途中の集積	流通途中の集積・土壙墓への副葬・集落内安置		容器内収納	集落内安置	
黒曜石の価値	生存財	一部威信財(超大形原石)	一部威信財(超大形原石・天神型石匙)	生存財	生存財	一部威信財(大形原石)	生存財
流通の基準	重量・個数	サイズ・個数(2kg＞300g＞100g)	サイズ・個数・透明度(2kg＞300g＞100g)		重量(1kg？)	重量(1kg？)	重量
流通管理集団	なし	群馬	山梨		諏訪－山梨 和田－群馬	諏訪－山梨 和田－群馬	原産地？
流通形態	交換連鎖	仲介者交易(常設市場タイプ)	仲介者交易(行商タイプ)	交換連鎖	交易(汎用ルート利用)	交易(汎用ルート利用)	交易(汎用ルート利用)

図5-5　前期と後・晩期の黒曜石流通システム（大工原2007より一部加筆）

もたらされる黒曜石の時期的な変遷について示したモデル図です。関東地方へもたらされる黒曜石産地の比率が、時期により少しずつ変化するのもミソであるわけですが、注目していただきたいのは前期後葉より地域の中で拠点集落がみられ、その拠点集落から地域内の各遺跡に黒曜石が配られている状況が指摘されています。さらに前期末葉には交易集団のような人たちが想定され、それらの人々が黒曜石を動かしている状況も見て取れるのです。黒曜石が流通するシステムが形成されていく、この辺りが縄文時代前期後半から中期にかけて、中部地方が隆盛を迎える一つの要因であったのではないでしょうか。

このあと少し時間が空いて、縄文時代後期・晩期という時期になっても、長野県産の黒曜石は、関東平野あるいはその周辺地域においても活発に利用されているわけですが、黒曜石の流通が、黒曜石だけを動かすためのものではなく、さまざまなモノが動くシステムの一つに黒曜石が組み込まれていくようになります。

つまり、黒曜石を主体として流通させる状況では、黒曜石原産地が非常に重要なわけですが、後期あるいは晩期という時期になると、もちろん黒曜石原産地も重要ではあるのですが、そこから産出した黒曜石というのは、黒曜石が独自に流通するのではなく、張り巡らされたさまざまなネットワークに乗っかるような形で黒曜石が動いていく状況に変化するわけです。その辺り、具体的な黒曜石の流通はどうなのか。縄文時代前期後半を中心とする段階では、原産地周辺に住む仲介者が黒曜石を運んでいくというようなことを大工原さんは想定しているわけです。それに対して、今回紹介している後期、あるいは晩期になると、さまざまな交易（汎用ルート）が確立されており、その中に黒曜石が一つの交易材として乗っかっていくという状況が想定されています。

(4)　特産品の重要性と流通システム

特産品の掌握

さて、以上のような状況から縄文時代晩期の中部日本の様相をまとめていきたいと思います。最初に東海地方の状況で大まかに紹介したように、縄文時代晩期にはどうも地域ごとに得意なモノを作り、それを相互に交換する状況が看て取れます。一つの地域、一つの遺跡でまとまるということではなく、それらが相互にやりとりをするような形でネットワークが形成されているということが指摘できるわけです。そうした状況を中部日本という範囲に広げて考えてみますと、中部日本は列島規模でも有用な特産品の宝庫であるわけです。連珠として用いる硬玉製玉をわざわざ北東北まで運んでいく。もちろん少量ではありますが、東海地方にも入ってくる状況はみられ、列島規模での有用な特産品と目されるわけです。しかし、北東北でみられるような多くの玉を副葬する墓であるとか、黒曜石の流通が周辺地域の集団に委ねられるなど、さまざまな特産品を管理・流通させるという部分については、どうも中部日本の人たちは掌握できていないのではないかということが考えられるわけです。

今回、特産品の流通に着目して縄文時代晩期の中部日本を紹介しました。その中で硬玉に代表されるように、他地域に使用・利用の主体があり、中部日本という範囲でなかなか独自の流通システムを構築できなかったのではないかということができるのではないかと思います。独自の流通システムを構築することができなかったという部分が、「華開く」縄文時代中期に比べて、残念ながら後期・晩期の中部日本がもう一つ華やかではない要因なのではないかというふうにも考えられるわけです。おそらく流通システムというのは、要するに現代人の我々からすれば有用な特産品があれば、そうした地域がすべてを掌握する、まさに石油産油国というのが非常に幅を利かせる世の中であるというような現代的な価値観ではなくて、縄文時代においてはまた別の説明要因として、地域社会・地域文化を担う必要があったのではないかということにもなると思います。

特産品利用の説明原理・世界観

硬玉製の玉は、別になくても生きていけるものでありますので、そうした日常生活に不用な装身具をなぜ保有しなければいけないのかという点をきちんと説明する必要もあろうかと思います。それは現代的にも重要ではありますが、縄文時代的にも同様であります。すなわち硬玉製玉の保有を共有する世界観や、あるいは硬玉製玉を連珠として保有することの説明原理という部分が必要であろうと考えるわけです。

列島における縄文時代の地域性は非常に顕著であり、説明原理や世界観という部分においても、各地域の独自性は土偶や墓制の多様性に代表されるように、非常に顕著であると言えるでしょう。しかしその一方で、列島全体を一貫する何らかの大きな文化的背景・世界観というものが、特に縄文時代の晩期の人たちには共有されていたのではないかとも考える次第です。例えば、晩期東北地方を代表する儀器である遮光器土偶が、模倣品として列島各地で作られる状況というところにも、そうした一端が見て取れるのではないでしょうか。

参考文献

長田友也「縄文時代後期後半から晩期前半における東北日本の玉について」『玉文化』第五号、日本玉文化研究会、二〇〇八年

長田友也「縄文時代晩期社会論―伊勢湾・三河湾地域を中心に―」『縄文／弥生移行期の社会論』ブイツーソリューション、二〇一一年

川添和暁「東海地方における貝輪について―その製作・使用・廃棄の流れ―」『考古学フォーラム』一八、考古学フォーラム、二〇〇五年

大工原豊「Ⅳ供給・交易システム　黒曜石交易システム」『縄文時代の考古学6　ものづくり』同成社、二〇〇七年

増子康眞「東海地方西部の縄文文化」『東海先史文化の諸段階（本文編）補足改訂版』紅村博編、一九八三年

宮坂清編『長野県下諏訪町黒耀石原産地遺跡分布調査報告書Ⅱ―星ヶ塔遺跡』長野県下諏訪町教育委員会、二〇〇八年

吉田泰幸「縄文時代晩期における耳飾りの分布について―愛知県を中心に―」『列島の考古学Ⅱ』渡辺誠先生古希記念論文集刊行会、二〇〇七年
渡辺　誠『縄文時代の知識』東京美術、一九八三年
渡辺誠編『週刊朝日百科日本の歴史36　原始・古代③　火と石と土の語る文化』一九八六年

6　西日本の縄文社会の特色とその背景

瀬口眞司

(1)　関西縄文社会の特色はどのように見えるのか

集落・遺跡から見たその特色

同じ縄文時代でも、東日本と西日本ではその社会的様相が大きく異なります。東日本のあり方を中心に見ますと、西日本はいかにもいろいろと〈小粒〉ですが、その実態はどうなのでしょうか。本報告では、特に関西地方の縄文社会に焦点を当て、その地域的特色はどのように見えるのか、それを醸し出した要因・背景としてはどのようなものが考えられるのか、といった点を問うてみます。

作業を進める中で特に着目したいのは、A遺跡や集落のあり方、B資源利用強化の方向性と程度です。Aについては多くの先輩方によって何度も語られてきました（鈴木保彦二〇〇六他）。それを参考にすると、以下のように整理できそうです。

まず東日本と西日本では遺跡密度に大きな格差があって、関西地方の遺跡数は極めて少なく見えます（図6-1右）。また集落構造にも大きな差異があって、東日本では前期中葉・中期中葉・後期前葉などに大規模な環状集落が多数出現し、集約的で求心的な集団構造がしばしば顕在化します（図6-

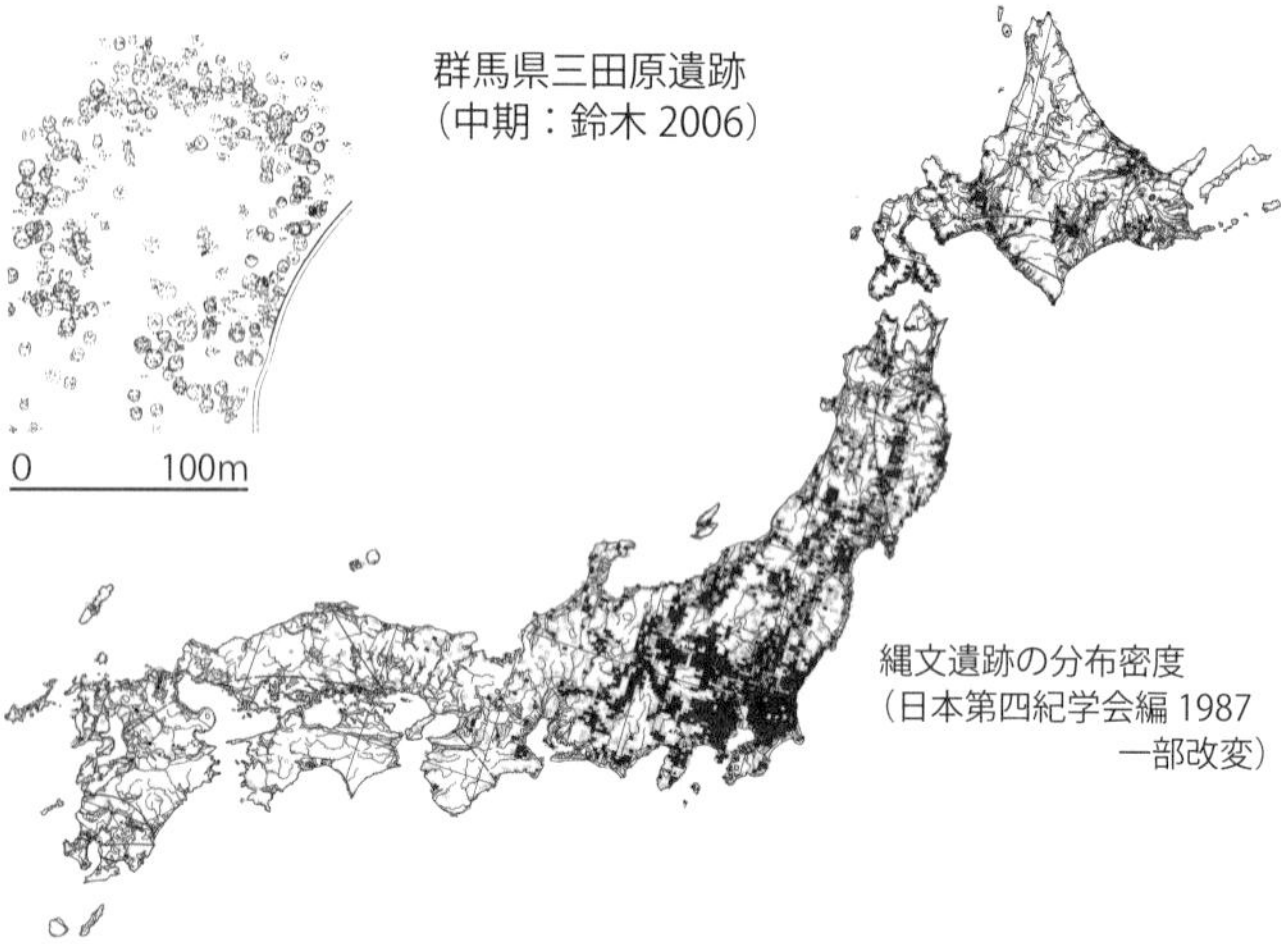

図６－１　縄文遺跡の分布密度と大規模環状集落

1左）が、関西地方でそのような傾向は見られず、小規模集落の形成に留まっています。

資源利用から見たその特色

いま一つの着目点はB資源利用強化の方向性と程度です。その整理から社会の特色を読みとってみましょう。関西縄文社会におけるその分析例はほとんどありませんので、以下で検討してみます。

今回の分析で取り上げるのは、打製石斧《だせいせきふ》、磨製《ませい》石斧、堅果《けんか》類の貯蔵穴の三つです。本来なら、全国的にこれらの資料を集めて比較検討したいところですが、資料が膨大すぎて現状ではとても無理です。今回は、まず関西地方（滋賀・京都・兵庫・奈良・大阪・和歌山）とお隣の北陸・東海地方西部（愛知・三重・岐阜・福井）に地域を絞り、その比較からお互いの地域的な特色をあぶり出します。全国的な視野から見た評価はそれを補う形で試みることとし、データは関西縄文文化研究会などの集成資料を用いています（関西縄文文化研究会一九九九～二〇〇四・二〇〇六、岩瀬一九九七、春日井他二〇〇三）。

【打製石斧から見える地域性】　最初に打製石斧の数を検討してみます。斧と名付けられていますが、これは鋤や鍬といった土掘り用具だと考えられています。竪穴《たてあな》住居やさまざまな穴を掘る他に、根茎類の採集や植物質食料の栽培、開墾に利用されていた可能性もあります。

ここで解明したいことは、打製石斧を使った資源利用の方向性とその強化の程度ですが、ただたんにその出土数の推移を問うても解明したことにはなりません。たんなる出土数なら、利用強化とは関係なく、人口の増減によっても変動するからです。解明していくには、たとえば一人当たりとか一世帯当たりの数値を見ることが必要です。一人で一本しか消耗していないケースと、三本も消耗していたケースでは、利用強化の程度は当然異なるからで、その値こそが鍵になります。縄文時代のその厳密な値は導き出せませんが、それに近い意味のデータとして〈住居一棟当たり〉の値なら導けるので、これを求めて分析します。

北陸・東海地方西部のデータは、図6-2のA上段のとおりです。打製石斧は、後期中葉に激増しているので、それ以降に顕著な利用強化傾向へ転じたことが窺えます。では、何をしきりに掘り始めたのでしょうか。

ここで併せて見ておきたいのは、その下段のグラフです。そこでは〈住居一棟当たり〉の遺構数の

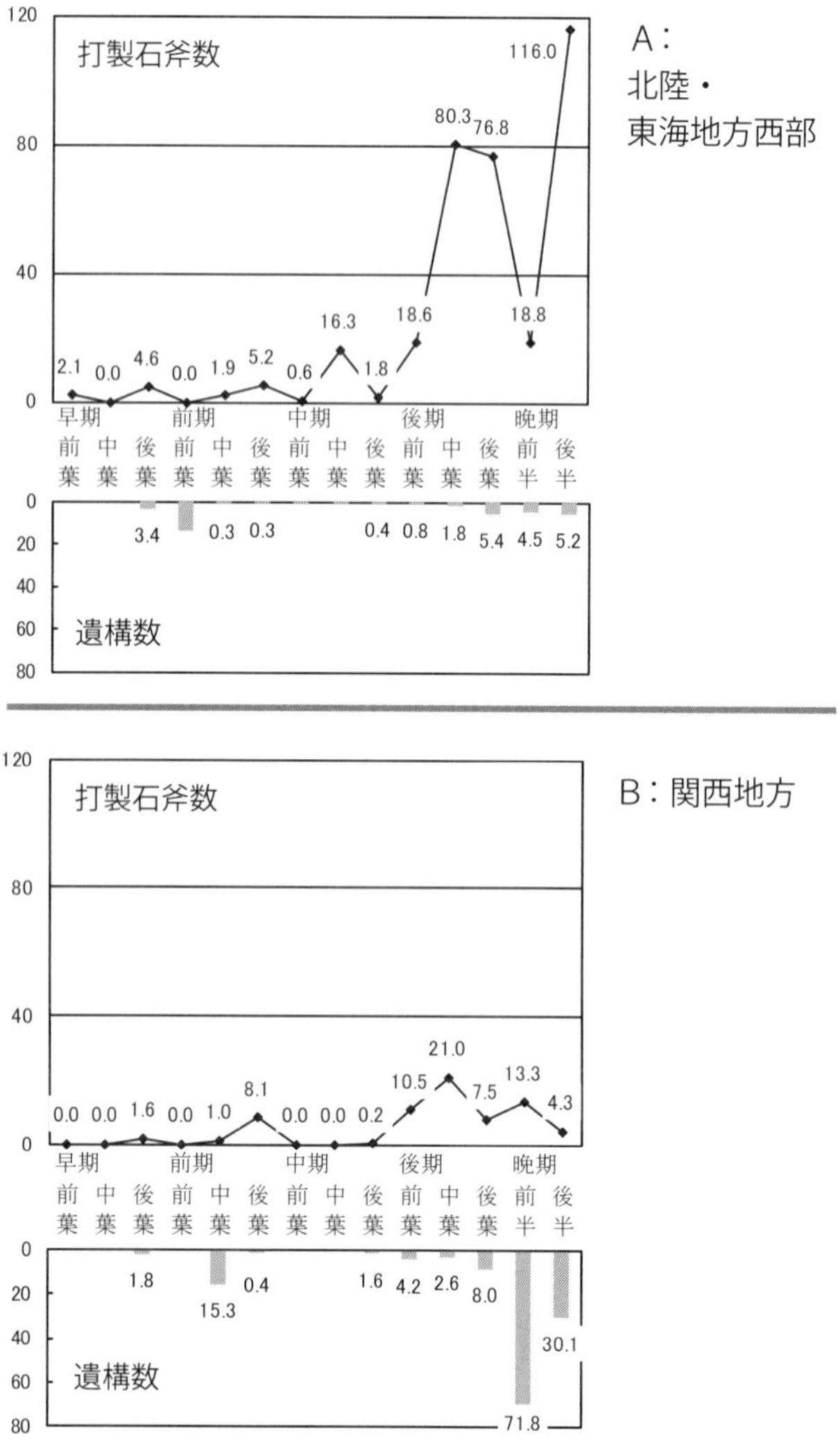

図6-2　対象地域における住居1棟当たりの打製石斧数と遺構数の推移

推移を示しています。上段と見比べて下さい。もしたんに穴を掘る機会のために打製石斧が増えていたのなら、二つのグラフは相関していたはずですが、必ずしもそうではありません。ですから、何か他の活動——たとえば根茎類の収穫や、近年しばしば検出され始めたマメ類などの栽培のために増加した可能性を考慮する必要があるでしょう。

一方、関西地方のデータは図6-2のB上段のとおりです。後期中葉に増えますが、北陸・東海地方西部と比べると伸び率は小さくて、その二五％程度です。打製石斧を用いた資源利用の強化は、北陸・東海地方西部に比べて、かなり低調だったと見るべきでしょう。

【磨製石斧から見える地域性】　磨製石斧は伐採や木工に用いる道具です。住居の建築などの他、焼畑や耕地開拓などに利用されていた可能性も指摘されています（小畑二〇一二）。これについても〈住居一棟当たり〉の値から分析してみます。

北陸・東海地方西部のデータは図6-3Aのとおりです。打製石斧と同様に後期中葉に激増し、顕著な利用強化傾向へ転じています。このデータはそもそも〈住居一棟当たり〉の値ですから、建築機会の増加などをその変化の要因として考えることはできません。むしろ注目すべきポイントは、同時期に打製石斧も激増している点です。

たとえば焼畑は、たんに火をつければできるわけではなく、斧で森林を伐り開いて生木を減らし、燃えやすくしてから火をつける必要があります。また、収量を期待したいならば、マメ科植物などで

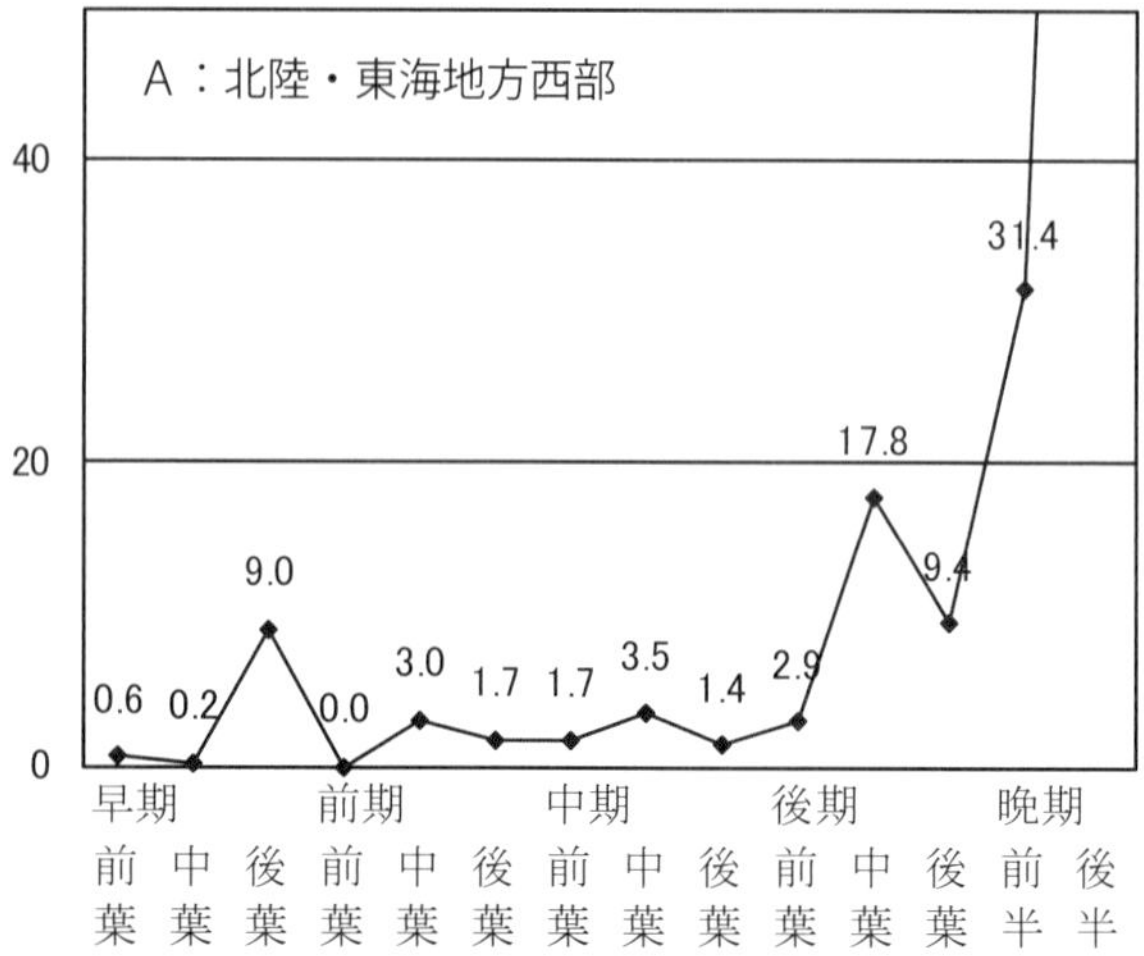

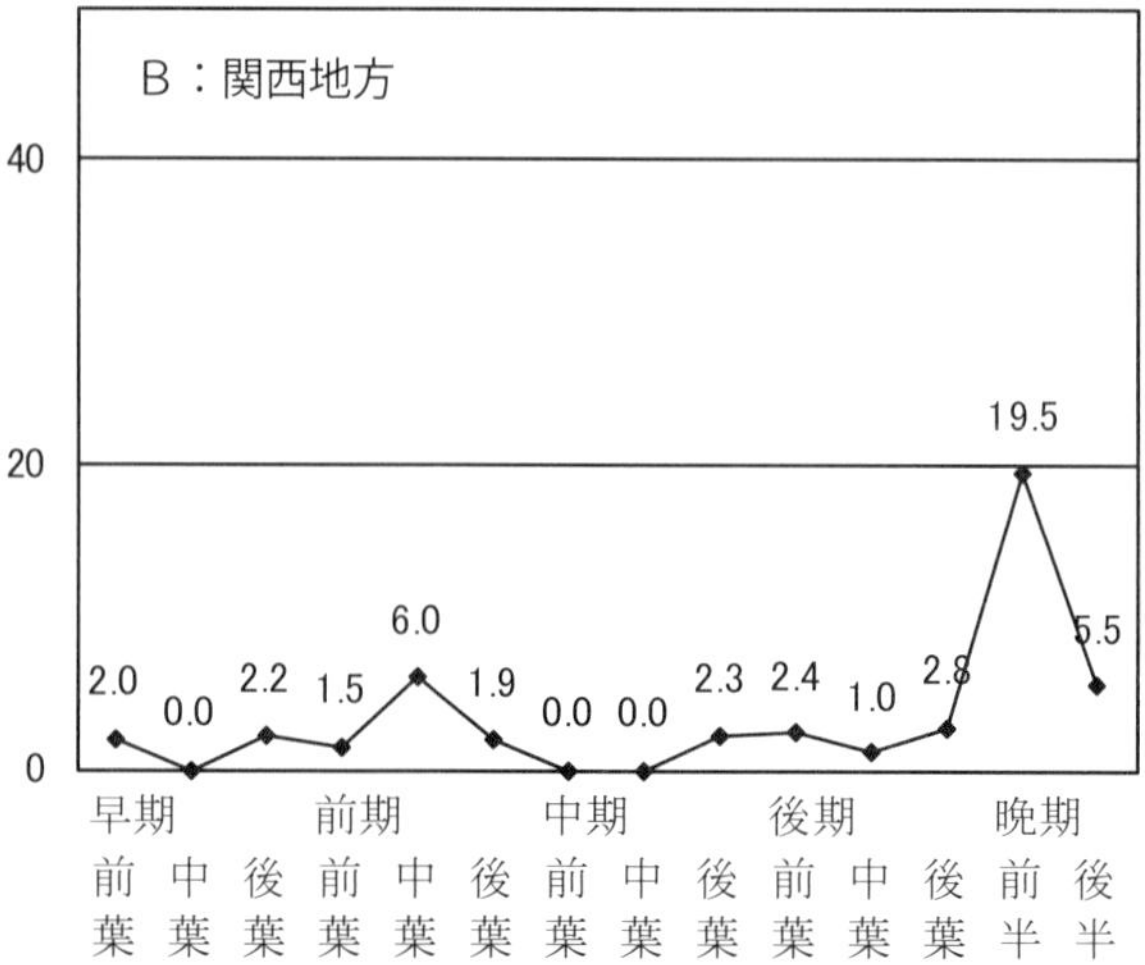

図6-3　対象地域における住居1棟当たりの磨製石斧数の推移

あっても根を深く張らせるために土堀具で深く耕しておく必要があります（小畑二〇一一、一三五頁）。本格的な焼畑を進めていくならば、磨製石斧と打製石斧は同時に増加することになります。この点を踏まえるなら、後期中葉における二つの斧の増加は、焼畑などの耕地開拓や森林開発の強化に伴っていたと想定することも可能でしょう。

一方、関西地方のデータは図6-3Bのとおりです。晩期前半に微増しますが、他の時期の値は低く、森林開発に関しても消極的だったと見るべきです。

【貯蔵穴から見える地域性】　貯蔵穴の多くは、堅果類（木の実）を貯蔵する施設だと考えられています。ここでは、この遺構の規模から推される貯蔵量の推移に注目します。

北陸・東海地方西部のデータは図6-4Aのとおりです。後期後葉に増加しますが、一時的な傾向に留まっています。一方の関西地方のデータは図6-4Bのとおりです。後期前葉に顕著な増加傾向に転じ、以降の値も大きく増加しています。北陸・東海地方西部に比べて、その利用は大きく強化されたことが窺えます。

関西縄文社会とはどんな社会か

以上をまとめてみます。まず、北陸・東海地方西部では、縄文時代後期に打製石斧と磨製石斧の数を激増させており、土地や森林の改変を伴う方向で資源利用を強化していったと考えられそうです。

一方、関西地方でも打製石斧・磨製石斧はある程度使われていました。しかし、世帯当たりの値は

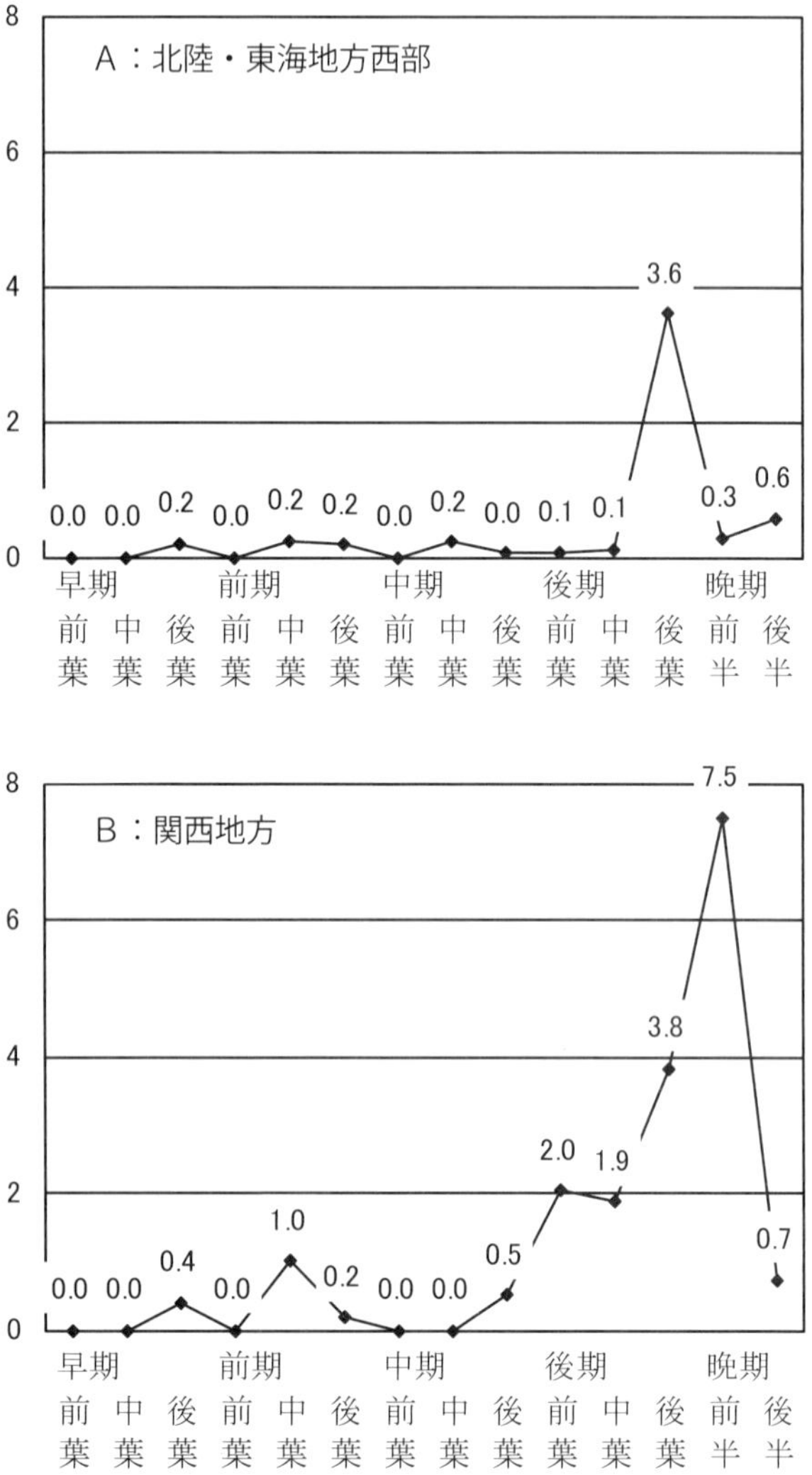

図6－4　対象地域における住居1棟当たりの貯蔵穴容量の推移（単位：立方m）

ごく小さく、大きな増加も見出せません。土地・森林の改変を伴う資源利用には消極的な社会だったと考えられます。その代わりに、縄文後期以降の関西地方で強化されたのは堅果類の貯蔵です。資源利用を強化するにしても、周辺環境をガンガン改変するようなやり方ではなく、自然に生まれた恵みをそのまま享受するような、より大人しいやり方だったことが見て取れます。

しかも、全国的な視野から見るならば、その強化の程度も過大評価すべきではないでしょう。各地の貯蔵穴のデータを集成し、数量的分析を試みた坂口隆さんの成果を参照する限り、関西地方の貯蔵穴に関する数や規模の値は、東日本地域に比べてかなり低い水準にあることが指摘されています（坂口二〇〇三）。細かい追検証作業が今後の課題になりますが、関西縄文社会における堅果類の貯蔵量は、後期に拡大されたとはいえ、全国的な視野から見ると、より低く抑えられていた部類だったということになりそうです。

冒頭で少し触れたような集落などから見出せるその姿に、今回の分析結果や先行研究の指摘事項を照らし合わせるならば、関西縄文社会の特色とは次のように整理できそうです。

①人口密度は低くて、集団規模も小さく、集約的・求心的な構造をもたない。
②打製石斧や磨製石斧を一定量所有するが、土地や森林の改変を伴うような資源利用には一貫してより消極的である。
③縄文後期に世帯当たりの貯蔵量を拡大し、堅果類の資源利用を強化したが、その程度は東日本に

比べればより低い水準に抑えられている。

次に検討すべき問いは、これらの特色を醸し出した要因や背景です。これはどう考えられるのでしょうか。少し寄り道をしながら、この問いの答えを探してみたいと思います。

(2)　関西地方の縄文社会はどのように考えられるのか

観察と考察に隠された宿命

本題に入る前に、少し寄り道をして、私達の〈モノの見方・考え方＝観点〉、特にその背後にあるカラクリについて省察したいと思います。

科学哲学者のN・R・ハンソンさんによれば、私達の観察や考察には、ある宿命が隠れているようです。私達は可能な限り客観的に観察・考察をしたいと考えています。しかし、残念なことに、どんな人でも自分がそれまでに取り込んできた先行研究や理論から多かれ少なかれ影響（負荷）を受けながら観察・考察してしまう宿命にあります。ハンソンさんは、この宿命を〈観察の理論負荷性〉と呼びました（ハンソン一九五八）。

東の空へ昇る朝日を思い浮かべてみて下さい。アリストテレスとガリレオや彼らの弟子をそこに登場させてみましょう。天動説を理論的な基盤とするアリストテレスとその弟子達は、「太陽が動いている！」と頷き合うはずです。一方で、地動説を理論的な基盤とするガリレオとその弟子達は、「それでも地球が動いている！」と主張するでしょう。同じ朝日を見ているにもかかわらず、基盤とする理論や先行研究によって、観察と考察の結果は大きく相違してしまいます。

すでにある理論や先行研究は、私達が現象を認識し、作業仮説を設け、検討や考察を進めていくのに欠かせない大切な母胎です。しかし同時に、我々の観察と考察にいつもつきまとい、しばしば惑わすお節介で厄介な存在でもあります。

先の例は天文学の話ですが、私や諸先輩方を含めた考古学者も、もちろんこの宿命から逃れられません。地動説が長く信じられてきたように、賛同者の数が多い意見や、権威や伝統のある見方・考え方に私達は影響を受けがちですが、信仰ならともかく、学問であるならば、拠って立つ理論的な基盤に対しても吟味しつづける必要がありそうです。ということで、考察を進める前に、拠って立つべき理論や先行研究について、ここでも整理しておきましょう。

どのように考えられてきたのか

西日本の縄文社会に対する観点は、大きく分けて二つありそうです。一つは縄文研究の泰斗・山内清男さんが早くに提唱された〈サケ・マス論〉に源をもつ観点（山内一九六四他）、いま一つはそれに反論する形で提示された西田正規さんの観点（西田一九八五他）です。

山内さん達の〈サケ・マス論〉的な観点の特徴は、縄文文化の東西差の原因として、食料資源の量的差異を重視するところにあります。縄文社会は堅果類や魚介類を重要な食料資源とする狩猟採集社会ですが、山内さんは、いち早くこの点を踏まえながら縄文社会の理解を進め、その上で北アメリカ北西岸地域の民族誌にも目を向けました。

北アメリカ北西岸地域では、狩猟採集社会に関する民族誌的な記録が豊富に残されています。彼らの主食は南北でやや異なっていて、南部では堅果類を主食とするのに対し、北部では堅果類に加えて豊富なサケ・マス類も利用しています。この北アメリカ北西岸地域と日本列島は、太平洋を挟んで対称的な位置にあって、生態環境もよく似ています。そして、日本列島でもサケ・マス類の主要な分布範囲はより北部の東日本に偏っています。

以上のことを踏まえた上で、山内さんは、豊かなサケ・マス類も利用できる東日本の方が西日本より食料資源が豊かであり、その豊かさが東日本の文化的優位性を生み出す原動力になったと説いたわけです。これ以降、漠然とした形かも知れませんが、縄文研究の中で〈豊かな東日本・貧しき西日本説〉が成立しました。そして、西日本は食料資源が貧しかったから少数の小規模集落しか形成されず、東西のさまざまな格差がここに生まれたとする考えが浸透していったように見えます。

これに対して西田正規さんは、この〈豊かな東日本・貧しき西日本説〉が必ずしも成立しない可能性を指摘されました。西田さんが示した反論の根拠は多岐にわたります。その一つは、当時のメジャーフードと目される堅果類の比較でした。縄文前期以降の森林植生の主要構成種はブナ科植物です。その種類を東西で比較すると、その数は西日本で圧倒的に多いことが分かります（図6-5）。さ

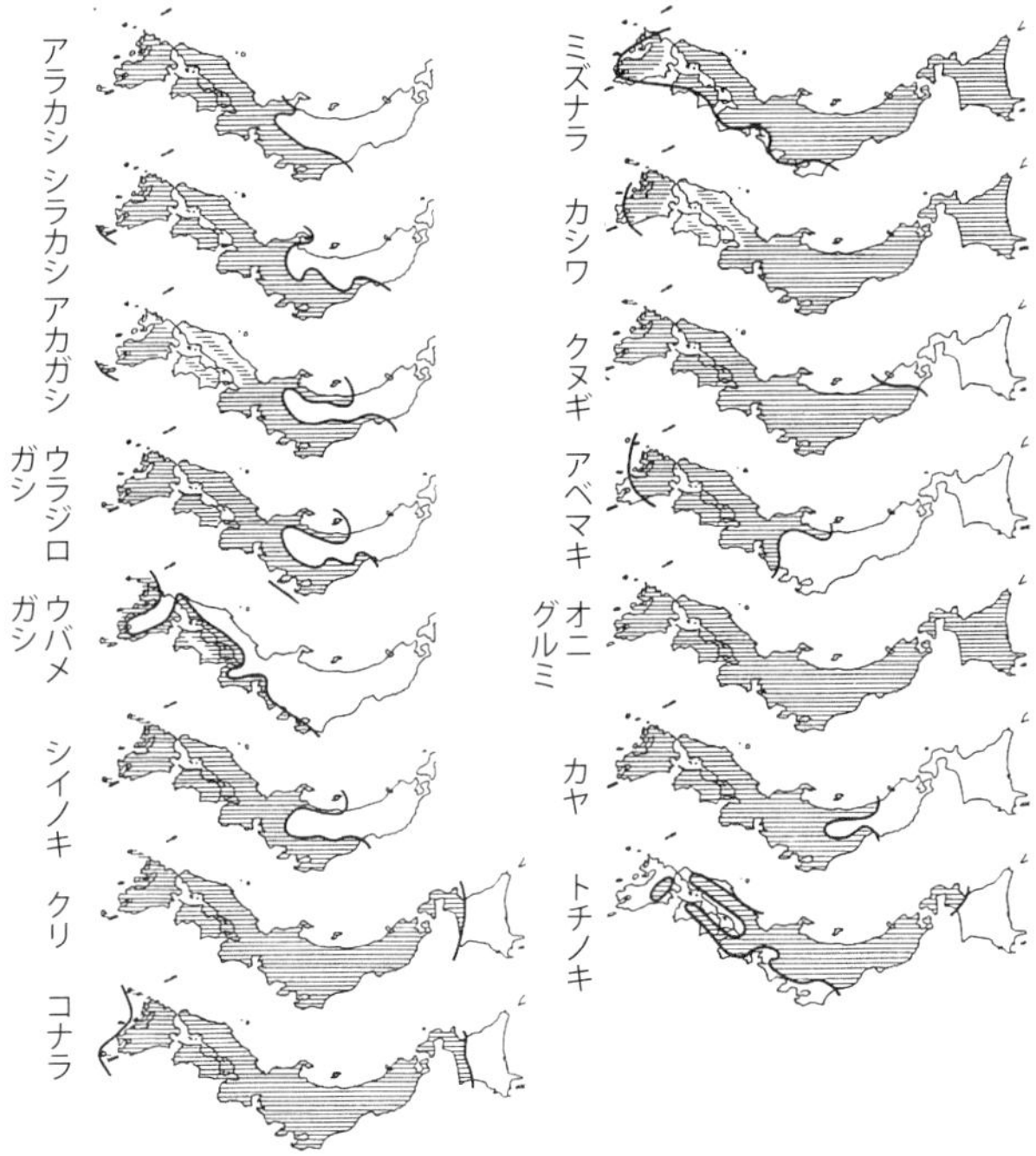

図6−5　主要な堅果類の分布（西田1985）

らに一ヘクタール当たりの森林年間純生産量の推定値を比較すると、落葉広葉樹林では五〜一〇トンであるのに対して、照葉樹林は一〇〜三〇トンに至ることも分かります。以上を踏まえ、西田さんは、照葉樹がより多く広がる西日本の方が豊かだと指摘したのです。

さらに西田さんは動物資源のあり方も比較して、イノシシなどの分布や密度などから、これらも西日本の方が多い可能性を示しました。また、当時の重要な食料資源である淡水魚類のあり方も比較して、東ではサケ・マス類が分布するのに対し、西にはコイ科やアユが広がり、生息種類数は西日本の方が多いことも明示しています（図6-6）。

以上のように、山内さん達と西田さんの違いは、〈東日本の資源の豊かさ〉を考察の起点にするか否かです。山内さんの主張に対して、西田さんはそれが考察の起点には必ずしもならないと反論したわけです。後輩である私達の観察や考察の結果は、どちらを理論的な基盤にするかで大きく異なることになるでしょう。

今でこそ西日本に暮らしていますが、私は東日本で生まれ育ちました。ですから、どちらも贔屓にしたいところです。しかし、山内さん達の論に対して、西田さんの論拠は多様かつ多角的ですし、水産学や生態学などのデータから裏付けられている点は重要でしょう。山内さんを起点とする〈豊かな東日本・貧しき西日本〉説は興味深い仮説ですが、東西縄文文化の差異を解釈していくための理論的基盤としては必ずしも最適ではないと私は考えます。

では、私達はどうすべきか。今なすべきことの一つは、理論的基盤と考古学的な現象の双方に刮目しながら仮説を積み上げ直していくことであり、その場合、次の二つの観点が新たに大切になってくると考えます。

収穫期の長さの違い

第一の観点は泉拓良さんが提示したものです（泉一九八五）。その意見で興味深いのは、食料資源の収穫期の長さと、それに規定されて生じる労働編成の違いに着目した点です。

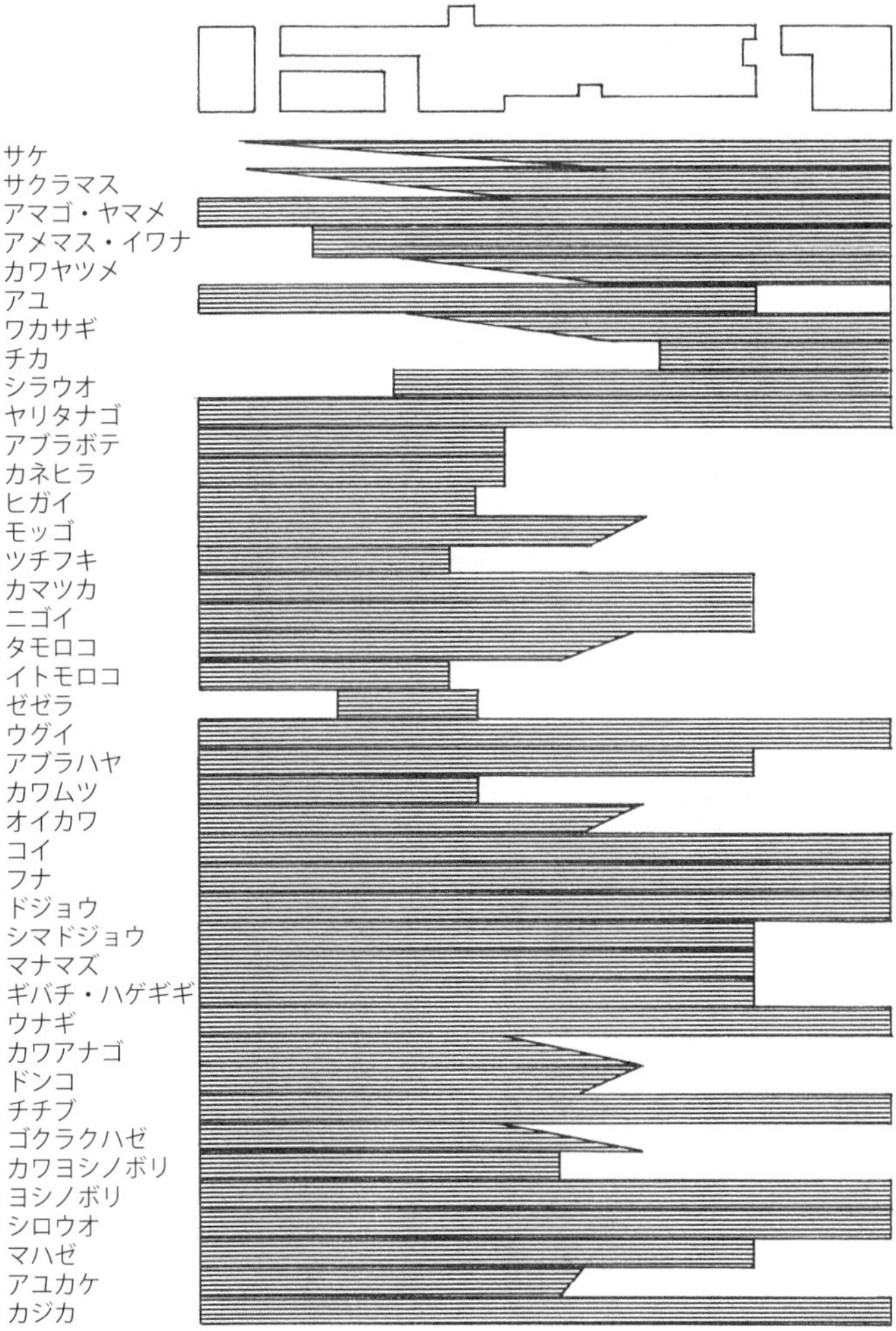

図6－6　主要な淡水魚類の分布（西田1985）

少し補足します。西田さんが指摘されたように、東日本と西日本の植生では、利用できる堅果類の種類の数が異なります。例えば、最近公表された国立歴史民俗博物館のデータベース（石田他二〇一六）を元に遺跡出土堅果類の種類を精査すると、東日本では落葉樹の三種類――クリ・オニグルミ・トチノキが大半を占めることが分かります。ここで注意したい点は、これらの結実期が九月から一〇月の二ヵ月に集中することです。

対する西日本の遺跡における傾向を同じように調べると、落葉樹三種類（クリ・オニグルミ・トチノキ）に加えて、照葉樹のイチイガシ・アラカシ・シラカシ・アカガシなども出土していることが確認できます。現代の琵琶湖周辺などで堅果類の結実期を調べると、落葉樹三種は九月から一〇月の二ヵ月にやはり限られますが、照葉樹の堅果類は一一月から一二月に結実期を迎えることが分かります。つまり、西日本の収穫期は、落葉樹の二ヵ月＋照葉樹の二ヵ月＝合計四ヵ月となり、東日本の二倍の長さに及ぶことになります。

ポイントはここです。四ヵ月をかけて必要量を収穫すればよい西日本に対し、東日本ではその半分の二ヵ月の間に急いで必要量を確保する必要があります。結果として、集約的な労働がより必要となり、集団規模を拡大させたり、求心的な構造を生み出したりする必要性も高まることになるでしょう。

この泉さんの意見は、先にまとめた関西縄文社会の特色①と整合的です。東日本に比べて西日本では、収穫期がより長く、それゆえに集約的な労働を編成する必要性がより生まれにくい資源環境にありました。これこそが〈人口密度が低く、集団規模は小さく、求心的な構造を持たない〉という地域的特色を支えていた要因の一つだったということです。泉さんは一九八五年にこのことを主張されていましたが、あらためてその意見に光を当てるべきだと私は考えています。

社会変化を阻止する仕組み

第二の観点は、文化人類学・経済人類学から提示されているものです。三人の興味深い意見に注目してみます。

最初は池谷和信さんの意見です。氏は、狩猟採集社会の根本的なシステムの一つについて言及し、〈そのポイントは持つ者から持たざる者へ余剰は分配され、個人への財の集中と社会階層化を敢えて阻止しているところにある〉と指摘しました。

近代以降に生きる私達は、つい、農耕やモノに満ちた暮らしこそが〈優れた文化〉だと考えがちですが、上記のような社会では、農耕はかならずしも喜ばしい資源利用形態ではありません。余計なモノ――〈余剰〉――を生み出しやすく、彼らがあえて阻止している財の集中や社会階層化に結びつきやすいからです。実際、カラハリ砂漠のサン等は、農耕を知っているにもかかわらず、積極的には導入したがらないそうです（池谷一九九五）。

同じ狩猟採集社会でも、この根本的システムを打ち破り、個人への財の集中と社会の複雑化・階層化を推し進めた社会（Complex Hunter-Gatherer）もあります。P・クラストルさんは、その成立背景や移行過程について重要な示唆をしてくれました。氏が分析したのは、アマゾンの族長支配体制ですが、そこから〈人類は本来、権力に対して自律性を保持しようと志向し、権力の拡大を阻止する仕組みを持っており、未開から国家への道が開くのは、その仕組みの維持に失敗した時で、未開社会とは未発展社会ではなく、国家への発展を回避し続けた社会である〉と説いています（クラストル一九七四）。

欲張らない社会と欲張る社会

M・サーリンズさんの指摘も重要です。氏は、未開社会の形を特色づける要因は資源の豊かさだけではなく、資源利用強化の方向性や程度なども深く関わること、その違いから二つの姿が見出せることを説きました（サーリンズ一九七二）。

その第一の姿は〈過少生産様式〉と呼ぶべきものです。いわば〈欲張らない社会〉で、労働や生産よりもおしゃべりなどの余暇を優先します。最低限の装備・設備しか持ちませんが、貧しいわけではありません。必要なものしか生産しないだけです。一日二〜三時間しか働きませんが、多様かつ十分なエネルギー源を獲得できています。この最低限の豊かさで十分満足するところが、彼らの特徴の一つです。だから、周辺の資源の一部しか使いませんし、大規模開発や生産力の強化、そのための人口拡大などは思いつきません。世帯の維持に必要なければ、技術力や知識を持っていたとしても活用しようとはしません。

いま一つ重要な特徴は、世帯の自律性を集団の求心力より優先させるところです。人間関係や集落を無理に維持することはなく、簡単に分裂します。だから、集落規模は拡大しないし、人間関係の潤滑油となる儀式や親族制の強化も見られません。

第二の姿は〈生産強化様式〉と呼ぶべきものです。いわば〈欲張る社会〉で、余暇よりも労働・生産を優先・強化し、世帯の必要量を遙かに超えた物質的豊かさを目指します。生産力向上のために人口を拡大し、強化された生産力を基盤に周辺環境を開発し、人口をさらに増やします。世帯の自律性より、集団の求心力を優先させるところも重要な特徴です。人間関係を維持・拡大するため、潤滑油となる儀式もさかんに行い、親族制も積極的に活用します。結果、集落の分裂は抑制されて拡大し、集約的な労働編成によって生産強化がさらに進みます。

社会の姿を変える鍵

サーリンズさんの意見を参考にするならば、この〈欲張らない社会〉から〈欲張る社会〉への移行には、権力を握りたい野心家を許す社会的土壌の出現が鍵になります。〈欲張らない社会〉では野心家の出現を固く阻止していますが、それに失敗した社会や、あるいはその抑止力が緩和された社会では、〈欲張る社会〉への移行が始まります。野心家達は自らの生産を強化し、その余剰を他者に与えて〈貸し〉を作り、いわば親分と子分の上下関係を作り出します。

野心家達は、さらに〈親族制〉を通してその関係性を強化していきます。世帯間にある直系と傍系の区別をあえて曖昧にし、一つの大きな家族のような関係を作り出し、リーダーを父と思わせる組織を構築していきます。この〈親族制〉の強化によって子分達との間の求心力を強め、世帯の自律性に歯止めをかけて、集約的な労働編成を可能にしていきます。

〈儀礼〉の開催も重要です。生産強化によって作り出した余剰を惜しみなく分け与え、受け手からの尊敬を勝ち取り、同時に〈貸し〉を作ります。こうして子分達との間の求心力を強め、世帯の自律性に歯止めをかけて、連帯性を維持・強化していきます。

このようなカラクリがあるために、〈欲張る社会〉では、多くのモノが生産され、集団規模と地域人口は拡大し、求心的な構造が顕在化するといった傾向が生み出されていきます。一方、これに移行しない〈欲張らない社会〉では、最低限の装備・設備しか持たず、集団規模や地域人口は拡大させず、求心的な構造も顕在化させないといった傾向が温存されていくことになるわけです。

(3)　関西縄文社会の特色と背景

以上、関西縄文社会の地域的特色と、それを醸し出した背景や要因を問うてみました。先学の力も借りながら観察した結果、その地域的特色については、①人口密度が低く、集団規模も小さくて、集約的・求心的な構造を持たないこと、②打製石斧や磨製石斧を一定量所有するが、土地や森林の改変を伴うような資源利用には一貫してより消極的であること、③縄文後期に世帯当たりの貯蔵量を拡大し、堅果類の資源利用を強化したが、その程度は東日本に比べればより低い水準に抑えられていることなどが挙げられました。

これらの特色を醸し出した背景や要因を考察する際、従来だとしばしば東日本と西日本の〈資源量の差異〉に注目する傾向にありましたが、西田正規さんの批判を踏まえるならば、かならずしも適切ではないと考えるに至りました。

本報告で代わりに注目した観点は、〈収穫期の長さの違い〉と〈社会変化を阻止する仕組み〉です。これらを基盤に据えることで、私は以下の仮説を提示することになります。

関西縄文社会が少数・小規模傾向にあり、求心的な社会構造を顕在化させなかった要因の一つは〈過少生産様式〉が保持されていたところにありました。周辺環境をガンガン改変するようなやり方は採らず、抑制のきいた資源利用をしていました。根本的なシステムとして〈個人への財の集中や社会階層化を阻止する仕組み〉や〈権力拡大を阻止し、自律性を保持する仕組み〉が維持されていたことがさまざまな地域的特色を醸し出しました。

その背景の一つは資源環境の特色にあります。量はともかく、より多様な食料資源が存在し、その獲得のために集約的な労働編成を必要としない食料資源環境が社会変化を阻止する仕組みを温存し、この関西縄文社会の地域的特色を醸し出し続けていたと考えられます。

この仮説を踏まえるなら、東日本の縄文社会は、集約的な労働編成を必要とする資源環境にあるがゆえに、しばしば求心的構造への変化を阻止する仕組みが緩和され、社会の姿を変えたことになりますが、この点については機会をあらためて論じることとし、報告を終えます。

〔付記〕

本報告を発表するはずだったフォーラムの前日、闘病していた母が力尽き、静かに眠りについた。母自身もこのフォーラムを楽しみにしており、どんなことがあっても登壇するように言われていたが、やはりそれも叶わず、主宰する山田康弘さんには大変ご迷惑をおかけした。お詫びするとともに、あらためて紙上発表の機会を与えて下さったことに感謝する。

参考文献

池谷和信「狩猟採集社会の中の農耕」『講座文明と環境』第三巻、朝倉書店、一九九五年
石田糸絵・工藤雄一郎・百原新二「日本の遺跡出土大型植物遺体データベース」二〇一六年、https://www.rekihaku.ac.jp/up-cgi/login.pl?p=param/issi/db_param
泉　拓良「縄文集落の地域的特質—近畿地方の事例研究—」『講座考古地理学』第四巻、学生社、一九八五年
今村啓爾「群集貯蔵穴と打製石斧」『考古学と民族誌』渡辺仁教授古希記念論文集刊行会、一九八九年
岩瀬彰利「「三河湾・伊勢湾周辺地域における縄文時代住居の変遷について（I）」『三河考古』一〇、三河考古刊行会、一九九七年
小畑弘己『東北アジア古民族植物学と縄文農耕』同成社、二〇一一年

春日井亘・長谷川幸志「岐阜県美濃地方における縄文時代建物遺構の変遷」『関西縄文時代の集落・墓地と生業』関西縄文文化研究会、二〇〇三年
関西縄文文化研究会『関西の縄文住居』一九九九年
関西縄文文化研究会『関西の縄文墓地』二〇〇〇年
関西縄文文化研究会『関西縄文時代の生業関係遺構』二〇〇一年
関西縄文文化研究会『縄文時代の石器―関西の縄文草創期・早期―』二〇〇二年
関西縄文文化研究会『縄文時代の石器―関西の縄文時代前期・中期―』二〇〇三年
関西縄文文化研究会『縄文時代の石器―関西の縄文時代後期・晩期―』二〇〇四年
関西縄文文化研究会『関西縄文人の生業と環境』二〇〇六年
クラストル、P『国家に抗する社会―政治人類学研究』水声社、一九七四年
サーリンズ、M『石器時代の経済学』法政大学出版局、一九七二年
坂口　隆『縄文時代貯蔵穴の研究』アム・プロモーション、二〇〇三年
鈴木保彦『縄文時代集落の研究』雄山閣、二〇〇六年
瀬口眞司『縄文集落の考古学』昭和堂、二〇〇九年
西田正規「縄文時代の環境」『岩波講座日本考古学』二、岩波書店、一九八五年
日本第四紀学会『日本第四紀地図』東京大学出版会、一九八七年
ハンソン、N『科学的発見のパターン』講談社学術文庫、一九五八年
山内清男「日本先史時代概説」『縄紋式土器』日本原始美術第一巻、講談社、一九六四年

Theme 4

縄文社会をどのように捉えるか

7　環状集落にみる社会複雑化

谷口康浩

(1)　縄文社会の縮図

私の話のテーマは「環状集落《かんじょうしゅうらく》」と呼ばれるものです。環状集落の成立・発達から解体に至る歴史的過程を通観してみます。これは縄文時代前期から後期にかけての長いプロセスなのですが、その視点から、縄文時代における社会複雑化がどのように、どの程度まで進展したのかについて考えてみるというのが、この発表のテーマです。

環状集落のスペースデザイン

環状集落の一つの重要な特徴は、集落の中央部分にしばしば集団墓が造営されている点にあります。これは、その後の日本の歴史から見るとかなり異色なことです。集落の真ん中に墓地が置かれるというのは、その後の時代には見られません。たとえば弥生時代には「方形周溝墓《ほうけいしゅうこうぼ》」という墳墓がありますが、これは普通、環濠集落の外側に位置付けられていて、人々が日々の生活をするエリアからは遠ざけられています。その後の歴史を見ても、墓地は集落から離れたところに置かれるのが普通です。ところが、縄文時代の環状集落では、集落の中に墓地があるのです。しかも、集落の端ではなく中央部に位置付けられているところに、際立った特徴があります。

集団墓を中央に置く環状集落のスペースデザインは、祖先たちとの関係を大切に考えていた、当時の社会的意識を端的に映し出しています。そのような環状集落の姿、形、構造には、血縁紐帯の上に成り立つ親族組織の存在が投影されている。これが私の考えの、まず一つの重要なポイントです。そういう社会を何と呼べばよいのかということですが、「部族社会」が最もふさわしいでしょう。祖先たちとの血縁関係や系譜を大切に考えている社会。亡くなった人たちとの関係だけでなく、集落の中にいる長老たちも、おそらくとても大事にされたのではないかと思いますが、そういう社会です。親族秩序、血縁的関係というのが、とても大事にされた。そういう社会の姿が読み取れます。

縄文時代前期から中期にかけて、こうした環状集落が著しく発達するわけですが、そういう現象がなぜ起こるのかというと、それは遺跡数の増大に端的に表れた人口密度の高まりを背景とした社会の進化を反映しているものであり、その過程でしだいに厳格なものとなった「出自観念」が、縄文社会を複雑化させていく原理的な要因になっているのではないかと、私は考えています。出自観念の強まりとともに、部族社会の組織化、分節化、階層化が進んでいった。同じ部族社会でも前期、中期、後期を比較すると、複雑化の度合いが違っています。そういうことを、このあとお話していきたいと思います。

(2)　前期の様相

環状集落の成立

前期になると、集落や遺跡群の様相に大きな変化が出てきます。とくに前期中葉から後葉の時期に顕著になってくるのですが、それは縄文土器の型式でいうと、黒浜《くろはま》式から諸磯《もろいそ》a式・諸磯b式土器の時期のことです。この時期になると、集団墓の造営が始まります。そして、それを中央に取り込んだ形で環状集落が成立してくるのです。それとともに、葬送儀礼が確立したことを示すような変化が生じてきます。墓穴の中に副葬品を埋納する行為がその一つです。それから、墓域での集団的な儀礼行為の痕跡も見られるようになります。また、これはまだ厳密には立証できないのですが、再葬が行われた可能性もあります。亡くなった人の遺体を埋葬してそれで終わりではなくて、その墓域で集団的な儀礼が行われたことを示す遺跡が現れてきます。

このような様相はそれ以前には見られなかったもので、この段階になって顕著な形で立ち現われてきます。これは何を意味しているのでしょうか。そこからどのような社会の状態を読み取れるでしょうか。私の考えでは、前期に現れた変化は、血縁関係に基づく社会的紐帯が強く意識され、自分たちの出自や系譜が社会的に認知されるようになってきたことを示しています。それも自分の父親、母親が誰であるかというような、直近の血縁だけではなく、もう少し長い出自・系譜の観念が社会的に認知されるようになってくる。それをアイデンティティーとして、同族意識をもった部族集団が組織化されてきたのではないかと考えます。それから、あとで見るように、非常に大規模な集団墓の造営が見られることから、個々のムラを超えた、広域的な地域社会が成立してきたことが伺えます。

たとえば、栃木県宇都宮市にある根古谷台《ねごやだい》遺跡は、そのような前期の環状集落の代表的な例です。非常に大規模な集落で、大形の長方形建物を含むたくさんの住居跡が集落の外周部分にあって、中央部分には三〇〇以上の土壙墓《どこうぼ》があります。土壙墓の中からは、玦《けつ》状耳飾等の石製装身具が出土しました。この例のように、中央に集団墓を位置付ける環状集落が、前期中葉から後葉にかけて、非常に顕著な形で出現してきます。

集団墓と儀礼行為

図7-1に長野県阿久《あきゅう》遺跡の例を挙げました。阿久遺跡の場合も、前期後葉の集落の中央部分に、おびただしい数の土壙があります。総数が七八〇基ほどあるのですが、これらが全部墓穴かどうかは、人骨がほとんど残っていないのではっきり分かりません。骨片が出土している土壙が一つだけあるのですが、あとは全部分解してしまったとみえて、全部が墓かどうかということは厳密には分かりませんけれども、そのうち、墓と判断してほぼ間違いないものの中から、立石や組石を持つA型とB型の土壙だけ抽出してみると、一〇四基あります。その墓の特徴を細かく見ていくと、たとえばA1型というのは、土壙の上部に細長い大きな石を立てた土壙なのですが、それらは墓域内の二ヵ所に、塊りの

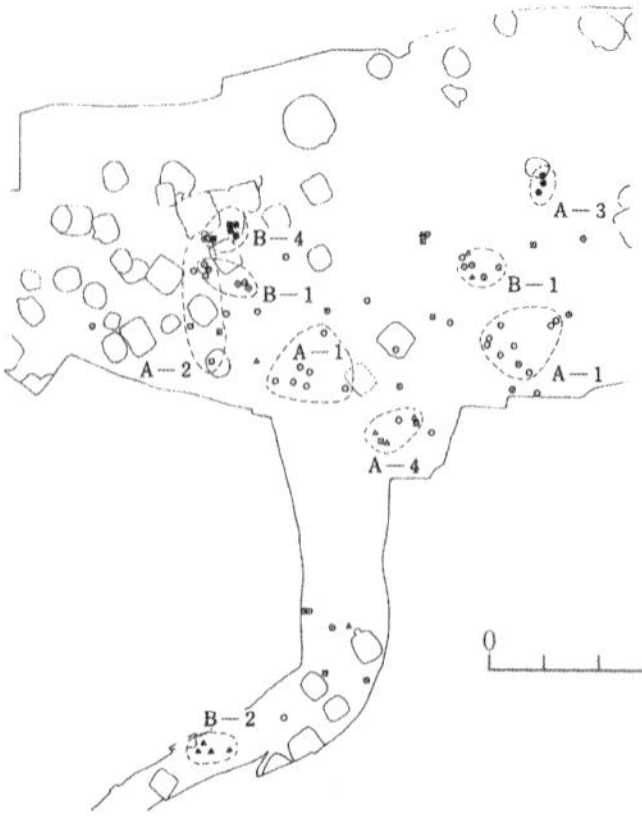

立石・組石を伴うA型・B型土壙 の分布

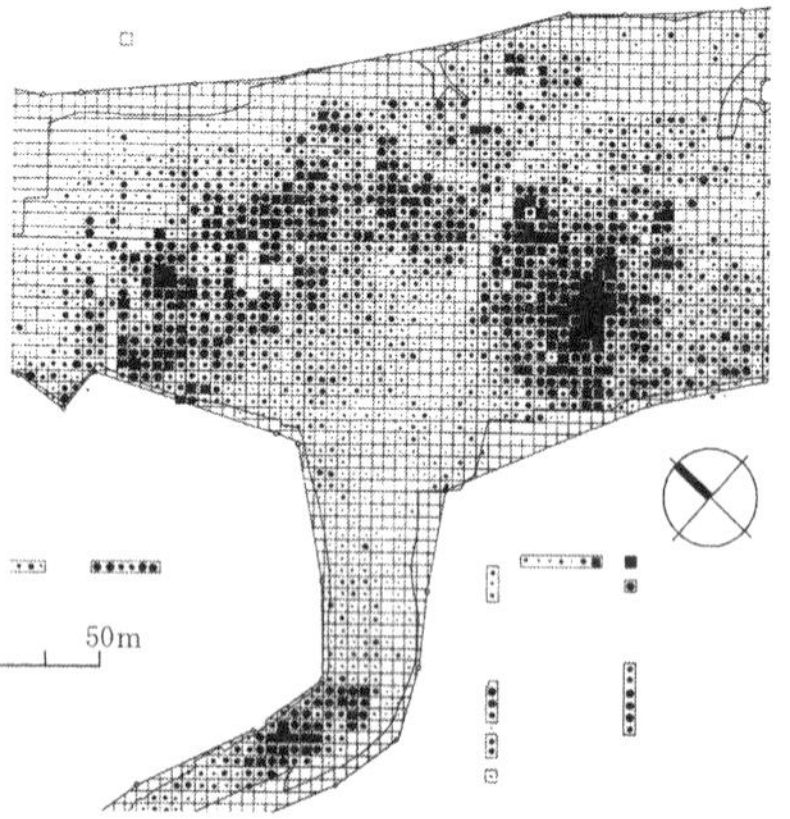

土壙墓群を取り巻く環状廃棄帯（Ⅲ～Ⅴ期）

長野県阿久遺跡の土壙墓群（A型・B型）と
墓域の周囲に形成された環状廃棄帯

儀礼用の集石土坑

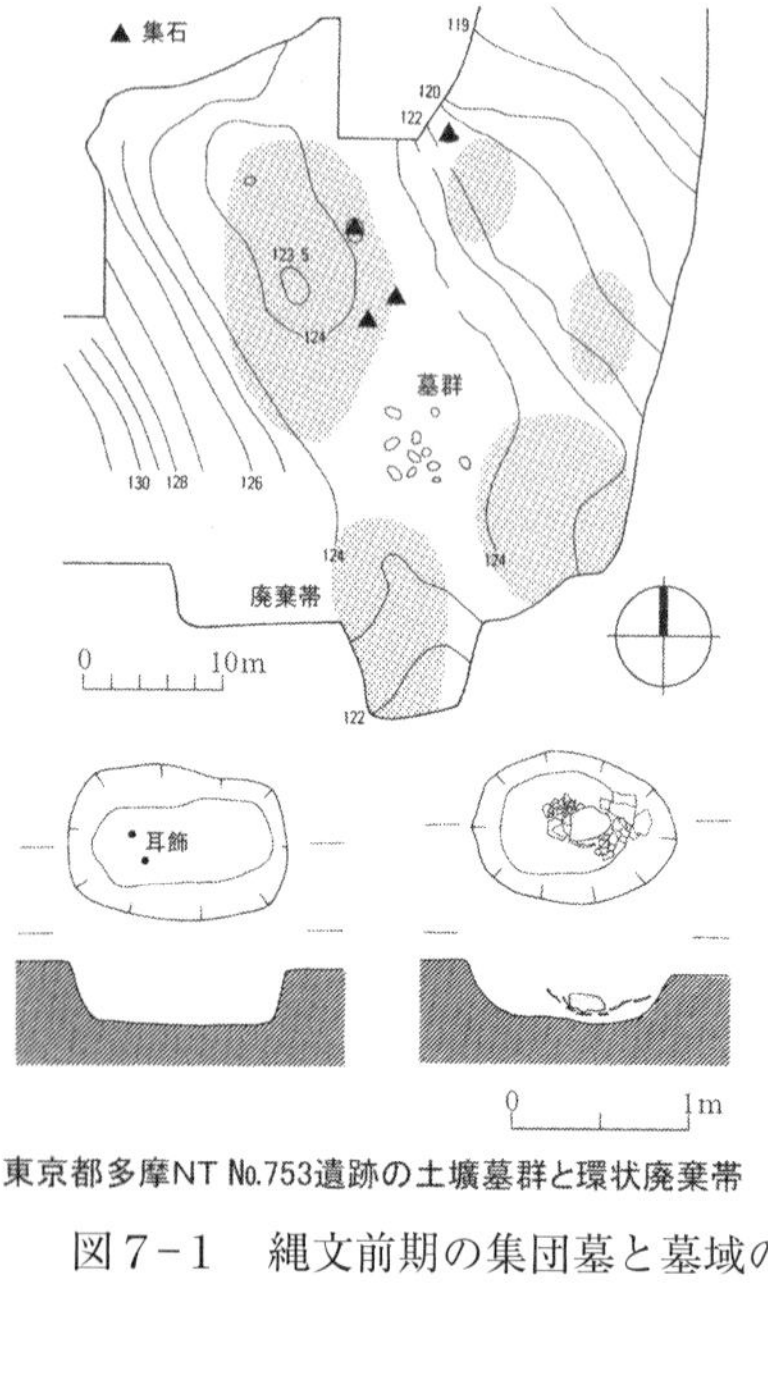

東京都多摩NT No.753遺跡の土壙墓群と環状廃棄帯

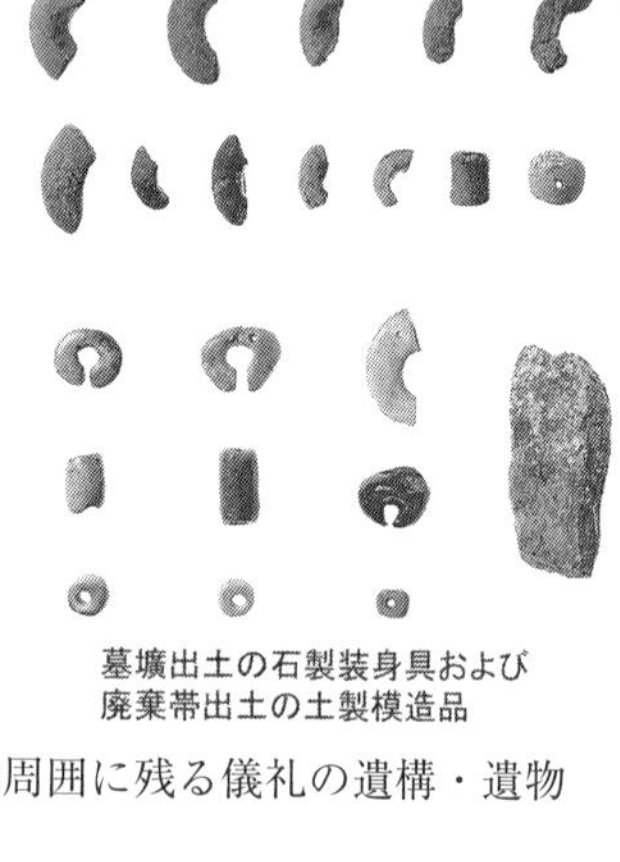

墓壙出土の石製装身具および
廃棄帯出土の土製模造品

図7－1　縄文前期の集団墓と墓域の周囲に残る儀礼の遺構・遺物

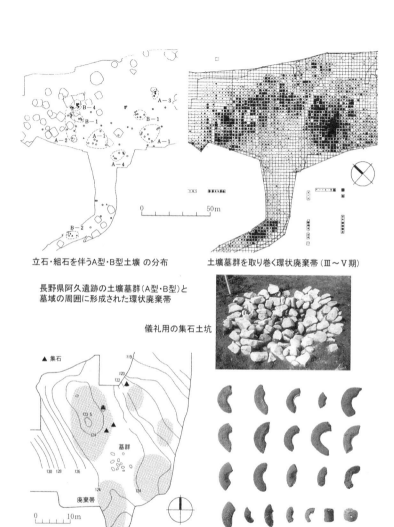

ように分布していることが分かります。こういう墓の塊りがおそらく、集団墓を構成する単位になっていると考えられます。このような複数の単位に分かれながら、たくさんの墓が集落の中央部分に集中していることが分かります。

注目されるのは、その集団墓を取り巻くように、おびただしい遺物が集積して残されていた点です。「環状集石群」と呼ばれていますが、五万点以上といわれる礫が集積しています。それ以外に縄文土器などもあります。黒く表示された環状のゾーンに、多量の遺物が集積しているのです。そして、この環状集石群の中には、二八〇基ほどの集石土坑があります。集石土坑がこれほど密集している遺跡は、現在でも他に例がありません。これらの集石には何回も使い回した痕跡はみられず、どうも儀礼用に何か特別な食べものを調理しているらしいのです。そういうものが、墓域を取り巻くゾーンに密集しています。

千葉県木戸先《きどさき》遺跡で見つかった前期の集団墓でも同様です。ここでも中央部分に土壙墓群の塊りが四つあって、ここに一七五基ほどの土壙墓が密集しています。やはり阿久遺跡と同じように、土壙墓群を取り巻く形で多量の土器が環状に分布しています。こういうものを私は「環状廃棄帯」と呼んでいるのですが（谷口二〇〇五）、そういう点でも阿久遺跡の状況とよく似ています。つまり、集落の中央に集団墓が造られるだけでなく、墓群を取り巻く空間で、集団的な儀礼行為が行われていた状況が読み取れるわけです。阿久遺跡に比べて規模は小さいですが、そういう状況をこの事例も示しています。

図7−1下に示した東京都多摩ニュータウンNo.753遺跡の例は、もっと小規模な例ですが、やはり行為の点ではよく共通しています。ここからは前期後葉の諸磯式土器が三万点以上出土しているのですが、それらはだいたい五ヵ所に分かれて集積していて、土器がザクザク出てきた遺跡なんですね。これは、先ほどの阿久遺跡を、まるで縮小コピーしたかのような遺跡です。というのは、中央部に土壙墓群が残されていますが、ただし一一基しかありません。その一一の土壙墓からなる墓域を取り巻いて、多量の遺物が集積しているのです。阿久遺跡と規模こそ違え、この場での行為は非常によく似ていますし、遺跡形成のパターンもよく似ているわけです。そして少数ながら集石があります。石製の玦《けつ》状耳飾は、この土壙墓の一つから出土したもので、被葬者の耳に付けられていたものでしょう。環状廃棄帯の中からは、土製の玦状耳飾もたくさん出土しています。こういうものも、儀礼の中で使われる仮器ないし模造品のようなものだったのではないかと私は考えています。

(3)　中期の様相

中期に現れた変化

中期になると、環状集落が各地で非常に数多くつくられるようになるのですが、環状集落の様相は、前期の場合とは相当違っています。どのような変化が現れてくるのかというと、かなり長期継続的で、地域内のほかの集落とは比べものにならないほどの圧倒的多数の住居跡が集中する、大規模な集落遺跡が形成されてくるようになります。私が「拠点集落」と呼んでいるものです。それから、「環状墓群」が特徴的に見られるようになります。そして、中期の環状集落のとくに重要な特徴として、「分節構造」というものが発達してくるのです。その分節構造の表れ方の一つに、異系統家屋というものもあって、一つの集落を構成する住居の型式や系統が、集落の西側と東側で異なっているというような例が出てまいります。こういった注目すべき変化が一気に鮮明なものになってきます。

結論から先に言うと、こうした現象の背景に、「分節的部族社会」と呼ばれる社会構造が想定されます。前期にも墓域の中に複数の墓群を含む例が見られましたが、中期になると、その区分がより明確ではっきりとしたものになってきます。血縁や出自の観念が非常に厳格なものになっていた可能性が高いでしょう。私の考えでは、この段階にはすでに単系出自があった可能性もあります。単系出自というのは、父系出自ないし母系出自のことですが、そういう出自の制度が成り立っていたのだろうと考えています。そのような出自原理によって、部族の内部が分節化している状態が伺えます。その中で、亡くなった人たち一般ということではなく、特定の祖先が認知されてくるようになったのではないかと思います。そして、このような変化がなぜ起こったのかというと、東日本地域で見られる人口密度の高揚による社会複雑化が、このような形で表面化してきたのではないかと、私は解釈しています。

拠点集落と領域

拠点集落の一つの例として、群馬県三原田《みはらだ》遺跡を紹介します（図7-2）。竪穴住居跡のほとんどは中期中葉から後葉にかけてのものです。遺跡の中央部には実はおびただしい土壙群があるのですが、それを図示すると真っ黒になってしまうので、この図では竪穴住居跡の図面だけを示していますが、三〇〇棟以上の竪穴住居跡があります。個々の竪穴住居跡を見ると、何度か建築を繰り返しているものが多いです。同じ竪穴を利用しながら何度も建築を繰り返している様子が、多くの住居跡で見られますので、住居建築の延べ回数というか延べ棟数は、三〇〇どころではなく、五〇〇や一〇〇〇に達する可能性も高いですね。こういう様相の遺跡が中期になると各地に数多く出現してきます。異系統家屋については時間の関係もあって、あまり詳しくは話せませんが、この環状集落の例でも、まったく特徴の異なる対照的な型式の家屋が、集落の東側と西側に、排他的に分布している時期がありました。このようなケースが中期の環状集落にはよく見られます。

図7-3はそのような拠点的な環状集落が、一つの地域の中にどのような分布密度で存在しているかということを、前期と中期で比較してみたものです（谷口二〇一四）。現在の東京都と埼玉県南部と神奈川県の一部にまたがる地域です。前期と中期とでは、環状集落の数と分布状態がまったく違うことがはっきり分かります。関東地方の南西部には、前期中葉から後葉にかけて、環状集落が点々と現れましたが、それらの分布はほとんど海岸部に限定されていました。内陸部には前期の環状集落は形

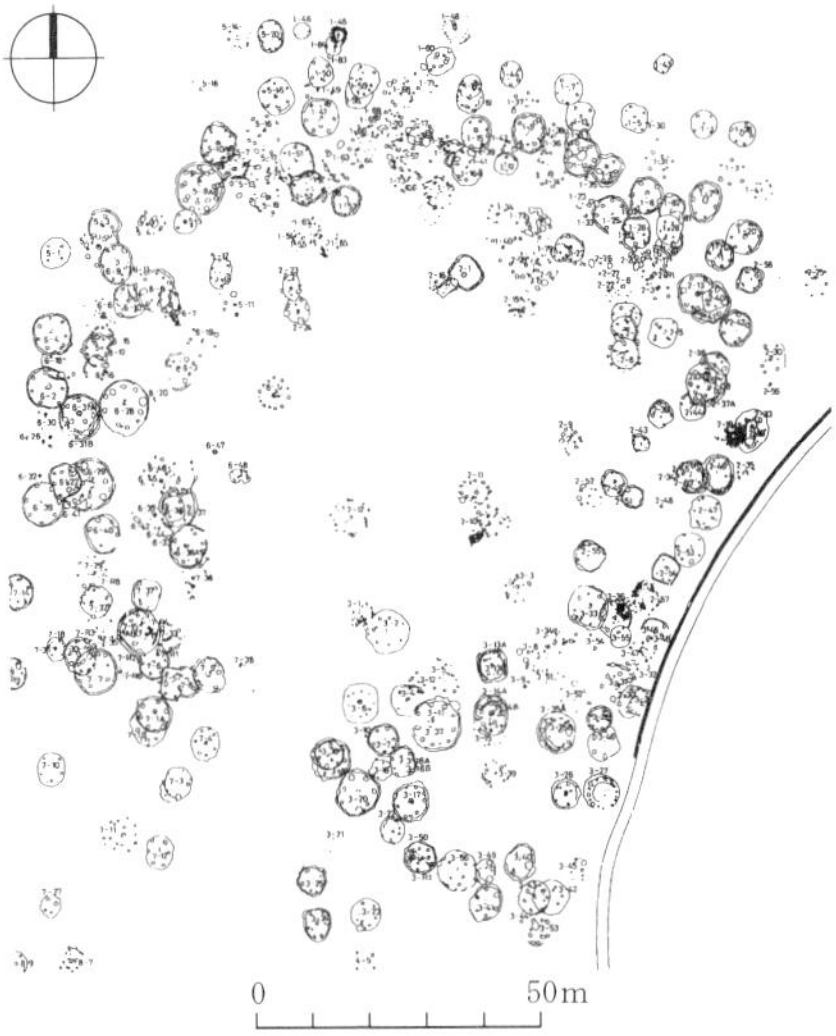

中期に発達する拠点的な環状集落
（群馬県三原田遺跡）

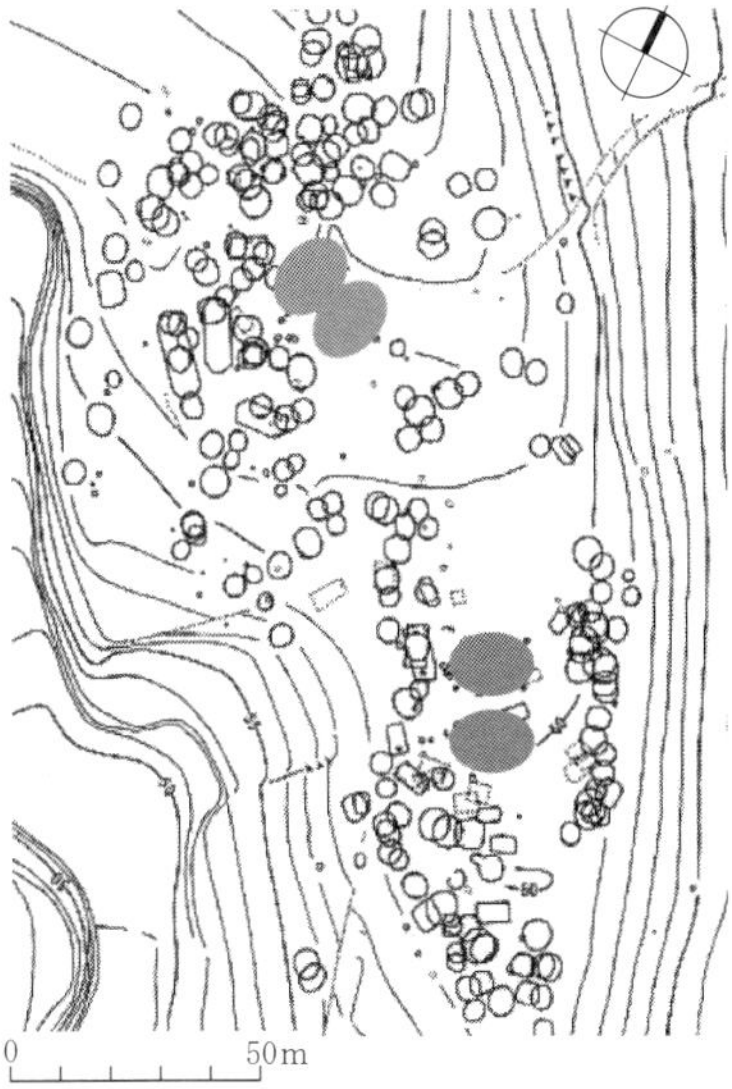

二群に分節化した集団墓
（神奈川県三の丸遺跡）

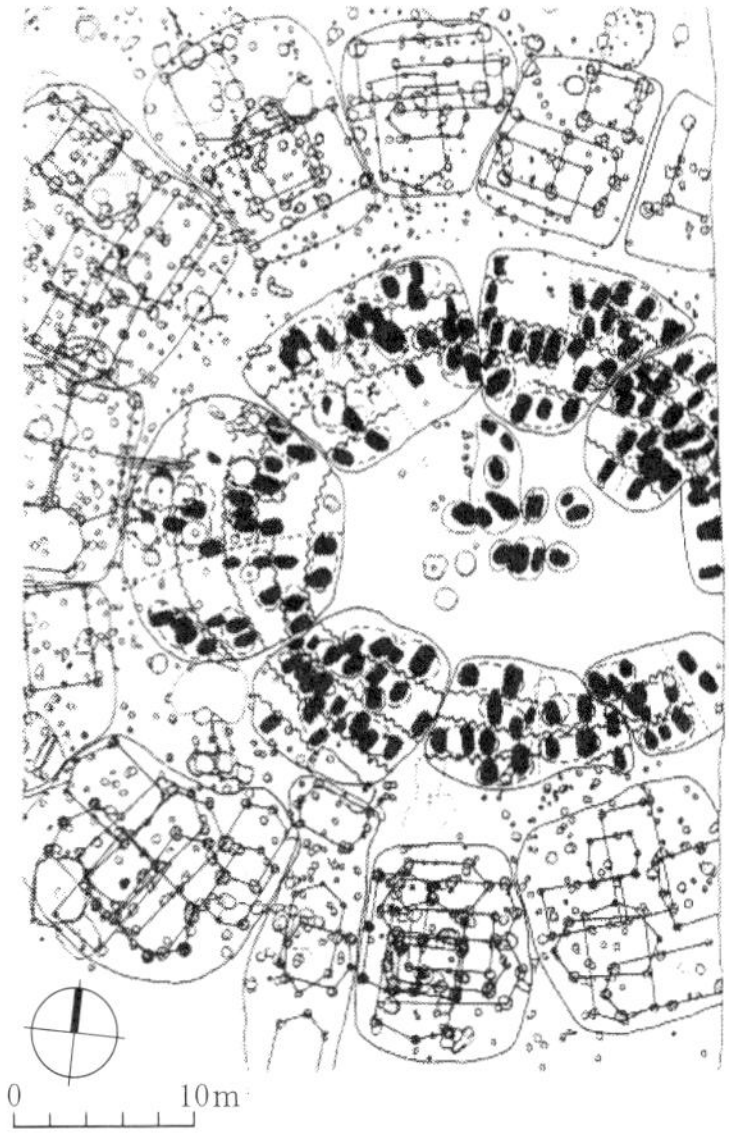

内帯（２列）と外帯（８分節）からなる集団墓
（岩手県西田遺跡）

東西の土壙墓群の数量的不均衡
（長野県居平遺跡）

図７－２　縄文中期の環状集落と墓群の分節構造

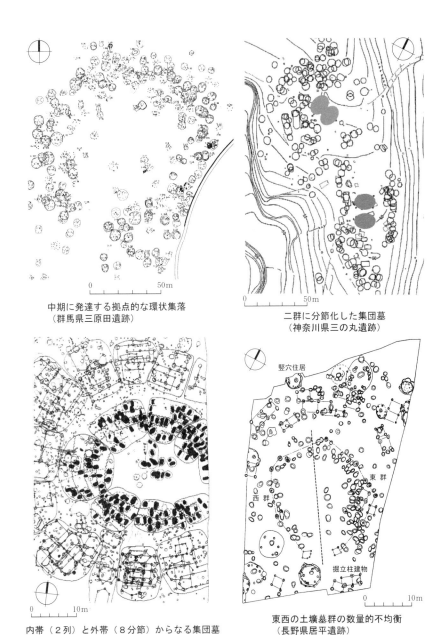

成されませんでした。ところが、中期中葉から後葉になると、同じ地域でもこれだけの数の拠点集落が現れてきます。各拠点の位置関係から、それぞれの拠点集落の生活領域を理論的に推定してみると、平均五〇平方キロほどになります（谷口二〇〇三）。狩猟採集民の生活領域としてはかなり狭い領域規模と言えます。つまり、中期にはこの地域の人口密度が非常に高いものとなっていて、そのような状

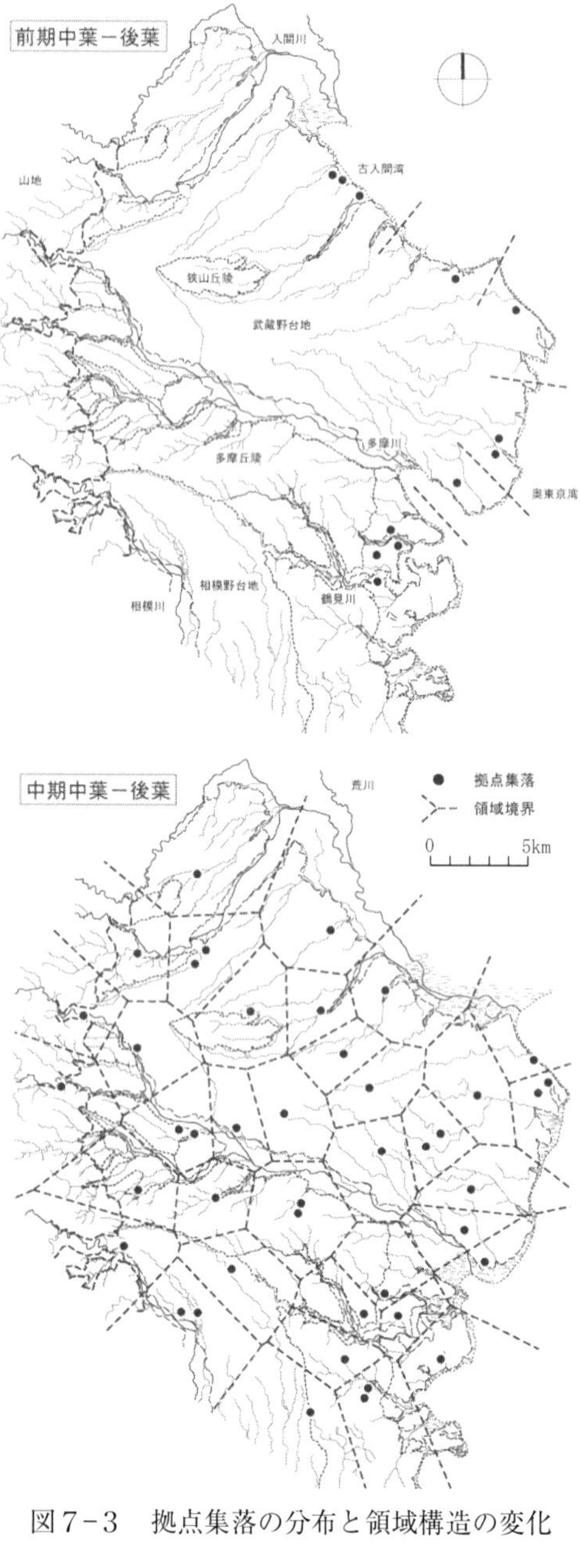

図7－3　拠点集落の分布と領域構造の変化

況の中に現れてきた社会の変化として、拠点集落の形成という現象が見られるようになるわけです。

明瞭な分節構造

拠点的な環状集落の形成とともに、集団墓の様相もまた大きく変わってきます。千葉県成田市の南《みなみ》羽鳥《はとり》中岫《なかのごき》遺跡では、三〇〇基ほどの土壙墓からなる前期後葉の集団墓が発掘されています。前期の代表的な集団墓の一つです。この中にも、いくつかの単位を見つけ出すことはできるのですが、単位の区分は不明瞭です。対して中期になると、たくさんの土壙墓を環状に配置した環状墓群が発達してきます。そして、その内部にいくつかの単位が明瞭に区分された例が見られるようになります（図7-2）。全体が大きく二分されたものや、二群の内部にさらに二つのサブグループが内在して、全体が四つに分かれた例などがあります。さらに多数の単位からなる場合も見られます。このような構造を私は「分節構造」（谷口二〇〇五）と呼ぶのですが、分節構造は、このように土壙墓群の中にも顕著な形で表れますし、住居群を区分する構造でもあります。

最も広く見られるのが、住居群や墓群の全体を二つに分ける構造です。神奈川県月出松《つきでまつ》遺跡の中期後葉の環状集落では、土壙墓群が二ヵ所に分かれています。竪穴住居にもそれに対応した形の二つのグループが見られます。神奈川県三の丸遺跡の中期の環状集落でも、北側に土壙墓群が二つ、南側に二つ、全体で見れば四つと言えるかもしれませんけれども、一つの環状集落の中にある土壙墓群が二つに分かれている例が見られます（図7-2）。

部族社会の民族例には「双分組織」というものが知られています。部族あるいは村落が二つの部分から成り立っていて、補完的な関係になっている組織のことを指します。そういう制度が見られる社会を双分制と呼んでおります。中期の環状集落の中に、二分の分節構造がしばしば現れるのは、双分組織の存在を強く示唆するものと考えてよいと思います。

東京都多摩ニュータウンNo.107遺跡の場合は、二大群の各々にさらに二つの区分があり、四単位に分節化した例です。中期後半の加曽利《かそり》E3式期から後期初頭の称名寺《しょうみょうじ》式期にわたって、墓群造営が続いたことが判明していますが、この土器型式の時期は、少なくとも二五〇年間ぐらいの継続期間を持ちます。長く見れば約三〇〇年間ですね。加曽利E3式の時期にすでに墓地が造営されていたことは確実ですが、実は土壙墓の中に土器を副葬する行為がさかんになるのが加曽利E3式期であり、集団墓の造営自体はそれ以前からからすでに始まっていた可能性もあります。そうすると、この墓地の造営期間というのはもっと長くなるかもしれません。縄文人の世代から見れば、優に一〇世代を超えるような長さです。そのような長い時間の中で、一定の区分が維持され踏襲されていき、この輪から大きくはみ出すものがほとんどないというのは、相当強い規制だと思うのです。いっぺんに二〇〇基の墓をこのように環状に配置して掘ることはできるかもしれませんが、これだけ長い期間にわたって造営された墓群が、最終的にこういう統一的な形になっていくというのは、やはり相当強い規制を考えざるを得ないですね。そこにやはり出自観念の強まりが見て取れます。

岩手県西田《にしだ》遺跡の事例はさらに区分が複雑です。外帯と呼んでいる部分に八単位の区画があります。それから注目されるのはこの中心部にある一〇数基ですね。墓域の中央に位置付けられて埋葬された少数の人たちを中心に、その周りに死者たちが八単位に分かれて埋葬された状況が読み取れます。

人口密度との相関関係

環状集落の分布状態は、遺跡の分布密度と非常に密接に関係しています。図7-4の左上は、縄文中期の遺跡の分布密度を調べたものです（春成・小池一九八七原図をもとに作成）。色の濃いところは、縄文中期の遺跡分布密度が非常に高い地域です。東日本と西日本の差がはっきり出ていますね。右下の図は中期環状集落の集計（谷口二〇〇五）に基づいて作成したものですが、分県地図に環状集落の多寡を表現してみたものですけれども、色の濃いところは環状集落がとりわけ多いところです。こういう場所は、例外なく遺跡の分布密度の高いところです。遺跡分布密度の希薄な西日本一帯には、環状集落は見られません。ですから、環状集落の増大や分節構造の発達という中期の現象は、人口密度の高揚という問題が背景にあり、その中で起こった社会の複雑化だろうと考えられるわけです。

拠点集落に埋葬された人々

ところで、拠点的な環状集落の中に埋葬された人たちはどういう人たちなのかということを考えてみると、それはどうも、亡くなった人の全員ではないのです。集団墓を構成する土壙の数は一見おびただしい数に思えますが、累積する住居跡の総数から推定される居住者の数とは、実は釣り合わない

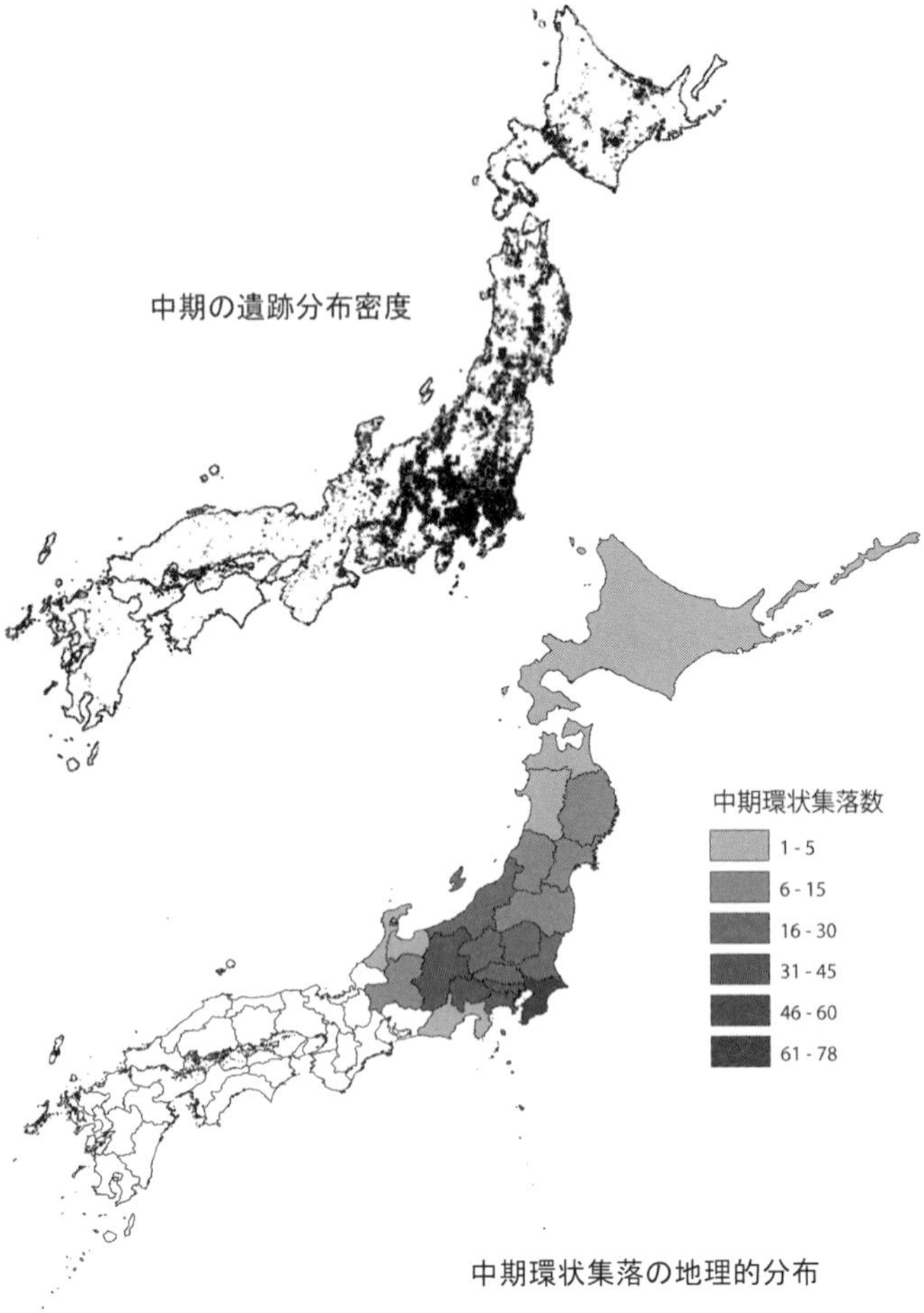

図7－4　遺跡分布密度と環状集落分布との相関関係

のです。むしろ少数です。

千葉県下太田《しもおおだ》貝塚では中期後半から後期中葉にわたる埋葬人骨群が見つかりましたが、中期後半の埋葬群では遺体の配置が環状になっています（菅谷二〇〇三）。人骨が残っていましたので、どういう人々がここに埋葬されているのかが把握できた例ですが、熟年の女性も男性もだいたい半々ぐらいで、新生児や小さい子どもも含まれています（平田・星野二〇〇三）。大人の男と女がいて、子どもたちがいるというのは、集落の構成としてはとても自然な感じがします。しかし、ミトコンドリアDNA分析と、歯冠の形質分析を応用して、血縁関係が調べられたのですが、直接的な家族関係は意外に少ないことが分かりました（加藤・松村二〇〇三、篠田二〇〇三）。家族ごとに亡くなった人々を埋葬した単純な集団墓ではないらしいのです。この遺跡は環状集落ではありません。墓地が形成されたのは、谷底平野です。環状集落が築かれる場所は、この地域では平坦で安定した台地の上が普通ですが、この墓地が造られたのはそういう場所ではなかった。わざわざ谷底平野のようなところに埋葬された人々が相当数いる、ということになります。おそらく環状集落の中央墓地に入れなかった人たちだと思います。逆説的に言うと、環状集落に埋葬された人たちは死者一般ではなく、ある基準で選別されていたのではないか、ということを推定させます。

というのも、中期後葉から末になると、環状墓群の上に環状列石をつくる事例が出てきます（佐々木二〇〇五・二〇〇七）。その墓地に葬られた人々への特別な取り扱いを感じさせます。過去の墓地のことを記憶している人たちが、あとからわざわざこういうものをつくるわけです。埋葬と同時につくっているのではなく、過去の墓地がこの下にあるんですね。そこに埋葬されている死者たちのことを記憶あるいは伝承している人びとがいて、その人たちがあとから石を運び込んで、いわば墓地の上に一つのモニュメントをつくっているわけです。こういうところに特別さを感じます。

(4)　後期の様相

中期的環状集落の解体

後期前葉の堀之内式から中葉の加曽利B式土器の時期になると、環状集落の様相に、またもう一つの大きな質的変化が見られるようになります。

まず、先述のような中期的な様相の環状集落が見られなくなってきます。その一方で、特殊家屋や特殊遺構と呼ばれる類の遺構が現れてきます。また、墓域を中心に配石遺構や配石墓が著しく発達してきます。葬制の複雑化を示す「再葬制」がはっきり見られるようになってくるのもこの時期です。これらの変化からは、前期や中期に比べて、集団間・個人間の格差や差別が拡大している様相が読み取れると思います。それから、特定の祖先への祭儀がより発達しているように見受けられます。こういう後期の社会の状態をどう見るかについては、研究者の間で意見の一致を見ておりませんけれども、私は前期・中期の段階に比べると、不平等や格差が拡大している状態が読み取れると思うんですね。

つまり、位階的な社会関係が部族内にすでにできあがってきていたように思います。

特殊家屋の出現

神奈川県小丸《こまる》遺跡の後期の集落を例に見てみます。図7-5の集落平面図に示した下の二つの○印は、土壙墓群が密集している場所ですが、集落の北西寄りにとくに密集度の高い一群があり、土器を副葬した土壙墓はここに集中しています。この墓群を前面に見る、少し小高い位置に、特殊な家屋があります（上の太い○印）。発掘調査を担当された石井寛さんは、これを「核家屋」と呼んで、この遺構の特殊性に注目されたわけですが、石井さんによると、このムラの長のような人がいた家屋ではないかということです（石井一九九四）。たしかに、この密集する墓群に隣接しているところがこの遺構の特殊さを示唆していると思います。また、同じ場所で何度も執拗に建築を繰り返している点も、他の住居とは様相が異なります。

同様の在り方が、先ほど中期のところでも紹介した三の丸遺跡の後期集落にも見られます。広い範囲に土壙墓群が分布していますが、土壙墓の密集度の高い場所があって、それに隣接する位置に、やはり特殊な家屋が位置しています（図7-5）。

集落の中央に位置付けられた中期の環状墓群と比較すると、まず墓群の空間構成が相当違ってきているることが読み取れるわけです。それとともに、中期の環状集落には見られなかった、こういった特殊家屋が出現するようになって、こういう動きの中で、中期的な様相の環状集落が見られなくなるという変化が、後期になるとはっきりしてきます。

特定祖先への祭儀とモニュメント

神奈川県下北原《しもきたはら》遺跡の後期集落には、中央に大規模な配石遺構を伴った墓群が二ヵ所あります。集落北側の一角には、環礫《かんれき》方形配石遺構（図7-5参照）という特異な遺構を含めて、特殊な遺構が密集する場所があります。集落内に墓群がつくられていますが、これだけ大がかりな配石遺構をつくった割には、ここに埋葬されている人の数は一四人と一一人です。ごく少数の人というのが、いかにも意味深長です。大勢の死者を埋葬する集団墓というよりは、特定の死者を手厚く葬って、祀っているような状況ですね。そういう状況が読み取れます。

次に東京都田端《たばた》遺跡の環状積石遺構の例を取り上げます（図7-5）。この遺跡の形成過程は非常に興味深いものです。まずこのような環状積石遺構がつくられる以前は、ここは埋葬地でした。後期前葉の時期にまず土壙墓群がつくられました。その後、埋葬地だったところにたくさんの石が運び込まれて、石造のモニュメントがつくられ、さらにこの場所での儀礼的行為が晩期まで続いていきます（戸田一九七一）。数百年間にもおよぶ非常に長い期間、この場所で儀礼的行為が続けられていくわけです。周辺地域には、田端遺跡と年代的に重複する遺跡が分布していますが、こういう行為をこれだけ長く続けている遺跡は他には見られません（谷口二〇〇八）。まず環状列石のような大がかりなモニュメントがつくられた遺跡はここにしかありません。後期中葉以降あるいは晩期前半の墓地が残さ

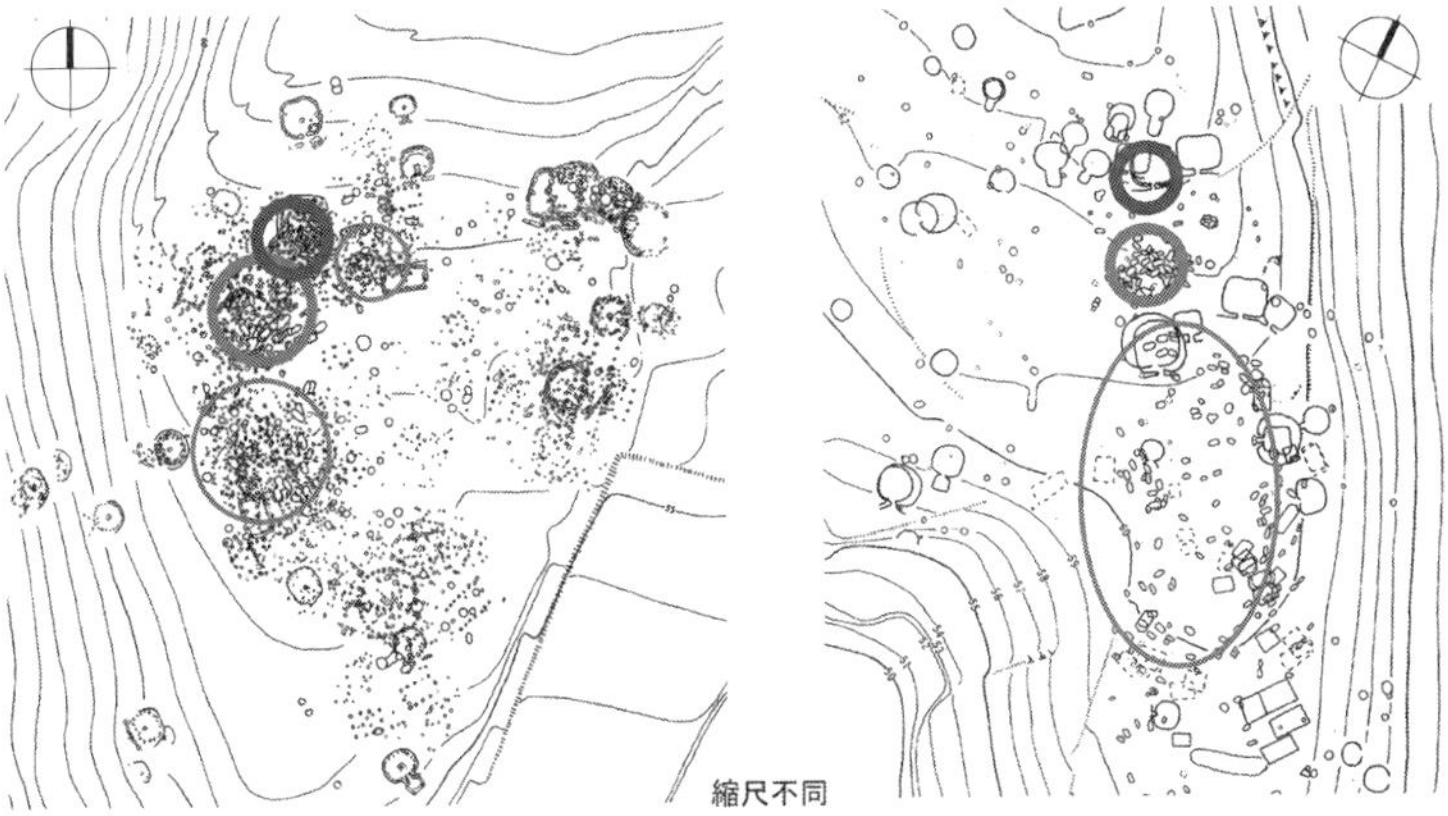

神奈川県小丸遺跡（左）・三の丸遺跡（右）の特殊家屋と土壙墓群

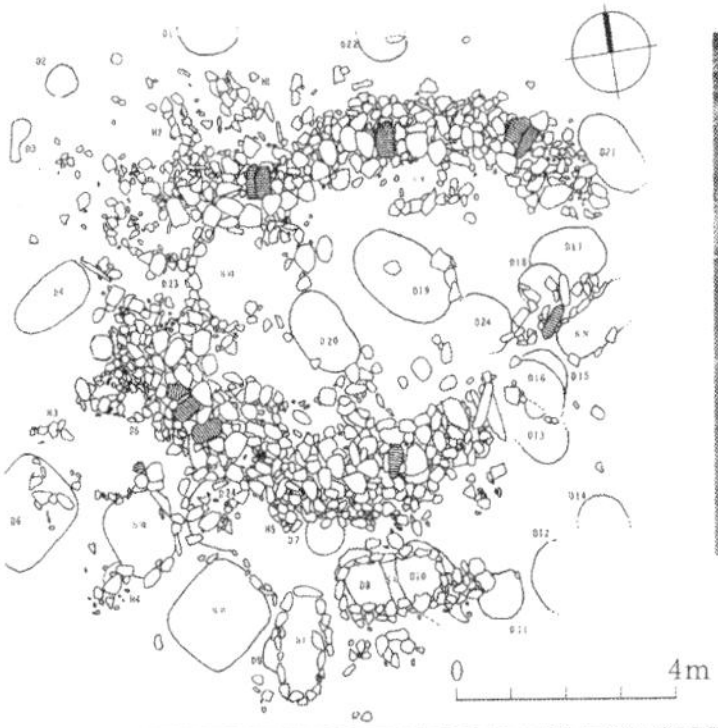

環礫方形配石遺構
（神奈川県青根馬渡No.4遺跡）

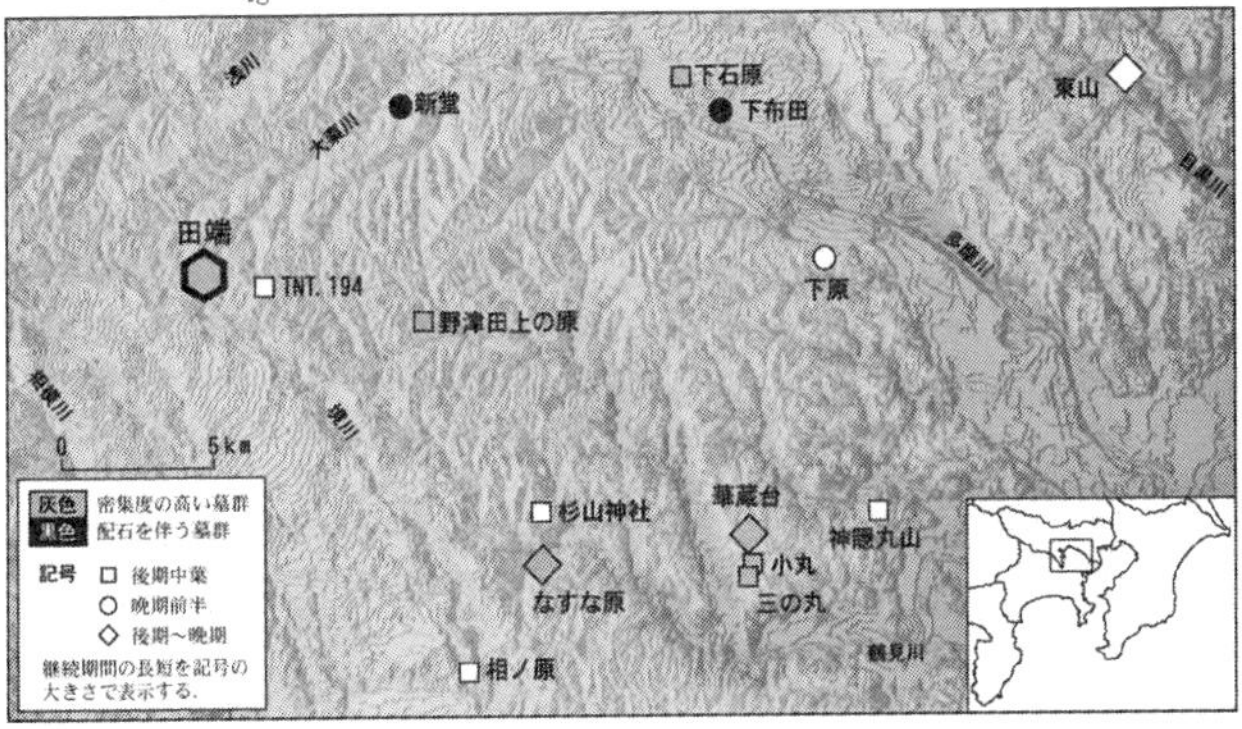

東京都田端遺跡の環状積石遺構と周辺地域の遺跡群（谷口2008原図）

図7−5　縄文後期における環状集落の解体と特殊遺構の発達

れた遺跡が点々とあるにはあるのですが、田端遺跡はやはり特別です。遺跡形成期間の長さという点でも、石造モニュメントを造営する点でも、他の遺跡の様相とは違います。ここに埋葬された祖先たちのことを記憶する集団がいて、その人々に受け継がれた祭儀であり聖地だったのでしょう。この地域の他の集団に比べると、ちょっと突出している感じがしますね。

同様の特別な遺跡が点々と各地に少数ながら知られています。群馬県安中市《あんなか》の天神原《てんじんばら》遺跡の遺跡形成過程も、田端遺跡の場合とよく似ていまして、後期中葉から後葉にかけてつくられた土壙墓や配石墓が出発点でした。その上にどんどん墓と配石が累積していき、最終的には大きなモニュメントのようなものになっていきました。その中には、縄文時代の個人のお墓としては最大級の石棺墓がいくつも含まれています（大工原・林一九九五）。

こういう遺構はどこにでもある存在ではなく、数少ない特定の場所にしか築かれていません。こういうところにも、集団間・個人間の格差の拡大が伺えます。

(5)　社会複雑化の要因

結論をまとめます。表7-1にポイントを整理しましたので、参考にしてください。

環状集落の構成と成立・発達から解体にいたる歴史には、縄文社会とその複雑化がよく表れています。まず、この段階の縄文社会の組織原理として最も重要なのは、血縁関係であり同族意識です。出

表7-1　環状集落の変化からみた社会複雑化の過程

考古年代	社会組織		環状集落に関連した主な事象	社会複雑化の深度
前期 中葉・後葉	部族社会	同族的	・集団墓造営のはじまり ・環状集落の成立 ・葬制の確立、副葬行為の定着 ・墓域での集団的儀礼行為	・出自・系譜観念の社会化 ・同族・血縁的紐帯による部族の組織化 ・ムラを越えた地域社会の成立
中期 中葉・後葉		分節的	・拠点集落の形成、長期継続性の強まり ・環状墓群の発達 ・分節構造の発達 ・異系統家屋の共存	・出自観念の厳格化、単系出自の出現 ・出自原理による社会内の分節化・差別化 ・特定祖先の社会的認知
後期 中葉以降		位階的	・中期的環状集落の解体 ・特殊家屋、特殊遺構の出現 ・配石遺構の発達、配石墓の発達 ・再葬制の発達、葬制の複雑化	・集団間・個人間の格差拡大 ・集団的アイデンティティーの誇示 ・平等社会から位階社会への遷移

自や血縁的系譜の意識というものが、集団的アイデンティティーの根幹となって、部族社会が成り立っていたとみられます。集団墓の造営とそこでの儀礼を通じて、社会の統合が図られ、強化されているような社会が想定できると思います。

　では、社会の状態には変化がなかったのかというと、そうではなく、前期・中期・後期と経過する間に、同族的なものから分節的なものへ、さらに分節間の不平等が拡大して階層的・位階的なものになっていきました。こういう複雑化の深まりが読み取れると思います。

　このような社会複雑化が、なぜ起こったのかと言えば、前期の海進期に本格化し中期にピークに達した人口密度の高揚がその要因となった可能性があります。地域内の人口密度が高まり、集団の存続に不可欠な領域の継承や規制という現実的問題が高じる中で、部族社会を秩序づける出自・系譜観念がいっそう強まっていくことになった。いま説明したような社会複雑化が起こる必然的な理由が、そういう面にあったと考えています。

参考文献

石井　寛「縄文時代後期集落の構成に関する一試論―関東地方西部域を中心に―」『縄文時代』五、七七―一一〇頁、一九九四年

加藤久雄・松村博文「歯冠計測値からみた下太田貝塚出土縄文人の血縁関係の推定」『下太田貝塚　分析編』一八三―二〇〇頁、総南文化財センター、二〇〇三年

佐々木藤雄「環状列石初源考（上）（下）―環状集落中央墓地の形成と環状列石―」『長野県考古学会誌』一〇九、一一〇、一―一七頁、同一―二〇、一―二八頁、二〇〇五・〇七年

篠田謙一「千葉県茂原市下太田貝塚出土縄文人骨のＤＮＡ分析」『下太田貝塚　分析編』二〇一―二〇六頁、総南文化財センター、二〇〇三年

菅谷通保「墓域と人骨」『下太田貝塚　本文編』三八―一〇〇頁、総南文化財センター、二〇〇三年

大工原　豊・林　克彦「配石墓と環状列石―群馬県天神原遺跡の事例を中心として―」『信濃』四七（四）、三二一―五四頁、一九九五年

谷口康浩「縄文時代中期における拠点集落の分布と領域モデル」『考古学研究』四九（四）、三九―五八頁、二〇〇三年

谷口康浩『環状集落と縄文社会構造』学生社、二〇〇五年

谷口康浩「縄文時代の環状集落と集団関係」『考古学研究』五五（三）、四四―五九頁、二〇〇八年

谷口康浩「集落と領域」『講座日本の考古学４　縄文時代（下）』二一五―二五〇頁、青木書店、二〇一四年

戸田哲也「縄文時代における宗教意識について―田端環状積石遺構を中心として―」『下総考古学』四、八―一七頁、一九七一年

春成秀爾・小池裕子「縄文時代」『日本第四紀地図』一〇〇―一〇八頁、東京大学出版会、一九八七年
平田和明・星野敬吾「下太田貝塚出土人骨報告書」『下太田貝塚　分析編』一―一八二頁、総南文化財センター、二〇〇三年

8　縄文社会の複雑化と民族誌

高橋龍三郎

(1)　親族組織の構造

私に与えられたテーマは、「社会の複雑化」です。複雑化という問題と社会の階層化という問題は、コインの裏表のような関係で、階層化を語るには社会の複雑化は無視できない問題です。ですからこの両面を併せて考えていく必要があります。

論点を三つに分けます。社会がどのように親族組織や婚姻システムを整え、宗教結社的な組織、地縁的組織など多次元的な組織基盤を構築しているか。二番目として、それがどのように構造化されて、社会組織原理の中に重層的に組み込まれて機能しているか。三番目として、組織の頂点にいかなるタイプの社会的リーダーがいるか。この三つの次元で考えていきたいと思います。

縄文時代の組織基盤がいったいどういう種類からなっているか。まず初めに親族組織はどうか。それを考古学的に知るには、谷口先生がおっしゃったように墓の分析、あるいは広く墓域、集落の研究ですね。さらに、特殊な遺物の出土状況から考えていく必要があります。追求が難しいのが婚姻連帯の問題です。縄文人がどのような婚姻組織をつくったか。現代社会のように、東京に住んでいれば、北海道の人と九州の人が結婚しても何ら不思議はないのですが、縄文時代はそういう時代ではありません。身近な地域社会の中で配偶者を選ぶ。その場合どういうシステムで選んだのかということです。さらに宗教結社。縄文中期の後半から後晩期にかけて、非常に呪術性の高い、宗教的な施設と遺物がたくさん出てきます。それには、どのような人たちが関わったのか。もう一つは地縁的組織です。先ほど谷口先生が、環状集落について中期後半になると四つに区分され、出自を異にする人たちの区分単位であるとおっしゃいました。いままで縄文中期の環状集落は、基本的に地縁的な組織であることを前提に考えてきました。しかし、谷口先生も私も単に地縁的な組織だけで考えてはおりません。一個一個の単位は多分に血縁的なまとまりだと推測しております。しかし、血縁関係を異にする人たちがなぜ一つの環状集落に同居するに至ったか。これはおそらく婚姻を含めた地縁的な関係性です。

社会進化の視点と社会の構造化

次に社会組織がどのように構造化され機能しているかという問題です。人類の一番プリミティブな社会基盤の組織、これはエルマン・サーヴィスの発案（Service 1962）ですが、バンド的な単純な組織が最初にくる。ブッシュマンのバンド社会は、きわめてシンプルで統合性の未分化な機動性に富んだバンドです。二番目に出てくるのは拡大家族的な集合ですね。もう一つは、これがさらに発展分節化を遂げて、氏族的な組織に至ります。人類学でいうと、セグメンテーション（分節化）といい、社会が出自意識に基づいて、少しずつ血縁関係の中にまとまりをつくります。これはクラン、氏族といってもいいわけで、血縁の系譜関係や財産の継承と関係してきます。さらに氏族がバラバラで、何ら統合していない段階から、少しずつ統合を高めていき、さらに大きな単位に集約される。そういった段階が首長国ないしは首長制です。首長国というのは基本的に独立し分散化しますが、首長国がさらに統合を強めると国家です。

三番目として、組織にどういうリーダーを配置するのかという問題です。たとえばバンド社会だと、おそらく世帯のリーダー、つまり世帯の長ですね。年長の男性が相当するのですが、あるいは狩猟技術に優れた者ですね。技術的なリーダー。これが部族社会まで高まると、たとえば台湾のヤミ族の部族社会、実は頭目がいません。ブヌン族とツウォウ族、アタヤル族の段階になって、ようやく頭目を戴く社会になります。したがって、部族社会の中でも、無頭社会と頭目のいる社会の区分が必要です。だいたい頭目がいる社会はすでに氏族社会に発展しております。それを踏まえ、そういった段階からさらに首長制、首長国の段階になってくると、地方的なリーダーである「首長」ですね。さらにその上には国家があって、そこには王がいるわけです。先ほど社会の階層化と社会の複雑化は裏表だといったのはこのことです。バンド社会はシンプルなので、組織の中に国王のような人がいるわけはありません。逆に国家として成り立つ複雑な社会組織に、一人のリーダーもいないということはありません。つまり、階層化と社会の複雑化は背中合わせであると理解していただければいいと思います。

縄文時代の複雑化過程

縄文社会がどのように複雑化し階層化したかを議論するとき、世界的に有名な渡辺仁先生の学説が重要です。渡辺先生は、一九九〇年に『縄文式階層化社会』という本を出されました（渡辺一九九〇）。その時に、縄文土器の造形が素晴らしいのは、たんなる技術の問題だけではなく、優れた土器工芸技術を持つ人がいたわけで、逆に言うとそれを必要とする人がいたからだということを説明しました。土器の複雑な文様や器形などは縄文土器の一般と思っていたのですが、渡辺先生はそうではないと説かれたわけです。それを持つ人と、そのためにつくる人がいたのだということです。先生は縄文社会を狩猟採集民による定住型の階層化社会と位置づけられました。北方狩猟民を原型にしていますが、海で狩猟をする人たちのグループと、魚を獲る人たちのグループでは、持っている神が違うと言っています。最高神を持つ狩猟民に対して、低位の神を持つ漁撈民とは全然違うのだ。しかも決定的に違うのは、儀礼を管理監督し運営することを誰が管掌するかというと、狩猟民であって漁民ではないことです。しかも、その内容は秘匿され、父親から嫡男へと父子相伝で伝えられる。しかもその人たちが政治経済上の主導権を握っていることを先生は指摘されました。儀礼や祭祀を行うにあたって、たとえば呪文一つにしても、それを管理し、言える人と言えない人がいる。言えるのは、上層の人たちです。儀礼のノウハウが、生業分化とともに、階層が分かれる分岐点だということをおっしゃいました。

もちろんこのモデルはアイヌ社会だけではなく、アメリカ北西海岸のハイダ族やトリンギット族、ヌートカ族の人たちに当てはめていくと一致するわけです。海で哺乳類を獲る人たちと、サケマスだけを追っている人たちの間には大きな階層差がある。やはり狩猟民には、はるかに複雑で手の込んだ儀礼上の秘密のノウハウがあった。これが原因で彼らの間の階層分化を起こしている。だからそのモデルが、北方狩猟民社会のあちこちで成り立つのだという話を、先生は書かれています。

(2)　縄文時代と階層化

縄文時代の階層化の要因をどう見るか

それを理論化して縄文時代を見たらどうなるか。漁民と狩猟民という分け方は簡単ですが、たとえばこれは東京湾を擁する関東地方を事例にとって考えてみると、もちろん生業上は海の漁労と内陸の狩猟に分かれるわけです。狩猟で一番大きなものはクマですね。奥の山に棲んでいるクマなどは、いまでも一冬を山で費やすつもりでグループをつくり、山に出かけて家をつくって、狩小屋をつくって、そこでやります。マキ狩りといって、冬眠したばかりのクマを捕獲する。クマというのは大変怖い動物だし、しかも人間と木の実をめぐって競合する動物なので、それを獲ったあとさまざまな儀礼をやります。これも千葉徳爾先生の狩猟伝承考や柳田国男先生の本に出てきますが、複雑な儀礼上のノウハウを持った人と、魚を獲る人はやはり違うということがわかります。ただ考古学的に証拠を上げるのは難しいことです。東京湾沿岸地域で生業分化が生じていたかが問題になります。

渡辺仁先生の学説は、最近あちこちで議論されるようになってきました。アラン・テスタールというフランスの生態人類学の旗手がおりまして、渡辺先生とカレント・アンソロポロジーという雑誌の中で論争をしております。テスタールは、堅果類のような食糧資源の備蓄と保存の技術が高まることによって定住が可能になるだろう。階層化社会というのは基本的に食料の備蓄に基づいた定住生活をベースにしているのだと言ったのですが、渡辺先生は、それは原因ではなくむしろ結果なのだ、大事なのは、備蓄などをもたらすに至った動機が何なのか。むしろ儀礼や祭祀のノウハウが大事なのだと考えたわけです。

近年の階層化理論

この分野の代表的研究者は、ブライアン・ヘイデン先生です。カナダのサイモン・フレーザー大学の有名な元教授ですが、トランスエガリタリアン・ソサエティー（Transegalitarian Societies）という言い方をしました（Hayden 1995）。これは「脱平等化社会」といってもいいのですが、私は「階層化過程にある社会」と訳しております。だから完全な階層社会ではありません。階層化に至る過程だと思ってください。ヘイデン先生は、人類史の大きな枠組みの中で、平等社会と階層社会の中間にある社会だと表現しています。簡単にいい換えると、たとえばブッシュマンのバンド社会と首長国の間にくる社会だというようにお考えください。トランスエガリタリアンというのは、すでに階層化を遂げた社会ではありません。誤解されて、高橋は縄文式の階層化論者だといわれて困るのですが、私は「階層化過程にある社会」と表現しております。結論的に言いますと、渡辺先生とはちょっと違う結論になります。

ヘイデン先生は、オセアニアの民族誌やアメリカインディアンの民族誌を基に、トランスエガリタリアン過程を三つの段階に分けています。デスポット社会、レシプロケータ社会、さらにアントゥレプレナー社会と分けています。アントゥレプレナーは一番最高のもので、野心家の集まりです。人々からさまざまな投資を受けて、みんなを説得しながら機能化していく。アントゥレプレナーというのは、ビジネス用語で起業家という意味です。これは野心満々の男でないとダメだと。さらにアグランダイザーいう、これは蓄財家という意味です。貯め込むだけではなくそれを投資してさらに大きく膨らませる。基本的にここまでリーダーの性格が高まると、社会も相当に首長制に近づきます。ただし、階層化社会にはまだ一歩も二歩も足りないということです。

(3)　社会階層化と祭祀・儀礼

社会進化の動因としての祭祀・儀礼

ヘイデン先生の学説は別名「競争的祭宴説」といわれるくらい、祭祀を重要な因子と見なします。お祭りをやるといろいろな人が集まってきます。いろいろな商売話をして、いろいろな利潤を引き出すような約束をします。彼は別名ビッグマンとも呼ばれるくらい、利潤に敏い人物です。彼は、いろいろな投資を受け容れては、交換によって、いままで手に入らなかった高価なものや珍しいものを仕入れて、それを分配するのです。リーダーは、一つの地域の中に一人だけではなく何人もいる。お互いに覇を競いあうわけです。自分の身内も含めて、多くの人が彼のサポートに回るわけですね。そのために彼の周りには競争的、競覇的な一つの派閥が形成されます。ところが、彼が成功するかは、いかにうまく祭祀と儀礼を執り行うか、あるいはアトラクティブなお祭りをやるかにかかってきます。失敗すると何年もしないうちに没落していくのです。

ヘイデン先生は、これこそが社会の階層化、複雑化を進める原動力だとおっしゃっています。ですから、競争的な環境を用意して、そこで各リーダーが覇を競うようなお祭りを開く。アメリカ北西海岸では、ポトラッチという名前で有名ですが、さまざまな機会で儀礼やお祭りを開くと、客人たちには何日間もご馳走して腹いっぱいにし、銅板のような立派な工芸品で人目を惹きます。それを皆の前で壊すんですね。自分はこんなに裕福な男だということを見せつけるわけです。中には、奴隷を殺したり、それを見せつけることによって、自分がいかにパワフルでお金持ちかということを威張るんです。席に招かれたお客は、自分の時にそれ以上の見栄をはらなくてはならない。それ以下だと「あいつ全然ダメだ」と評価され、大きな祭宴をやった人の下に組み入れられてしまうのです。

有名な『贈与論』を書いたマルセル・モースは、それを「贈与は奴隷をつくる」という有名な言葉で表現しました。ポトラッチをやって、自分も男として名を上げようとやったところが、実際そこまで行かずに没落する場合もあったのでしょう。彼自身、一人だけで頑張って蓄財するわけにいかない。彼の親族組織が彼を男にしようと一所懸命働くんですね。そのために生産の強化をします。ティルカット毛布という山ヤギの毛を編んだ高価な毛布がありますが、それを来た客に一枚ずつ贈与するわけです。いま買うと一枚何百万円もするんです。それをお客にやって、いかに自分は金持ちかと、最大限の見栄を張るわけです。こういった競争的な環境の中で、リーダーが出てくることになります。これをヘイデン先生は、デスポットからレシプロケータ、そしてアントゥレプレナーに至る一番最後の段階に現れることを示しました。

彼がいかに有能な男であるか、その評判が村々を超えて違う部族まで伝わっていきます。彼は太っ腹な散財を見せつつ、自分の名前と評判が遠くに売れることを動機にしています。名声を用いながらさまざまな集団間の取り決めをします。それによって、将来の投資まで含めた約束を取り付けることがあります。負債関係を結ぶ場合もあり、永遠にペイバックしないとやっていけない関係を構築しているので、そこから抜け出せない。この人たちは野心家の集まりで、同時に太っ腹なところを見せて、人々に大盤振る舞いをするわけです。アメリカの北西海岸の人たちは、農耕も牧畜もやっていません。海棲哺乳類の狩猟だけで、社会が実に階層化しトップに首長を置いています。二番目のランクに貴族層がいます。三番目に普通の人がいて、一番最下層には奴隷がいます。農耕も何もやっていないです。

いままで教科書で学んだようなルートでできる社会の階層化とは違います。大事なのは、リーダーはやはり超自然的な力が宿っていると見なされることが多いことです。戦いをやれば一回も負けたことがない。隣の村を襲えば絶対勝利になる。そういう尋常では考えられないようなマジカルな力を彼は背負っている。いってみれば霊力です。守護霊として自ら獲得した霊力。超自然的な力を味方にするので、多くの人たちは彼の力を認めるのです。

競争的な祭宴、これが富を生み出すための手段であって、このために生産の強化をするというのがヘイデン先生のお考えです。そして、いかに儀礼や祭宴をいかにうまくやるか。こういった中に社会の階層化の芽があるということです。

祭宴と生産の強化

ではどういう祭祀かというと、重要なのは先祖祭祀です。リーダーもそうですが、個々の家々では、自分の財産が父から息子へ、さらに孫息子へとつながっていく父系的なラインと、母親から娘へ、そして孫娘へという母系のライン。これを単系出自といいますが、基本的に先祖がはっきりしてきます。未開社会では数世代前まで、みな先祖の名前を言えますよ。先祖を大変大切にします。とくに単系出自社会の場合はそうです。たとえば数世代前の自分たちの先祖には三人の兄弟がいて、それぞれ分岐して別個の家系を営んでいる。そういった共通の先祖に由来する人々の血縁集団をクラン（氏族）といいます。パプアニューギニアも含めて、部族社会でも社会の高みに達した集団は氏族制度を持つことが多い。自分たちが戴いているリーダーが、あれをやれ、これをやれというと、そういったリクエストに応えて実に誠実に働きます。今度ポトラッチの祭宴を開くから、みんなで生産してくれというと、黙々と働いて食糧を調達する。交渉して何かを仕入れてくる。そういう協調により、生産性が一段と向上します。

問題は、そのような祭宴、しかも覇を競うような祭宴が、なぜ社会進化の大変重要な原動力となったかということです。リーダー一人でどんなに頑張っても生産の強化はできません。彼の背後に控えている親族集団に働きかけて、彼は多くのものをつくらせます。ですから、富を集積し、生産の強化が行われて、それを基にやっていくわけです。ポトラッチ合戦に負けたほうは、より下位に組み入れられます。そうすると、会合などに行ったときには、座る席順にまで影響があります。そこまで変わります。彼らの社会では、ポトラッチで負けると彼らの集団そのものの地位も低下するわけです。

さらに、呪文、特殊な知識、これは先ほどいいました海棲哺乳類を獲ることはさまざまな儀礼がともないます。狩猟というのは、そういう意味ではたんなる経済活動ではありません。そこには必ず、複雑な呪文を唱えられる人と唱えられない人がいる。アイヌのメカジキ漁は威信的漁労ですが、たんなる魚を獲るのとは違って、銛を打つ人、呪文を唱える人がいます（渡辺一九九〇）。これは普通の魚のサケマスを獲る人とは全然違います。メカジキ漁の人たちは大変高貴な最高神を祀り、その神を祀る呪文も知っています。それを知る人と知らない人の差は大きく、知る人はやはり一番上に立つわけです。そういった知識が特別な個人に集まっているので、その人たちが組織の儀礼のときにはイニシアティブをとります。そういう人は一定の年齢の人、長老階梯です。その人たちは非常に複雑な知識やマナーや段取りを知っているので、儀礼の場でイニシアティブを発揮する。それで社会の中で高い評価を得ていくわけです。

社会的リーダーと儀礼・祭祀

これに近いのが、パプアニューギニアのビッグマンとグレートマンです。先ほどのヘイデン先生のレシプロケータあるいはアントゥレプレナーに非常に近いので、ちょっと重複するところがあるかもしれません。フランス構造人類学のモーリス・ゴドリエという研究者は、一九七〇年から八〇年代にパプアニューギニア高地にいるバルヤ族を調査しました。彼はケンブリッジから一冊立派な本を出していて、バルヤ族の祭儀生活を詳細に描写しています（Godelier 1986）。仲間として儀礼小屋の中へ入ることを許されたのですが、普通の人は入れません。地元民でも女性や子どもは一切入れてもらえない。実にシークレットな環境なのです。ゴドリエは全部細かに観察して事実関係をその本に記録しました。

バルヤ族には、グレートマンと称される何人かのリーダーがいます。ビッグマンとはちょっと性格が違って、たとえば隣村と戦いをやるのですね。戦いをやると、ひるむことなく敵陣の真っただ中に飛び込んで、相手を散々蹴散らしてやっつけてくれる。あいつがいれば百人力だと。そういう強い戦士は何人もいるけれど、そういう強い戦士の中でもあいつはトップだということを「偉大な戦士」といいます。そういうものが幾分野かあって、たとえばこいつはシャーマンをやらせたら、誰よりもすごいシャーマンだと。あいつにやらせたら、敵の魂を全部食ってしまう。そういう「偉大なシャーマン」。つまりシャーマンが何人かいる中で、同業者中の第一人者である人物を評価します。さらに、「偉大なヒクイドリの狩猟者」。カソワリというエミューのような大型鳥がいるのですが、それを獲らせたらこいつに勝るやつはいないと。そういう何人かいる同業者の中の頭一つ図抜けた人です。その中に、「偉大な儀礼の長」という儀礼をやらせたら彼に勝る人物はいないというのがいます。つまり、四つか五つの分野で、ほかの誰よりも優れた技量を持っている人をグレートマンといって、高く評価するのです（高橋二〇一〇）。この人たちは徽章、特別なシンボルを付けること、服装もほかと違うことが許されており、ほかの人と明確に区分されます。

この中で一番大事なのが儀礼の長です。儀礼というのは、毎年毎年、ルーティンが決まっていますから、それを通過することによって次の段階にすすめます。社会の再生産と絡んできますから、儀礼の長というのは、一番高く評価されます。その人たちは、同業者中のトップということで高く評価されるのですが、しかし、それがために彼らは蓄財ができ強い権力を発揮できるかというと、それはありません。権力の延長として富を蓄積することはありません。

ところが、ビッグマンというのは違います。実に打算的な男です。同じパプアニューギニア高地にいるのですが、実に計算高い。巧みな話術を駆使して贈与を与え、相手からいくらかでも利子を付けて返してもらうような交渉に巧みな男です。彼はその権力によって得た富をさらに拡大再生産するような術を知っていて、それを蓄えていくのです。彼は祭宴を開くときも、人並み以上に、これを使えよ、これを食べろよといって、豚を一〇頭、二〇頭出すのです。そうすると、その集団は感謝して、さすがビッグマンだということで、彼の下に一つの党派を形成します。彼は一人の奥さんでは生産の強化が覚束ないから、何人もの奥さんを娶って、その奥さんの親族組織まで含めて生産強化をさせるのです。一夫多妻とはそういうことです。それで彼はより多くの資源を基にして稼いでくるわけです。稼いできたものをどうするかというと、慈善事業に使います。普通の若い男たちは結婚したい相手ができても、婚資がないので結婚できません。パプアニューギニアは豚一〇頭から二〇頭で婚資を払います。そういう若者に婚資を立て替えてあげるのです。それによって若者は結婚して、子どもができて、家族をつくるでしょう。そうすると、貸してもらったビッグマンに対しては、彼は一生負債を負います。そういう人を何人もつくって、党派を拡大していくのです。

ビッグマンは親族組織を代表する、いってみればクランの長ですね。彼の名声は自分の集団を超え、さらに部族を超え、はるか遠くまで届きます。その名声を聞いた人たちが、彼の下に来て、いろいろお願いする。彼は富の分配を前提にしていますが、その分配と引き換えに彼がいかに偉大な男であるかということを外に向かって発信するわけです。儀礼や祭宴といった機会に彼は能力を発揮し、ちょっとしたイザコザでケガ人や死者が出ると、巧みに介入して交渉をまとめあげます。そうやって、今度はペイバックのマージンを取ることでますます裕福になっていきます。しかし、彼は大掛かりな分配はできるけれども、原資として何人かの妻たちの親族組織に調達させたものがたくさんあるわけです。調達したものを外部に再分配して、外部から利ザヤをつけて返ってきたら、自分を支えてくれた親族集団に返すのです。だから、ギブ・アンド・テイクがみごとに成り立っているわけです。互酬性が成り立っているうちはいい。しかし、持ち出すだけ持ち出して、そのために皆に苦労させて、生産物を投資に使ったけれど、交渉相手から何も取るものがなかったということになると大変です。そうすると、互酬性が崩れることによって、ビッグマンは逆に名声を失っていくのです。ですから、実に脆弱なリーダーなのですが、自分を支えていたサポーターも気が付くと隣のリーダーのもとに移っていく。そういった形でビッグマンは足元から崩れ去ります。

(4)　縄文後・晩期の氏族社会

縄文後・晩期の社会

縄文時代中期末に環状集落が解体して、後期がどうなったか。大事なのは、氏族組織ができたことです。私は後期になって単系出自集団ができたと考えております。中期の後半段階では、まだ双系社会であると考えております。その成立過程には二通りのシナリオが可能です。一つは、中期前半期にすでに父系制があり、それが変化を遂げて中期後半期に双系制に移行した後に、後期の母系制に移行したとする場合です。他の一つは、中期前半期の拡大家族的な形態から中期後半期に双系を経て、後期の単系出自（母系）が出現するというシナリオです。いずれにしても後期には単系出自社会が登場します。

大事なのは、出自意識を強調して、自らの集団をアイデンティファイして、他の集団とは明確に区別することが、氏族社会の大きな特徴です。そのためには、トーテミズムが出現することがよくあります。これはオーストラリア・アボリジニもそうですし、アメリカのインディアンもそうです。さらにパプアニューギニアもそうなのですが、だいたいトーテミズムは、とくに氏族集団がある一定の高みに達した人たちは、皆持っています。自分の集団がイノシシと非常に密接な関係があるとすれば、たとえば自分の先祖が埋められているお墓に、イノシシを供犠して埋めたりすることがあります。それぐらい大切にしている。自分たちがイヌの集団だったら、イヌの土製品をつくって、自分たちの表徴（旗印）にします。自分たちがイノシシだったらイノシシの、自分たちが鳥だというときは鳥の土製品をつくります。中期後半になるとその兆候が出て、後期には確立するようです（高橋二〇一六）。トーテムと氏族の関係が整備されてきます。しかし、そこまで大切に扱った動物を意図的に殺します。これを「供犠」といいますが、縄文後期になるとこれが出てきます。動物形土製品を自分たちの集団のアイデンティティとして掲げる、そういった旗印だと思ってください。それを大切にします。さらに、大事にしたあげく、殺してしまいます。

その兆候をちょっと見てみましょう。動物形土製品の中で多いのはトリ形（図8-1）です。これは東日本全体にあります。7～13はトリの頭ですね。12はワシなどの猛禽類ですね。11はカラスかなという気がします。秋田県の二重《ふたえ》鳥《どり》B遺跡から出ています。さらに図8-2の1～4はイノシシ形ですね。有名な青森県の十腰内《とこしない》遺跡、さらに岩手県の立石《たていし》遺跡から出土しています。5、6は三内丸山《さんないまるやま》遺跡のクマ形ですね。12、13はサルです。福島県と岩手県から出ています。8～11はイヌ形です。

注目したいのは図8-3の1～4です。いままでこれらを土偶としてきたのですが、体を見ると確かに腕があり、手があり、足があり、女性らしくオッパイも大きく描かれている。人形です。だからいままで土偶として扱ってきました。ところが、この顔は、実は人の顔ではありません。トリの顔です。頭部がトリで、体部は人間の合体です。つまり、半獣半人です。同じように、立石遺跡出土の図8-3の4の土偶は、顔はどう見てもイノシシです。これは同じ立石遺跡のイノシシ形土製品の顔とそっくりです。つまり体は人間で、顔だけ動物の半獣半人です。逆に図8-3の3は秋田県の漆下《うるしした》遺跡から出たクマなのですが、ひっくり返して胸を見ると、人間のように立派なオッパイが二つついています。これは要するに、人間と同じ扱いなのです。クマを人間と同一視して人間側の秩序の中に組み入れているんですね。図8-3の1、2はトリ形です。このトリ形にもオッパイが二つあるんです。これも人間と動物を合体させているのです。おそらく自分たちの先祖はかつてトリだったという出自

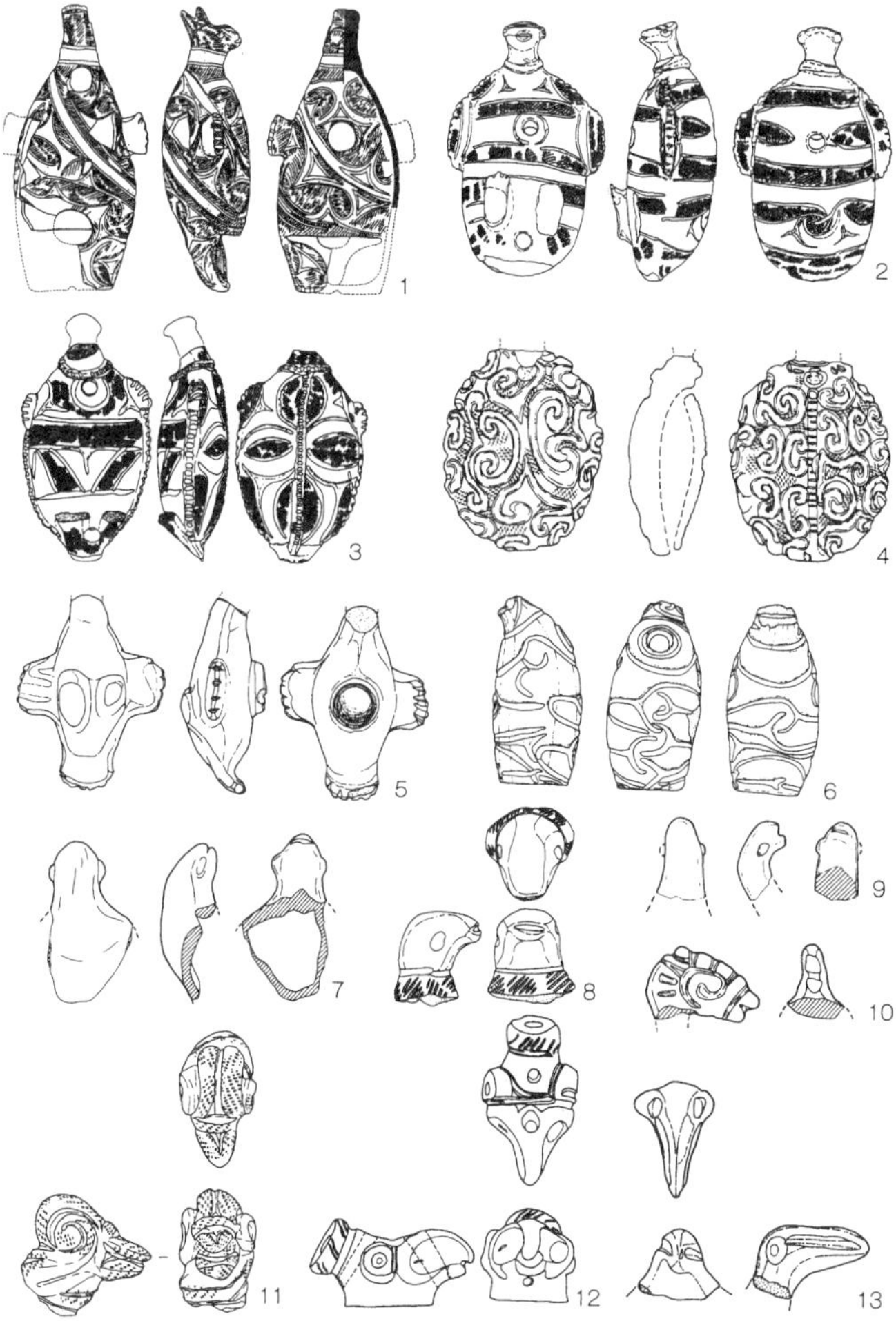

図8-1　各地遺跡出土のトリ形土製品

図8-2　各地遺跡出土のイノシシ形、クマ形、イヌ形、サル形土製品

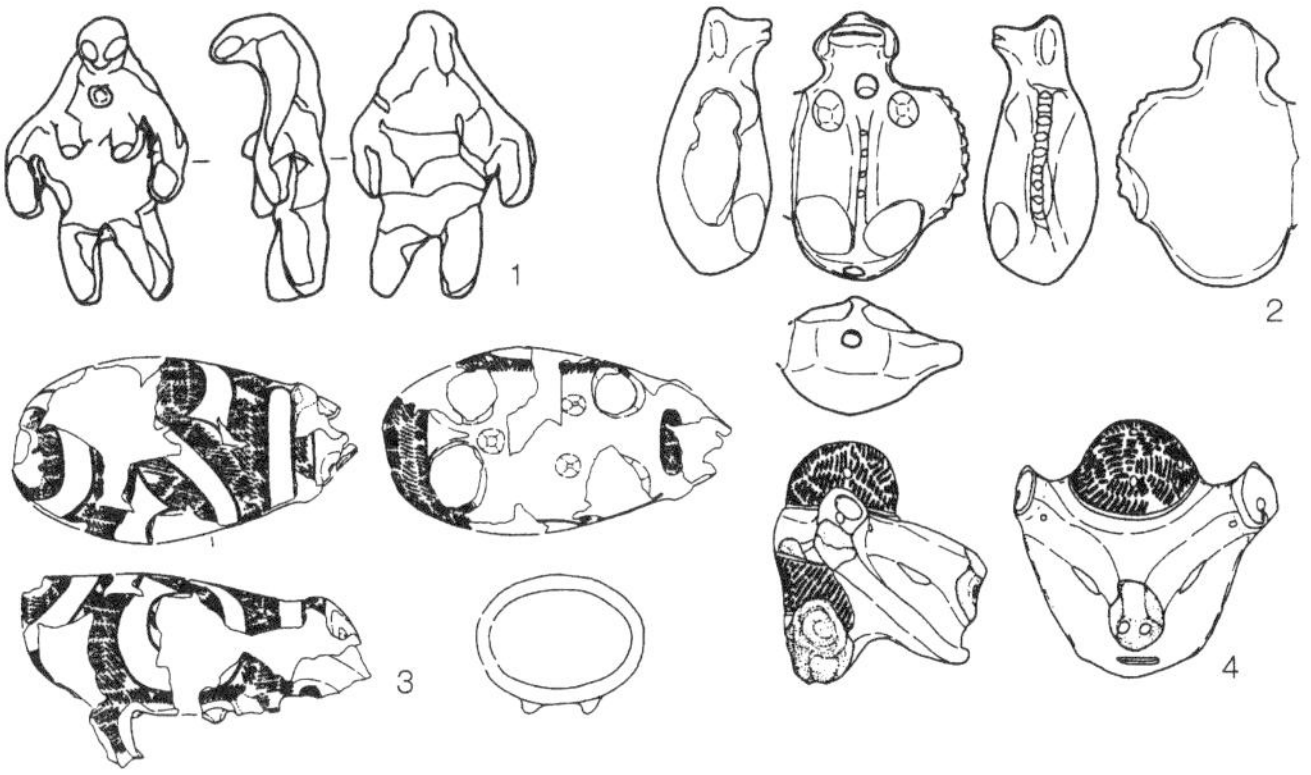

図8－3　人間と動物の折衷的形態（ヒトと動物の共通の母）

観念と絡んでいるんですね。有名な古野清人という宗教学の先生は、トーテミズムの大きな特徴の一つに半獣半人、つまり共通の先祖を造形するということを言っています（古野一九六四）。

供犠の話に移しましょう。図8－4は下太田《しもおおだ》遺跡の出土事例です。人々の埋められている横にイノシシが屈葬で埋められていました。大切に扱っているんですね。と思ったら首がないのです。首をカットしています。後期にも供犠は継承されますが、いったいどこで供犠したかというと、たぶん大型住居だと思います。後・晩期には「大型住居」という特殊な施設があって、普段使わないような土器が出たりするでしょう。石棒があって、これはたぶん男性原理だと思うのですが、だいたい焼けています。図8－5は祇園原遺跡の大型住居で直径一五メートルあります。住居の内側にまた柱穴列があります。これは住居跡なのですが、内側に小さな構造物が入れ子になっています。いままで、

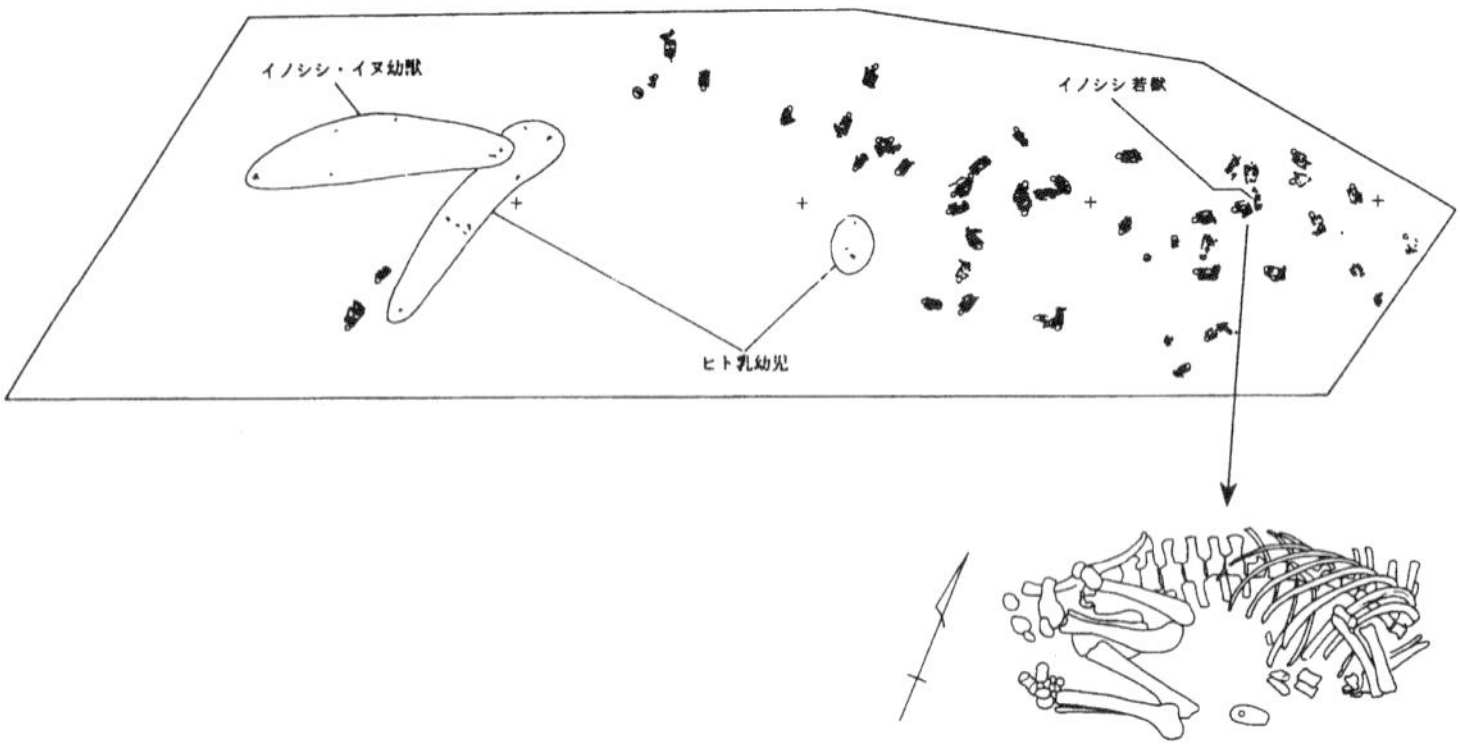

図8-4　下太田貝塚の人骨埋葬と供犠されたイノシシ

これは重複住居といっていたのですが、意図的につくってあります。入口から住居に入ったら、さらに柵列で遮蔽された内側の空間があり、中で何をやっているか見えない。しかも炉は必ず内側の空間に造られるという共通性があります。火を用いて外側からは窺い知れない秘密の儀礼をやっていたのでしょう。

図8-6はハウスタンバランというパプアニューギニアの事例なのですが、大型住居と同じ儀礼的機能を持っています。ここに入れるのは成人の男だけ。女子どもは一切入れません。男たちの独占所有です。秘密の儀礼を執り行った証拠が縄文時代の後・晩期に多く出てきます。儀礼は誰でもが執行できたわけではありません。儀礼を取り仕切る男がいたのでしょう。いい例が、調布市にある下布田《しもふだ》遺跡から検出されています（図8-7）。ここでは石棒が長軸一・八メートルぐらいの五角形状の土坑から十数点出土しました。これは先祖祭祀に関わる何らかの儀礼をやったの

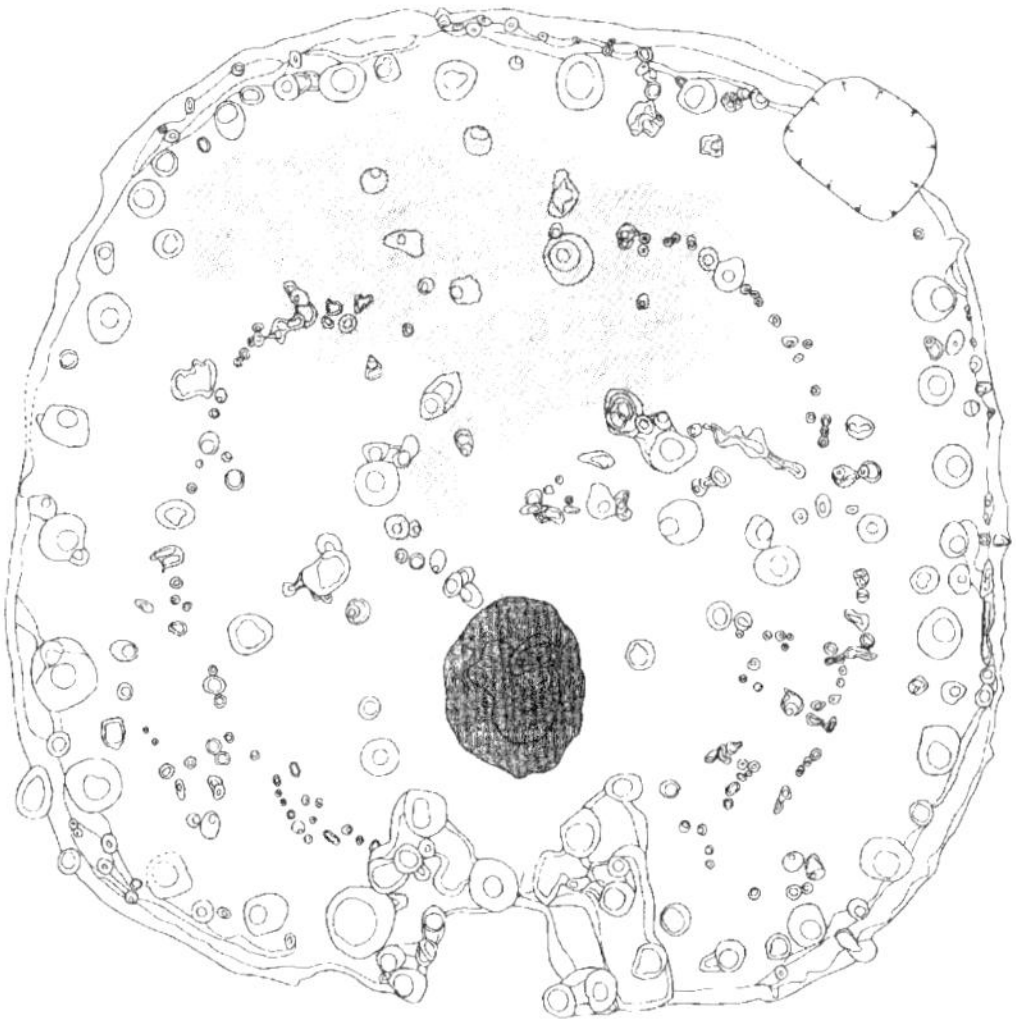

図８−５　祇園原貝塚51号住居（大型住居跡）

図８−６　パプアニューギニアのハウスタンバラン

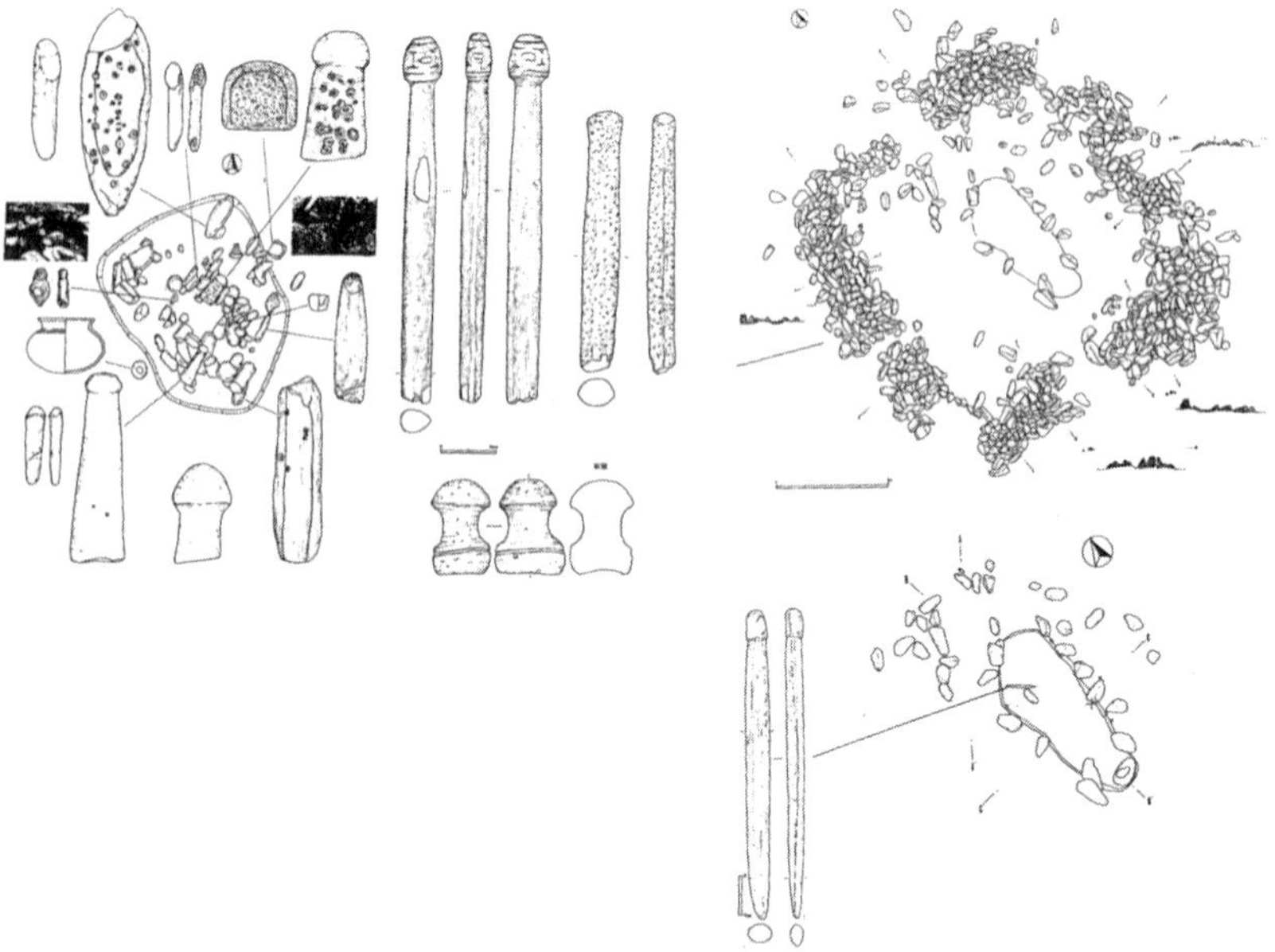

図8-7　調布市下布田遺跡の石棒祭祀とリーダーの墓

ですね。そこから八〇メートル離れたところから、四辺を石積みで囲った遺構が出てきて、その中心部から墓が発見されました。骨は溶けてしまいましたが、墓に添えられた石棒だけが残りました。被葬者は男でしょう。この人がなぜ特殊かというと、縄文時代の墓に、石積みで囲ったこんなに立派なものはありません。この時代は土壙に埋葬される人が圧倒的に多いのですが、下布田遺跡の人物はやはり特別なリーダーとして扱われたのでしょう。何のリーダーか。八〇メートル近くにはこういう特殊な遺構があるので、先祖祭祀をはじめさまざまな儀礼を執り行うリーダーが埋葬された可能性があるということです。

表8-1　縄文社会の相対的位置づけ

<table>
<tr><td colspan="8">社会の進化過程</td></tr>
<tr><td colspan="2">E. サーヴィス 1960</td><td colspan="2">M. Godelier 1986</td><td colspan="2">末成 1998
山路 1991
高橋 2009</td><td>B. ヘイデンの区分
トランスエガリタリアン理論 1995</td><td>高橋 2010</td></tr>
<tr><td colspan="2">アフリカ・オセアニア</td><td colspan="2">パプアニューギニア高地</td><td colspan="2">台湾原住民社会</td><td>北米・オセアニア</td><td>日本先史時代</td></tr>
<tr><td>バンド社会</td><td>ブッシュマン</td><td colspan="2">対応する社会なし</td><td colspan="2">対応する社会なし</td><td></td><td>旧石器時代</td></tr>
<tr><td rowspan="4">部族社会</td><td></td><td></td><td></td><td>無頭部族社会</td><td>ヤミ族</td><td></td><td>縄文草創期</td></tr>
<tr><td rowspan="3">ヌエル族</td><td></td><td></td><td>部族社会</td><td>アタヤル族</td><td>Despot</td><td>早期・前期・中期</td></tr>
<tr><td>グレート・マン社会</td><td>バルヤ族等</td><td rowspan="2">氏族制部族社会</td><td>ブヌン族、ツオウ族</td><td>Reciplocator</td><td>後・晩期</td></tr>
<tr><td>ビッグマン社会</td><td>エンガ族等</td><td></td><td>Entrepleneur</td><td>弥生前期？</td></tr>
<tr><td>首長国</td><td>ハワイ、ツイ・トンガ</td><td></td><td></td><td>首長国</td><td>パイワン族
ルカイ族</td><td></td><td>弥生時代中期以降
古墳時代前期</td></tr>
<tr><td>国家</td><td></td><td></td><td></td><td></td><td></td><td></td><td>大和朝廷</td></tr>
</table>

縄文社会の相対的位置

エルマン・サーヴィスが六〇年代に、「未開の社会組織」という本を書いていて、現代の考古学はこれを一つのベースにしています。先ほど話したバルヤ族のモーリス・ゴドリエが実施した研究では、グレートマン社会があってビッグマン社会があって、多くの研究者は二つは進化過程にあるという予測をしたわけです。ブライアン・ヘイデン先生による模式では、それに相対するものとしてレシプロケータやアントゥレプレナーがあります。台湾原住民では、馬淵東一先生や末成道男先生、さらに山路勝彦先生のデータによって併せて見ていくと、無頭社会のヤミ族から始まって、アタヤル族を経て氏族性社会のブヌン族やツオウ族ですね。さらに、パイワン族とかルカイ族という首長制社会に至ります。ブヌン族やツオウ族も基本的に、頭目と称される人は、みんな儀礼や祭祀を行います。彼らには特別な霊が宿っていて、ほかの人が真似をしてもダメです。そのノウハウは、彼らがキープしているんですね。誰にも教えません。そういった段階の社会、儀礼や祭祀が行われたのも、おそらく縄文時代の後・晩期と等しく横に並べていいだろうと考えています。

このように見ていくと、縄文時代の後・晩期に至って社会の複雑化と階層化が進展し、それを社会基盤として弥生時代に継承されていく。弥生時代は基本的に首長国、首長制に入ってきますが、縄文後・晩期には、それにステップアップできるような親族組織の基盤を作りました。それは氏族社会です。これが形成されなかったら弥生時代にステップアップできなかったと思います。同様に儀礼と祭祀を中核とした社会的リーダーが登場します。稲作の採用に関わる重要な判断を下したのも彼らだと考えられ、これも弥生時代の社会基盤の基礎を作ったと考えられます。

参考文献

Hayden, B. 1995 "The Pathway to Power: Principles for Creating Socioeconomic Inequalities", in T. Douglas Price and Gary M. Feinman（eds.）, *Foundations of Social Inequality*, Plenum Press.
Service, E. R. 1962 *Primitive Social Organization: An Evolutionary Perspective*, New York: Random House
Godelier, M. 1986 *The Making of Great Men: Male Dominations and Power among the New Guinea Baruya*.

Cambridge University Press
A・テスタール『新不平等起源論―狩猟＝採集民の民族学―』山内昶訳、法政大学出版局、一九九五年
高橋龍三郎「M・ゴドリエのグレートマン理論について」『比較考古学の新地平』同成社、二〇一〇年
高橋龍三郎「縄文社会を探る―パプアニューギニア社会・台湾原住民社会からの照射―」『アジア学のすすめ』第2巻アジア社会・文化論、村井吉敬編、弘文堂、二〇一〇年
高橋龍三郎「縄文社会の複雑化」『講座日本の考古学4　縄文時代（下）』青木書店、二〇一四年
高橋龍三郎「縄文後・晩期におけるトーテミズムの可能性について」『古代』一七八号、二〇一六年
古野清人『原始宗教』角川新書、一九六四年
渡辺　仁『縄文式階層化社会』六興出版、一九九〇年

9　縄文社会をどう考えるべきか

阿部芳郎

私の発表は結論を先にいいますと、日本列島の人類史を考える場合には、現在の時代や時期の区分については、歴史区分上での前提としておきながらも、いったんその枠組を外して、まず詳細な実態を明らかにして再検討すべきだということです。言い方を変えると従前の時代観の中に新たな発見を位置づけて説明を試みるのではなく、新たな発見を正視するなかで、これまでの歴史観に再検討を加えることこそ現在の縄文時代研究に求められている課題なのです。

最近の縄文時代の考古学の中では、温暖化や寒冷化をめぐる議論が非常に盛んです。環境に対して人類がどう適応したのかというスタンスは、狩猟採集社会と定義される縄文文化の実態を考える場合に非常に重要ですが、現在では土器の研究や石器の研究などに加え動・植物考古学や同位体生態学など、さまざまな研究が進められているので、一つの視点からではなく、より多くの視点から一つの地域を見てみる必要があると思います。

私はこれを多視点的な研究と呼んでいます。こうした手法は何も新しいものではありません。しかし、あえてここで説明する理由は、近年の縄文時代研究には土器文様が退化すると文化が崩壊したり、気候が寒冷化すると生業活動が停滞するなど、実証性の低いきわめて恣意的な意見が多くみられるからです。また民族誌で得られた社会組織をそのまま無批判に縄文時代に当てはめるという手法も同根です。これらの研究に決まって言えることは、具体的な考古資料の検証が伴っていない、ということです。

今日は縄文時代の後期から晩期について三つのことについてお話しします。まず第一点として集落とそれを支える生業の話。それから、これまで縄文時代の後期から晩期という時期は文化が停滞して、そのため祭祀が発達したと説明されてきました。現在でも根強い考えですが、後晩期の集落と生業の関係を見据えてこの見解を否定します。第二点として祭祀がどのような社会の中で発達したかを述べ、その根拠の一つを示したいと思います。そして第三点として後晩期の研究の具体例を用いながら、縄文社会を考える視点について私の考えをお話しします。

(1)　縄文の集落と生業

分析のポイント

初めに分析の前提を定義したいと思います（図9-1）。縄文時代の集落は、さまざまな分布のしかたがあります。一つのところに非常に集中している場合もあるし、ポツンとしかないものもあります。分析をするときにどういう地域を分析するかによって得られる情報が異なります。それから、縄文時代は一万年以上も続いた時代ですから、時間的にどのような細かさで分析するかというのも重要な前

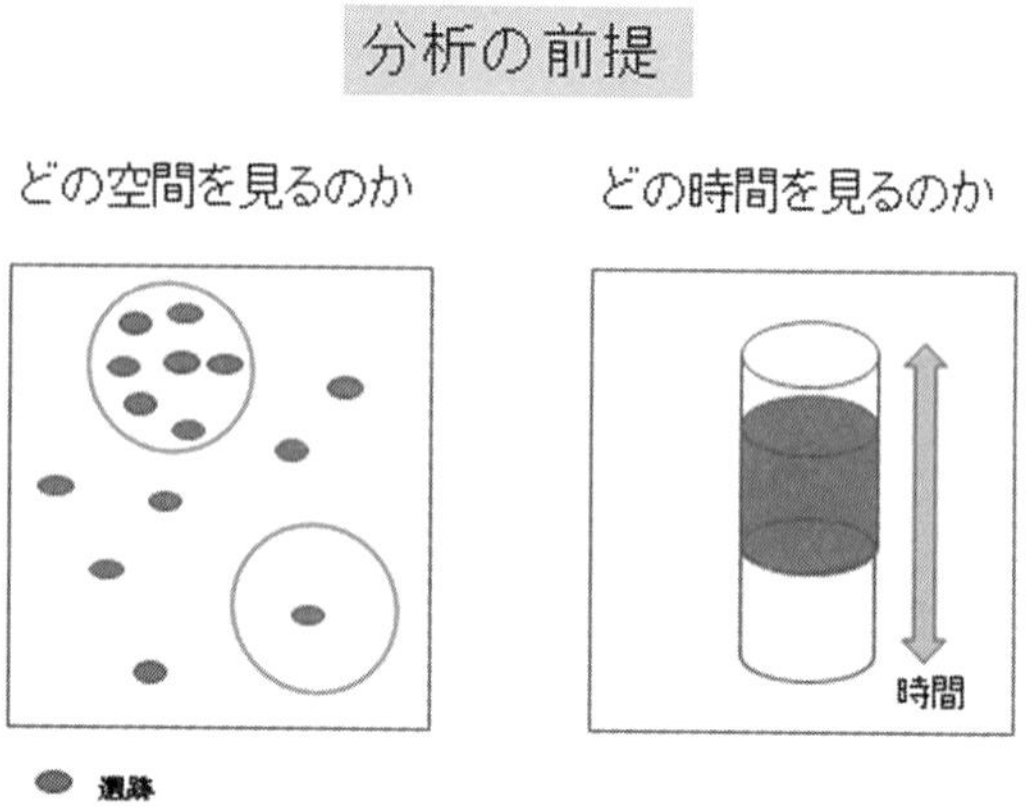

図9－1　分析対象の設定

提です。最低限、土器の細別型式を単位にみることが必要です。たとえば炭素年代で考えると中期は約一〇〇〇年、後期は約八〇〇年もあります。ですから、後期や中期といった時間単位では、平成の時代と平安時代を同じに見てしまうことと同じになります。

最近では土器型式に炭素年代を対応させて時間枠が精緻化されていますので、そうした時間軸を用いて、分析対象地域の中で何が起こっているのだろうかということを、細かく見る必要があります。

私は、半径五キロの円内に実在する遺跡群の中でいったい何が起こっているのかということを、複数の分析視点を導入して細別土器型式の細かさで考えています。今日は一つの分析空間の中でいったいどういう方法を使えば何が分かるかという話をしたいと思います。

千葉県の中央部には、印旛沼《いんばぬま》という沼があります。縄文時代には利根《とね》川（旧鬼怒《きぬ》川）とつながり、広大な内水面を形成していました。その南岸を中心に縄文時代の中期の後半から晩期の前半にかけて

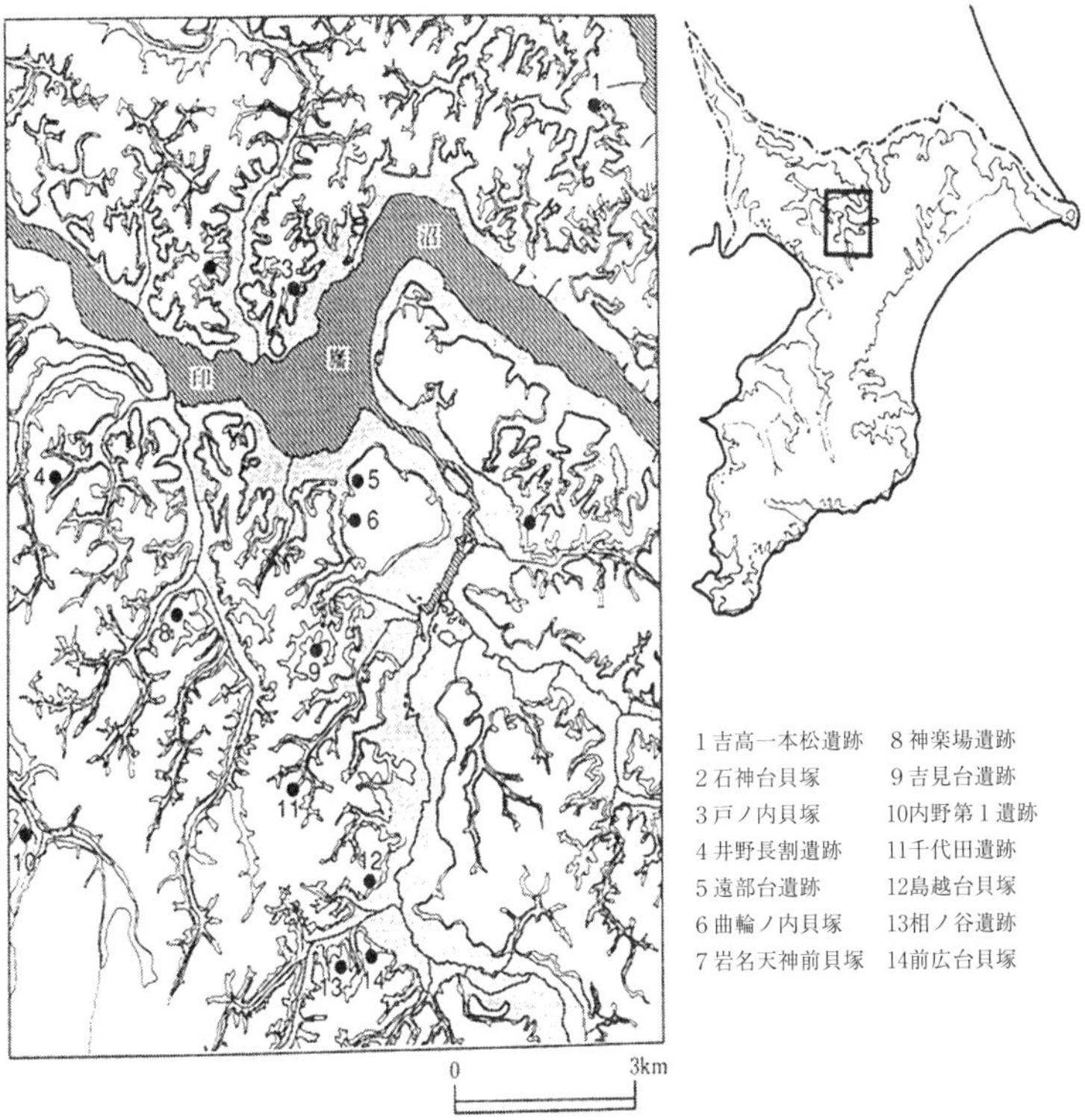

図9-2　印旛沼南岸における後晩期集落の分布状況

継続的に営まれた集落が群集します（図9-2）。基本的には二キロぐらいの距離を保って集落が分布しています。これは縄文時代の集落の分布状況のなかでも集中度が高い地域です。ただし、中心地から外れていくと、散漫になります。縄文時代の後期から晩期の集落の分布は、関東地方の中でも粗密が著しいのが特徴の一つです。

ここでいう地域というのは、分かりやすくいえば顕微鏡で対象物を見る範囲なので、この範囲が何か特別な意味を持っているといったことではありません。あくまでも分析の範囲ということにしてまず無機的に捉えることが必要です。そして次に対象範囲内の遺跡の性格や遺跡間の相互関係を考える。その次に対象範囲外との関係を考えるというような手順で分析し、複数の視点から有意なまとまりを評価していくのが、私の研究手法です。

集落遺跡の実態

印旛沼南岸地域の遺跡には大きく二つのタイプの集落があります（図9‐3）。一つは、戸ノ内《とのうち》貝塚を代表例とする台地の斜面に並列するように居住空間が列状に展開する遺跡（谷面併列型集落）です。それから、環状集落があります。佐倉《さくら》市の曲輪ノ内《くるわのうち》貝塚は自然地形の谷のくぼ地を囲むように、この高まりに居住痕跡が形成されています（谷奥型環状集落）。高まり上には五ヵ所の地点貝塚が残されているので、四つから五つぐらいの居住の単位が中央のくぼ地を取り囲むように存在していることがわかります。印旛沼南岸ではこうしたタイプの集落が一一ヵ所分布しています。このうちの三遺跡に土器塚が残されています。土器塚は遺跡の一ヵ所だけに膨大な量の土器を出土する地点が形成されています。谷面並列型のタイプの遺跡にはないです。またすべての環状の集落に土器塚があるわけではなく、全体の中の半分以下で三ヵ所にこういう場所が残されています。

土器塚を実際発掘すると、多量の土器が出土しますが、ここから出土するのは加曽利《かそり》B式土器だけです。遺跡自体は中期の終末から晩期の前半まで集落が形成されるのですが、時期的にかなり限定されています。かつて甲野勇という考古学者が土器塚を発掘して、土器づくりの集団が残した失敗品を捨てた場所ではないかと解釈されたことがありましたが、私たちが発掘をして分析していくと、その土器の表面には煤がついていたり、あるいは割れて、ひびが入ったときに、穴をあけて補修をしてい

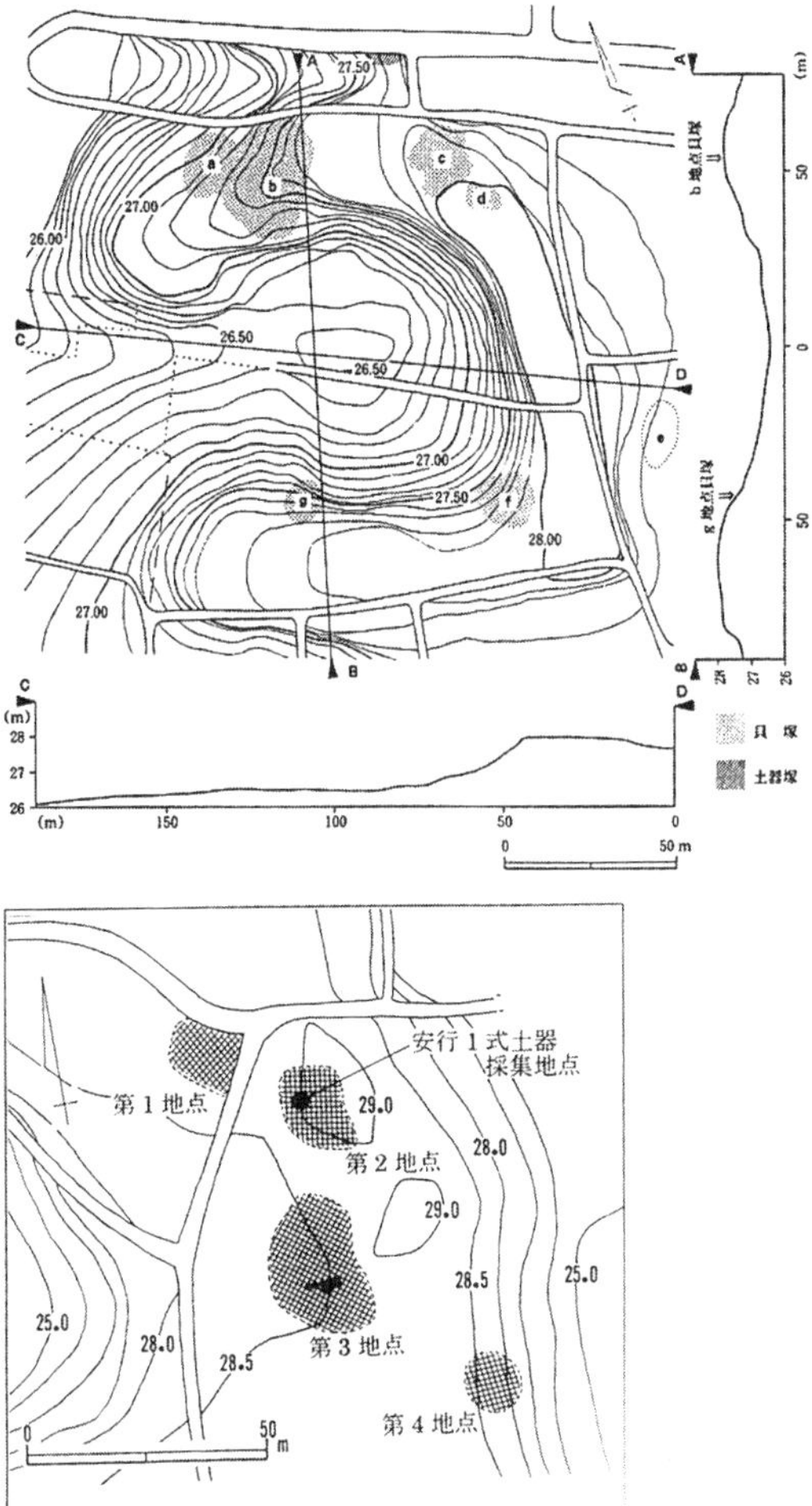

4ヶ所の地点貝塚のうち，第3貝塚が調査され，数軒の住居が確認されている。（古内・三浦 1984 より作図）

上：佐倉市曲輪ノ内貝塚
下：印西市戸ノ内貝塚

図9-3　環状の集落と列状の集落

るような痕もたくさんあるので、使い終わった土器を遺跡の一角に積み上げるという特別な行為をするような集団が、その集落の中にはいたと考えられます。

　後期中葉から晩期の研究では、なかなか住居址が見つからないので、住居数の検討などで制約があります。環状の盛り上がりがある遺跡を、祭祀の拠点と考えて「環状《かんじょう》盛土《もりど》遺構《いこう》」と呼ぶ人もいますが、実態は環状集落です。「環状盛土遺構」という名称は、発見の当初に特定の遺跡を特殊視した用語でしかなく遺跡構造の研究上での意義はありません。また祭祀遺構説を唱える人は、これらとは別に集落遺跡を指摘する人が一人もいないという実に奇妙な現象があります。

　これは環状集落の高まりの黒い土の部分を発掘したときの写真です（図9-4）。土壌硬度計を使いながら、土を踏み固めた範囲を確かめながら、丁寧に調査している状態です。いわゆるこれは黒い土ですね。それを少し掘り下げていくと、住居のプランが見えて、ここに炉址があります。柱穴もあります。土壌硬度計で測定すると、やはりこの炉址の周りが固く踏みしめられていますが、土自体は黒いので、同じ色の土だと思って掘り下げていくと、あっという間に掘りすぎてしまいます。ローム層はさらにこの五〇センチぐらい下に出てきますので、明らかに縄文時代のおそらく先史地表面である、黒い土の面に家を建てたということが分かります。さらにこの面の下にも同じような遺構があることが分かっています。また床面の一〇センチぐらい下に埋葬人骨が一体検出されています。遺存状況が良好なもので、後ほどその埋葬人骨の分析の成果については、ご紹介したいと思います。このように

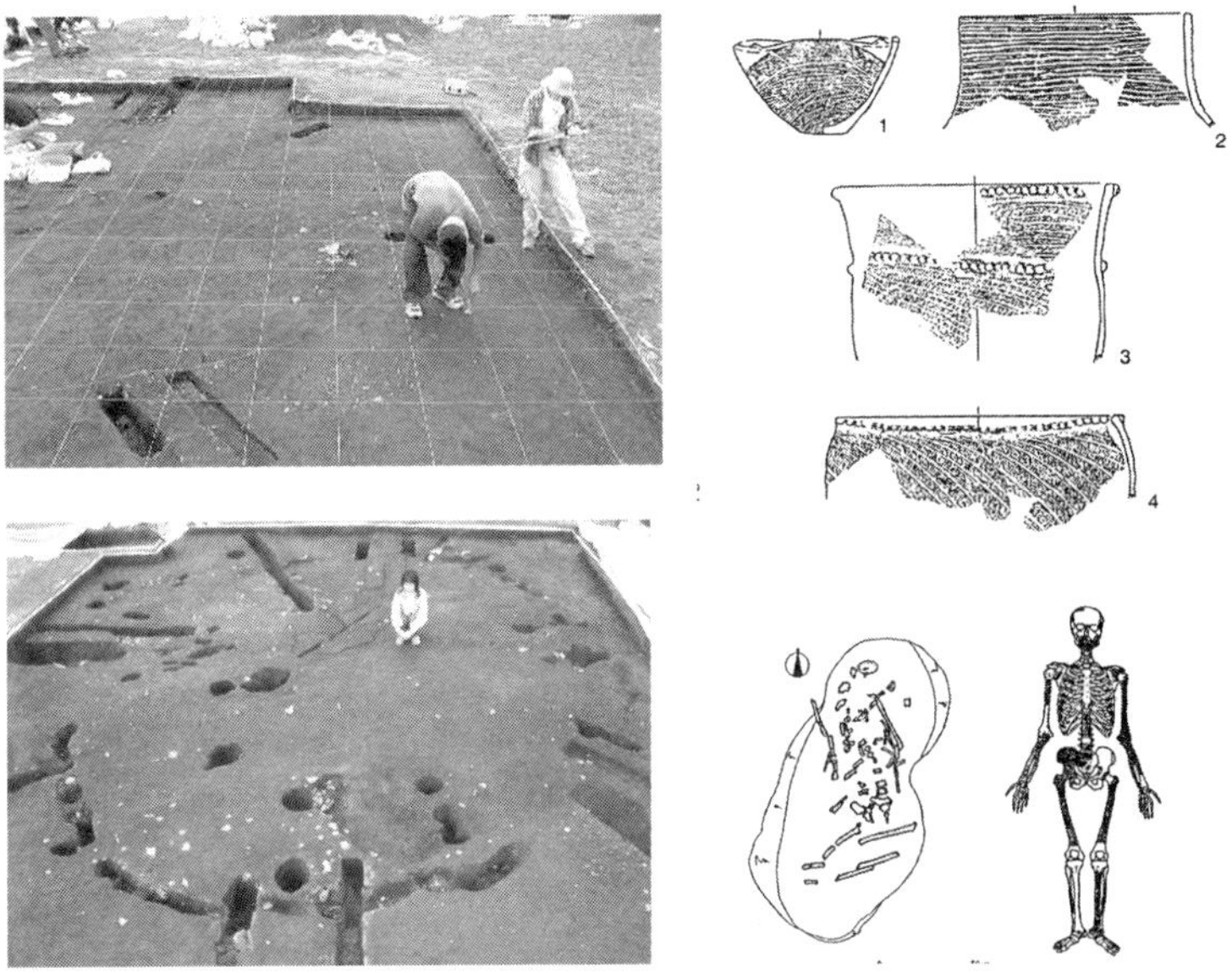

図9-4　黒色土中の住居の調査と出土土器と人骨

私たちは発掘の調査の方法を少し工夫すれば、黒色土中から住居跡をたくさん見つけ出すことができるでしょう。

この地域の中期後半から晩期の集落の変遷を少し見てみたいと思いますが、これは佐倉市にある吉見台《よしみだい》遺跡という遺跡でこの台地の面がかなり広範囲に発掘された事例です（図9-5）。中期後半の集落がありまして、中央に広場があって、明確な掘り込みのある竪穴住居址が環状にめぐる構成です。それがやや新しい時期になってくると、遺構の分布の中心が移動します。吉見台遺跡として古くから著名であった後期から晩期の遺物を大量に出す場所は北西部になります。中央部分だけ残してこの周辺はかなり広く発掘

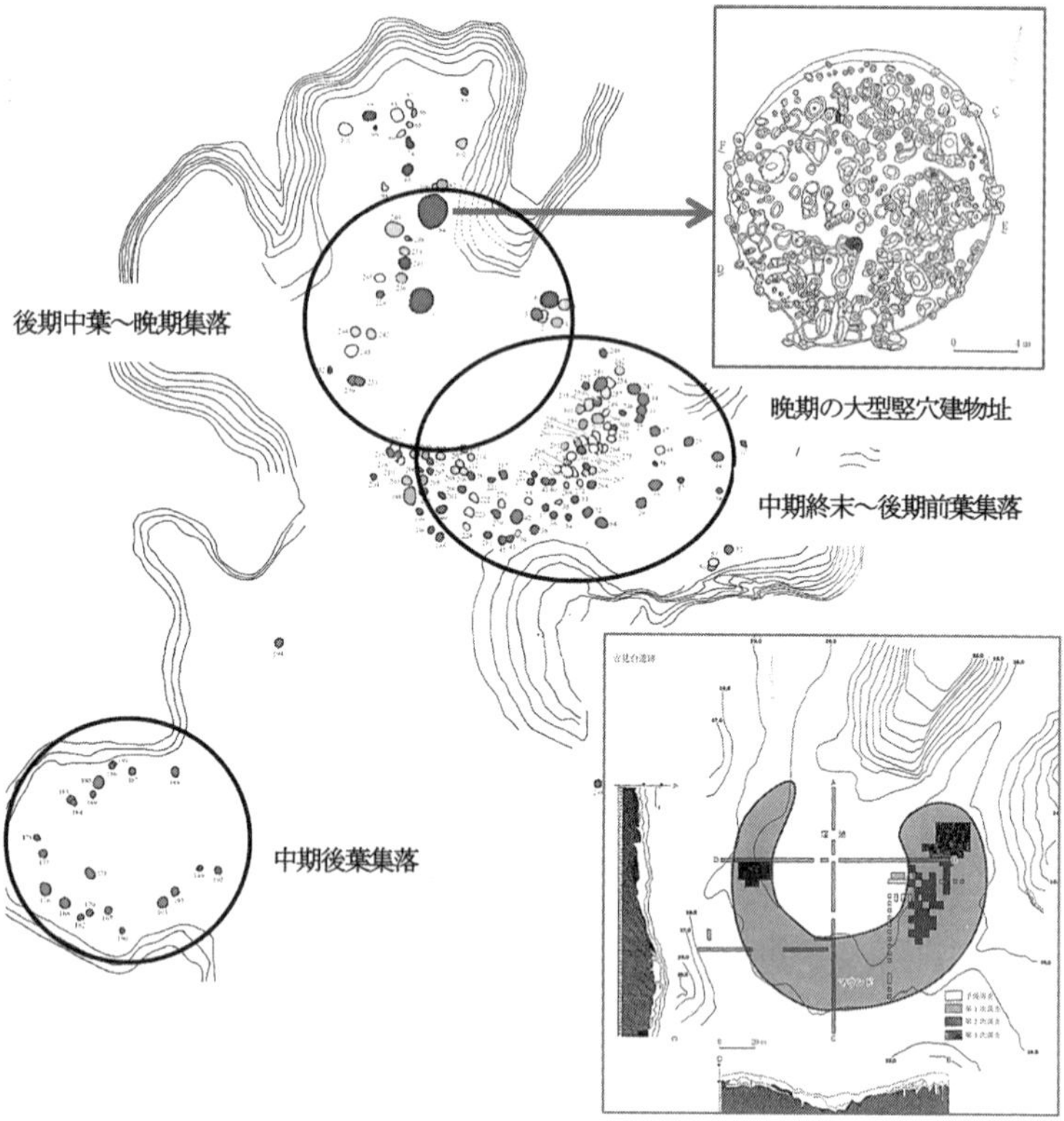

図9-5　中期から晩期への集落変遷

をしているのですが、これだけしか住居址が検出できなかったのです。高まりの部分を概略化した図がありますが、北から谷が入ってきて、その谷が侵食したくぼ地がここまで伸びていますので、中央部がへこんでいます。逆に周囲が高まりを持っているのですが、この高まりの上には、大量の後期から晩期の遺物を出す、いわゆる遺物包含層が堆積しています。明確な形の住居址というのは、発掘した報告事例を見る限り、ほとんどないのです。後期中葉以降の集落は調査方法の違いで検出できる住居の数は驚くほど異なるのです。

また住居軒数を議論する場合、重複や建て替えをどう評価するかということも重要です。この時期の住居の多くは建て替えの痕跡を残す場合が多いことがあるからです。

集落を結びつける祭祀

いくつかの遺跡で検出された遺構の中には大型の竪穴建物址があります。直径が二〇メートルぐらいあり、非常に大きな建物址です。柱も何回も立て替えた跡があります。柱の穴は大人の身長が潜るぐらい深いです。大きく太い柱を使って建てた大型の家屋があったことが分かります。こうした大型の建物址は環状集落の開口部付近に立地する場合が多いです。またすべての集落がこういう施設を持っているわけではないというのも、重要な事実です。この建物の機能について、高橋龍三郎さんは合同居住のための住居と考えていますが、私はそうではなく合同祭祀のための施設と考えています。

図9-5は千葉市の加曽利貝塚の例で、環状の貝塚（集落）の外側の部分に立地しています。おそら

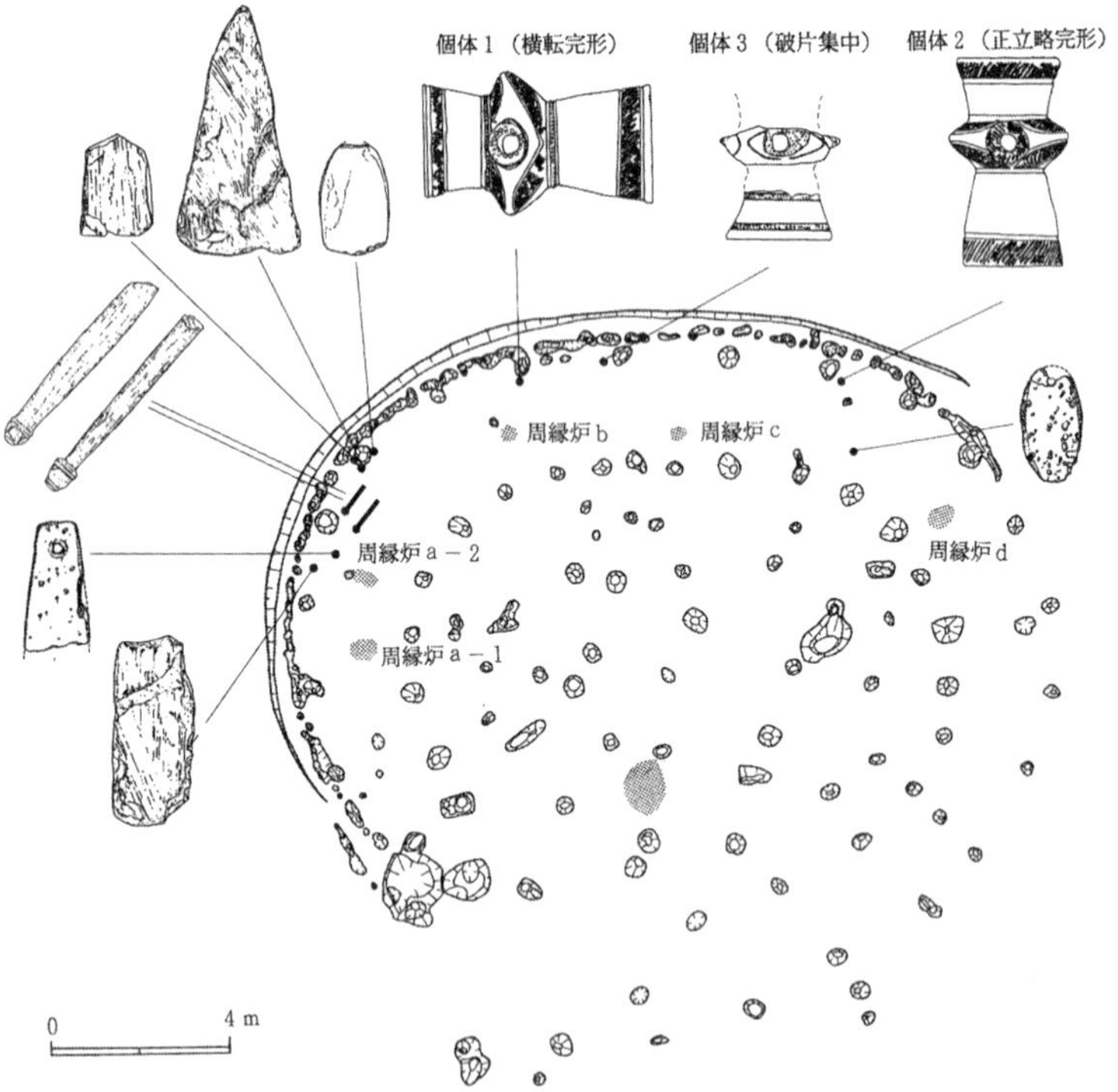

図9-6　千葉市加曽利貝塚の大型竪穴建物址と遺物

く下方が入口だと思いますが、中央部に大きな囲炉裏があって、その奥壁の部分に四ヵ所ほど、火を焚いた跡があります。その床面の上には、石棒が頭部を揃えて置かれてありました。

石棒の折れている面は摩滅しており、よく見るとこの表面は火を受けて一部色調が変わっています。あとは近くから砥石が出ています。それから台付異形土器という祭祀に使う土器が三点も出土しています。一個体は実際に立った状態のままで出土しています。一番外側の小さい柱穴の内側にいくつか、少し大きめの柱がありますが、これらの遺物はその横にまとまりをもって置かれている。それぞれは壁際で一定の距離をおき規則的に配置されているのです。私はこの施設の中でこうした道具を使ったいくつかのグループが参集した祭祀が行われたのだろうと考えています。

そしてこの大型家屋は、すべての集落から検出されているわけではないので、周辺の集落の人たちが合同祭祀をするときに利用したものなのでしょう。集落同士がこうした祭祀によって結ばれていたことを示しているのです。この建物の中ではこのように数人の石棒と台付異形土器を持つようなグループが、四集団、想像をたくましくすると、加曽利貝塚の周辺の四つのムラから石棒と台付異形土器を用いる祭祀集団が来訪して、外から見えない、遮蔽された施設内で祭祀をしたと考えることができます。下総台地ではこうした施設を持つ集落が、いくつかの遺跡群の中に検出されています。これは中期には見られず、後期中葉から晩期前葉に認められまた関東地方でも下総台地のみに限定されていることは、集落間が結び付きを強めた地域社会の特性を反映した現象と考えることができます。

地域社会を支えた生業の実態

次は、生業の話ですが、これは現存分析をしている最中なので、概要をお話ししたいと思いますが、一つは、貝塚についてです。東京湾東岸には中期から後期の大貝塚群がベルト状に分布しています。千葉市加曽利貝塚や、市川の堀之内《ほりのうち》貝塚であるとか、縄文時代を代表する大型貝塚が東京湾の東岸地帯に群集しています。私が分析しているのはこの湾岸部から一五キロほど内陸の地域ですが、この範囲に実は大量の海の貝を出す貝塚が一つだけあります。八木原《やぎはら》貝塚という貝塚です。

八木原貝塚の貝を分析すると、東京湾岸の二つの地域から運び込まれていることが分かってきました。一つはオキアサリという東京湾東岸でも船橋から市川ぐらいの人たちがたくさん獲った二枚貝です。千葉市園生《そんのう》貝塚などでは大量に出土しています。これに加えて、加曽利貝塚などがあるこの都川《みやこ》流域の貝塚で主体を成す、泥干潟に生息するイボキサゴやカガミガイ、アサリ、シオフキなども出ています。後者の貝類は鹿島川という川の流域に小さい海の貝を出すムラが点々としてありますので、おそらくこの川を流通ルートとして持ち込まれたことがわかります。一方、オキアサリの方は一本の川をさかのぼって運び込むことはできませんので、陸路を経由して流通しています。この二つの地域から、魚も含めて魚介類が大量に内陸に運び込まれています。印旛沼周辺地域に分布するのは、ヤマトシジミの貝塚です。印旛沼という内水面は当時汽水《きすい》でしたので、ヤマトシジミは内陸の人々も入手することができたのです。

ところが、これらのヤマトシジミの貝塚を掘ると、必ず二%ぐらいの海の貝が出てきます。八木原貝塚に大量に持ち込まれた貝類が再分配されているのです。遠隔地の資源を運び込むときに、内陸の遺跡群の中で一番海に近い八木原貝塚を残すムラには、大量の東京湾岸の水産資源を持ち込んで、それらがさらに北側の印旛沼湖岸周辺の集団に水産物を再分配しているという資源流通のシステムが存在していることが分かってきたのです。

搬入された食資源が結果として何に反映されたかという分析を紹介して、成果の話をまとめたいと思います。先ほど曲輪ノ内貝塚の黒色土中から発見された建物址の床下から、女性の人骨が一体出ていたという話をしました。この建物址の床面から発見された土器は加曽利B3式土器です。この床の下から女性人骨が発見されたのですけども、一つは形質人類学と古病理学的な分析で、これは谷畑美帆さんの研究ですが、壮年の後半から熟年の女性であるということがわかっています。あとは抜歯をした痕がある。さらに変形性脊椎症といった、腰痛持ちであった。妊娠痕も確認されています。もう一つの分析は骨自体から年代を測定するという方法と、骨の中からコラーゲンを取り出して炭素と窒素の同位体を分析して、生前の食性を復元するという研究が最近、東京大学の米田穣さんを中心に精力的にすすめられています。この分析成果を今日はお借りしました。この女性人骨は内陸に住んだ人だと考えると、八木原貝塚を経由して、そうした水産物が内陸地域に持ち込まれているという考古学的な証拠も含めて、C3植物といわれているドングリやそれを食料とするシカとイノシシといったものだけではなく、水産資源もある一定量は食べていたことがわかりました。最近では人骨の食性分析を行いながら、彼らの生業を復元することが可能になってきていますが、内陸の縄文人で、女性一体だけですけども、割合バランスよくいろいろなものを食べていたということが明らかにされました。年代は三六四〇年から三五八八年の間に位置します。これは土器型式の炭素年代を用いると加曽利B2式の時期になります。先ほどの建物址の床面から出た土器は加曽利B3式でしたので、その床より深いところから出ているので整合的な年代を示しています。

(2)　縄文祭祀の発達

祭祀の社会的な機能

最後に、祭祀と社会の関係をまとめます。これまで後晩期社会の特質として、祭祀が非常にさかんに行われたことが指摘されています。その代表的な現象の一つとして土偶の多量化があります。図9-7は印旛沼南岸とその周辺地域の遺跡から出土した土偶を使って、型式学的な変遷を示したものです。土偶の類型が加曽利B2式の時期で、三つの系列に増えていることがわかります。後期から晩期の時期に土偶の数が増えるのは加曽利B2式の時期です。

こうした現象は時間枠を細かくしていけばいくほど、経過が捉えやすくなりますので、土偶も型式学的な研究の重要性が分かると思います。また土偶研究の中には特定のタイプの土偶のみに注目して分類を進めるあまり、多量化の背景が充分に論じられていません。さらには、一遺跡の土偶の全体構成をきちんと評価する研究が少ないのは、土偶と地域社会の関係を考えるときに、大変に問題なことだと思います。さらにはそれを女神などと称して観念的な解釈ばかりを先行させる意見もありますが、まったく的外れで論外なことだと思います。そう想えば、そう見えるというのは、およそ科学の領域

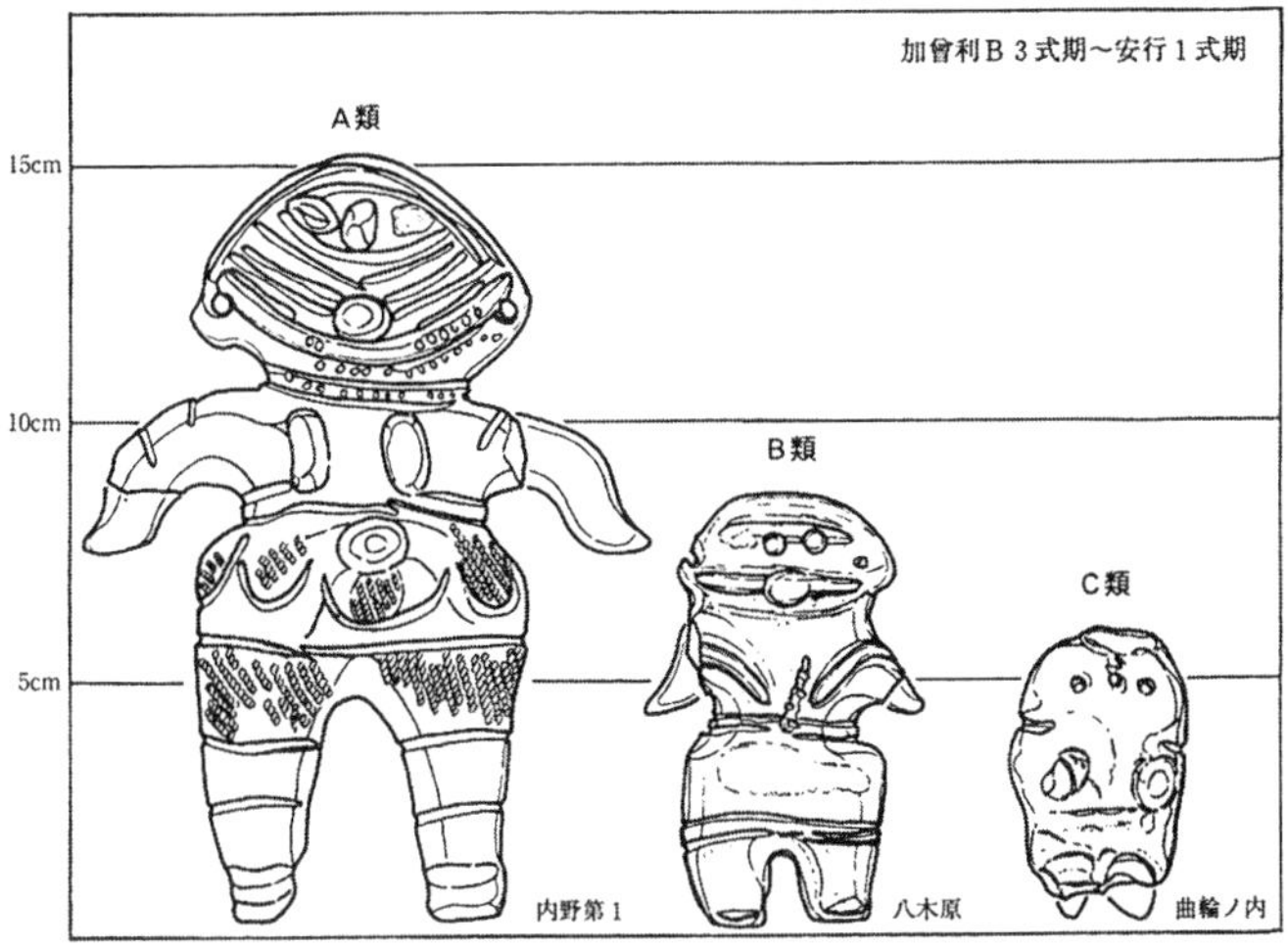

図９−７　一時期における土偶のバラエティ

で議論する問題ではありません。

後期や晩期にみられる土偶の多量化という現象は、同じような土偶がたくさん作られたということではなく、加曽利B2式以降に土偶の類型が多様化することが重要な要旨の一つなのです。その背景は何かというと、土偶というのは妊娠した女性が表現されている場合が非常に多いので、安産あるいは豊穣・祈願いわれていますが、土偶の作り分けは土偶祭祀が多様化してきているのではないかと考えています。土偶祭祀の発達は人口支持力と深い係わりをもつ祭祀だったのでしょう。

土偶祭祀の多様化が祭祀の規模や性格に応じた土偶をつくり分ける原因になっているのでしょう。さらにこうした現象は長期的な継続性の高い集落が群集している地域の中で晩期にまでつながっていくのは、土偶祭祀の社会的な機能を考える場合、

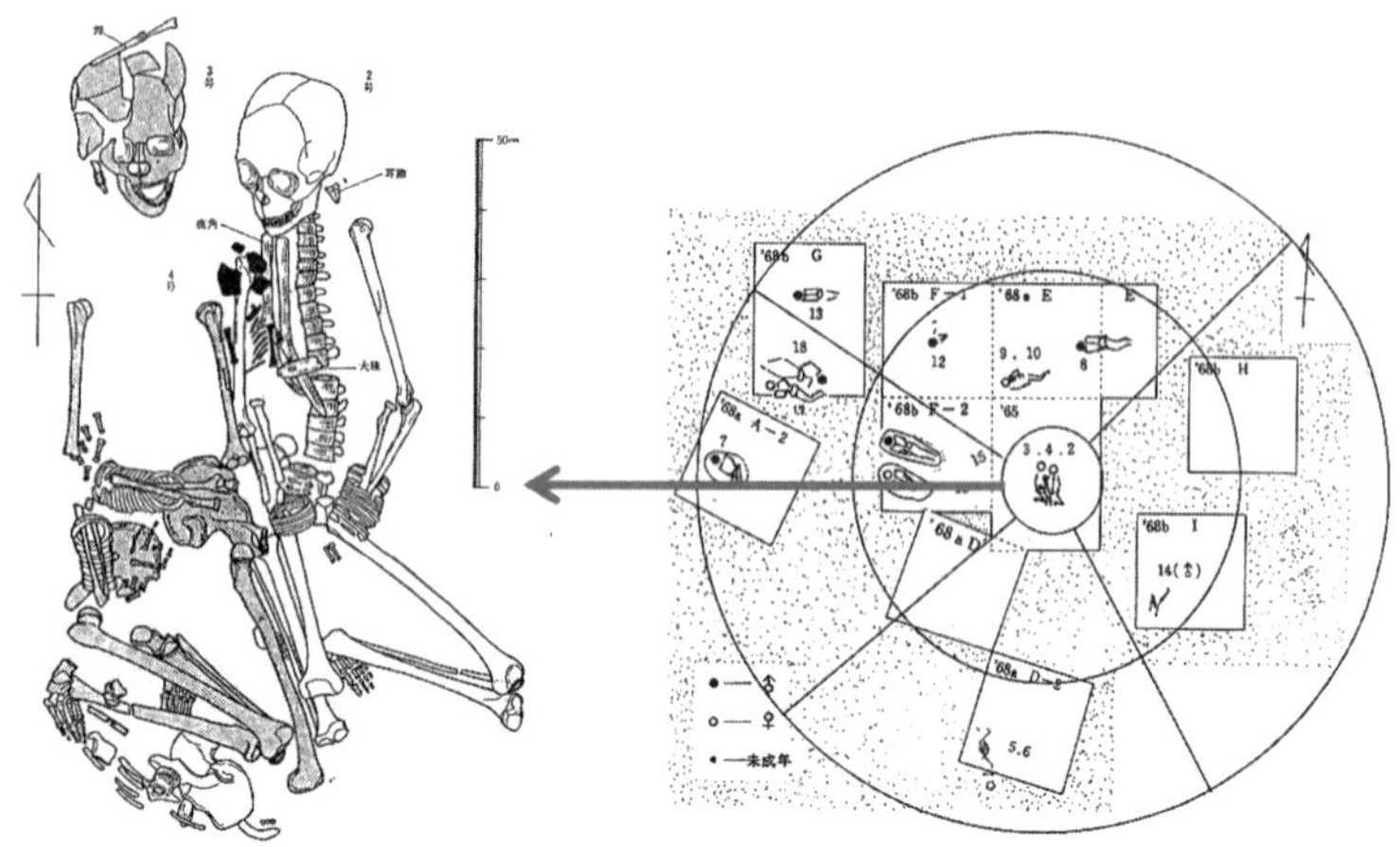

図9－8　山鹿貝塚における貝輪多数着装人骨

とても大切な事実なのです。

身体装飾が示す女性社会の複雑化

最後に貝輪を取り上げて身体装飾と社会の複雑化の話をします。分析対象地域からは離れますが、福岡県の山鹿《やまが》貝塚の例を先に示します（図9-8）。山鹿貝塚は墓域のほぼ中央に小児を挟んで二体の女性が埋葬されていて、左右の腕にたくさんの貝製腕輪をつけています。さらに緑色の石で作ったペンダントが一体の胸に置かれています。これらの貝輪は穴の大きさがピタっと合います。たまたま腕に入るものを通したというのではなく、どうもその穴の大きさを測ると、右腕と左腕でまとまりをもち、あつらえているようです。全国的に見て、貝製の腕輪が増えるのは、縄文時代の後期前葉以降です。また貝輪を着装している人骨はほとんどが女性です。さらに出土事例を調べるとたくさんの貝輪を付ける人と、あるいは一つとか一つも付けない人という差が出てきていることが分かります。だから、貝輪が多量化するという背景には、多数着装する人物が登場するような社会的な背景が一つ考えられます。私は貝輪の着装とは女性社会の中での位階の表示としての意味をもつものであり、着装数の差が社会的な位階を象徴するような取り決めが存在したのだと考えています。

後期から晩期になると、土製耳飾もたくさん出てくるようになります。縄文時代の後期の中頃に、こういう状況が始まり、晩期で耳飾が多様化・多量化します。こうした状況が顕著に確認できるのは、中部地方から関東地方にかけての地域です。耳飾も直径が五ミリぐらいしかないような、魚の椎骨などを使っているものがありますが、大きいものでは直径が一〇センチぐらいあるようなものがあります。基本的には一度耳に穴を開けて、どんどんそれを大きいものに付け替えていくと考えると、耳飾のサイズの多様化は着装年齢の多世代化という現象が起こっていたことを推測させます。これも着装者は女性だと思います。理由はこの時代の土偶のいくつかに、耳飾りを付けた表現があるものがあるからです。常時付けていたか、祭祀のときだけ付けたかは意見が分かれるところですが、いずれにしても、女性の集団の中での社会的な立場を表示する必要性が出てきたことを指摘することができると思います。

実は貝輪の多量化という現象が、分析対象地域内にある八木原貝塚あるいは印旛沼南岸地域の遺跡でも起こっています。この背景を考える際に重要なのは、貝輪の大量生産遺跡の出現です。千葉県の銚子《ちょうし》に余山《よやま》貝塚という貝塚がありまして、貝輪が膨大な数出土しています。しかも興味深いことは出土品の大半は失敗品や未成品、素材貝などであることです。さらには貝輪の内側を磨く特徴的な形の砥石が出ています。完成品は現利根《とね》川を遡上して持ち運ばれ、一方では、霞ヶ浦《かすみがうら》の周辺でも出土があります。これらのことから地域全体に女性が貝輪をたくさん着装するような需要があって貝輪を生産するような遺跡が登場してきたと考えることができます。余山貝塚でたくさんの貝輪をつくった人たちは、自分たちがたくさん腕に付けるというよりは、むしろ顔も見ることもない遠く離れた人たちに、大量の貝輪を送り出すような役割を果たしたと考えることができます。

重層的な地域間関係と遺跡群研究

ここでは地域社会の構造を考えるために生業・祭祀・身体装飾などの現象を紹介してきましたが、食資源や装飾品、祭祀の複雑化などのさまざまな現象が分析対象地の中で起こっていることがわかっていただけたかと思います。関連して特徴的な現象として指摘できるのは非常に狭い範囲に集落遺跡が群集をしてくるということです。土器編年を時間的な単位としてそれぞれの現象を時系列で整理してみると遺跡が群集化を始めた前半の段階は、あまりこういう現象は認められません。ところがそれが、加曽利B2式期になると、土器塚がいくつかの集落の一角だけに形成されたり、東京湾岸から八木原貝塚というところだけに、大量の海の貝が運び込まれたり、特定な遺跡に大型の建物址が建築されたり、土偶も多量化するのです。

また分析上での重要な点は、これらの現象は分析対象地域内だけで完結しているのではなく、その周辺地域にまで関係が及ぶもの、さらには耳飾や貝輪の多量化のように、より広域な地域との関係を維持したり、連動した現象などもあることです。つまり、これらの事象は重層化しているのです。そしてこうした複雑な構造を読み解くためには、観察対象地域を広く超えた地域や遺跡との比較が必要であることがお分かりいただけたかと思います。しかもそれらの現象はすべての集落遺跡が共通して起こっているのではなく、むしろ集落間での偏在化が著しい点に注意すべきです。このような現象は、後期や晩期といったような粗い時間軸を用いると、全部の遺跡に同時にこういう現象を起こしているかのように見えてしまいますが、決してそうではないのです。

「遺跡群研究」や「集落研究」の中には、特定の地域内にある集落の住居数や配置や分布状態を分析し、生業活動や社会制度などを検討せずにしかも対象地の中だけで完結した時代をイメージするものがあります。縄文社会の多様性を考える視点からは、人類活動の多面的な分析と解釈が必要なことはあらためていうまでもないことです。

地域社会をモデル化する

こうした集落群の特性を理解するために二つのモデルを作ってみました（図9-9）。左側はさまざまな部分で中心的な役割を演じる拠点的な集落があって、その周辺に従属するような形で小さい集落が衛星的に取り巻くようなモデルです。三内丸山遺跡などのように縄文都市であるとか一遺跡が誇大

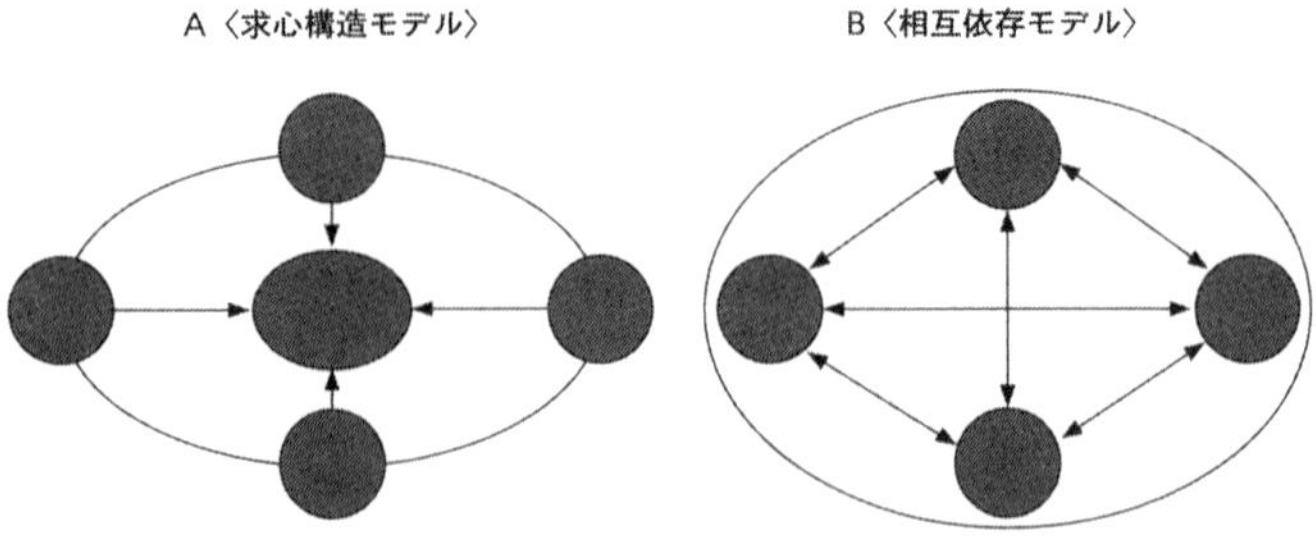

図9-9　遺跡間関係のモデル

に強調して説明される場合は、こうしたモデルが良く利用されます。
今日私がお話しした後期から晩期の分析対象地域の中では、重層的な関係が複雑に関係していることがわかっているため、異なるモデルが必要です。

たとえば食料資源では貝類を例としたように、個々の集落に住んだ人たちは、基本的には自分たちが食べるものは自分たちで獲っているのでしょうが、それにさらに上乗せするように、遠隔地の食料資源や、たとえば貝輪など遠隔地の資源を利用する道具を運び込み再分配するシステムが存在したのです。それが最終的には相互依存的な関係を形成し、すべての集落に一定量が流通する形をとっていたと考えられます（図9-9右）。これは非常に柔軟で強固な社会システムです。土偶祭祀なども特定遺跡から大量の土偶が出土したり、大型の建物址が偏在したりする状況なども相互補完的な関係の中で生じたと考えられる現象です。

さらにこれらの地域社会を形成した集落の集団は、それほど大きなものではなく、集落内部に形成された地点貝塚や高まりの数などから、住居にして四〜五軒程度の集団であったと考えられます。適度な人口規模が長期的な継続性を維持した要因の一つなのでしょう。

長期継続型社会の成立

最後になりますが、今日私がお話ししたのは、遺跡群形成の空間的な粗密が、かなり顕在化してくる後期から晩期の時期です。集落が群集する地域の中では、集落間で祭祀や資源の再分配をめぐって相互補完的な関係を形成しています。一方でより広域に関係化された事象もあり、現象の重層化が顕著です。こういう関係が形成できると、その地域の遺跡群は非常に長く継続します。炭素年代にすると最長で一四〇〇年ぐらいです。常時そこに人が住み続けたかどうかは難しい議論で、より観察の目を細かくする必要がありますが、居住痕跡を細かな土器型式を用いながら調べていくと、これぐらいの長きにわたり群集した集落遺跡が残されていることは確かな事実です。

私は現在、資源利用という観点から後期から晩期という時期に何が起こっているかということを、多くの研究者と議論をしています。その結果、先ほど米田先生の研究を一部引用させていただきましたが、弥生の初頭ぐらいまでの食性、あるいは動物資源、植物資源の利用形態に大きな違いはないという結果が出てきました。これは縄文と弥生との間には、むしろ連続性の強い部分があることを示しているのです。これまで縄文文化というのは、中期を一つの頂点にして、後晩期は衰退し、より高度な技術を擁する稲作農耕社会に変化してゆくという歴史変遷が描かれてきたのですが、その評価には矛盾や、まだ解明されなければならないことがあることが明らかになりました。

また、中期後半以降に訪れる気候寒冷化が文化停滞の要因であったという指摘が多くありますが、これらの見解の多くが寒くなると何が変化するかを具体的に検証せずに、ただ寒冷化は文化を衰退させる要因であるを前提とした議論に終止している部分があります。深刻な問題は全球的に起こった環境変動の年代を、半ば機械的に当てはめて文化や社会が停滞したと決めつけている点です。そこには仮説を個々の地域や遺跡で具体的に検証するという手続きが見られません。

私たちが注目しているのは、気温が下がったか上がったかよりも、むしろ彼らが利用した動植物に寒冷化の影響があるかないかということです。そうした分析からは、中期後半から晩期にかけて、寒冷化によって資源が枯渇していったという状況はむしろ認められませんでした。したがって、寒冷化があったとしても、この分析地域の中では、人類社会に大きな影響はなかったというのが、いまの段階での結論です。これらの成果は、温暖化と寒冷化を人類文化の発展と衰退に安易に結びつけることに対しての警鐘と受け止めるべきでしょう。もちろん今後はより広い地域を対象とした検証を重ねないといけませんが、今の段階では、それでも分析対象地では確実な事実としてそれが指摘できたことが大きな成果なのです。

考古学にとって最も重要なのは、遺跡を構成するさまざまな資料を丹念に分析してこれらの実態がいったい何であるかということを解明することなのです。

(3)　縄文社会をどう考えるか

縄文時代と歴史観

最後に縄文社会をどう考えるべきかという課題について話をまとめたいと思いますが、やはり遺跡に残されているものは非常に少ないですから、少ない資料で組み立てた歴史像の中にはどうしても個々人の歴史観が反映されます。失われて残っていない部分を埋めるものは、資料だけではなく、私たちの生きる時代の価値観であることを正視すべきです。

特に縄文時代研究の場合は集落遺跡の認定からはじまり、集団の規模や社会制度などの分析単位として竪穴住居がつくり出してきた歴史観があります。わたしはこれを「竪穴住居中心史観」と呼んでいます。たしかに竪穴住居が大多数の集落を形成している時期があるので、こうした見方を否定しているのではありません。しかし一方で、後晩期などでは、平地式や竪穴式と認識できない構造の住居があることもわかっています。そうした事実を無視して各時期の竪穴住居の数を比較すれば、中期が突出するのは当たりまえです。中期を繁栄の頂点とする見解はこうした不均質なデータから生み出された結果だと言えます。住居軒数からの比較を行うためには、分析対象地の選定やその前提として発掘調査の方法や分析の精度を上げることがまず必要であることを指摘しておきたいと思います。

地域研究と型式学の大切さ

また祭祀遺物の評価をめぐる問題として、遺物相互の年代的な関係、技術論的な関係をより精緻に扱うべき必要性について指摘しておきます。特に土偶や動物形土製品などには土器と共通した属性が共有されていることが多いので、土器型式との年代的な関係が正確に整理できます。祭祀研究はまず、これらの年代的な関係を前提にして議論する必要があります。ハート形土偶とミミズク土偶が共存したと考える考古学者はいないと思いますが、さまざまな土製品の研究にはそれが徹底されぬまま、ありえない共存関係を前提にした解釈だけが先行しているものがあり、注意すべきです。

次に発展段階論的な歴史観との対峙という問題です。狩猟採集社会から農耕社会へという階段を上るかのような発展的な歴史観がつくり出した中期を頂点とした変遷観が、現時点では主流ですが、新たな成果を前にしていま一度再検討してみる必要があると思います。その際には、冒頭にもいいましたが、各地の大遺跡をつまみ食いするような説明ではなく、分析地域を限定し、検討する時間枠と空間枠を固定して、その中を、精緻に分析をしていくということが新しい時代観を確立するためには、基礎的でもっとも重要な研究だと思います。よもや縄文時代は平和で格差のない時代であったのだと主張するために都合のよい事実のみを羅列し自論を主張した時代は終わりを告げたのです。

また、誤解のないように申し上げますが、今日私が描いた縄文の地域社会は、あくまでも東日本の中での縄文時代の一部分として評価したので、他の地域、特に東海地方以西の縄文社会には、また異なる地域性が存在するということも指摘しておきたいと思います。

参考文献

安斎正人『気候変動と縄文文化の変化』同成社、二〇一四年
阿部芳郎他「縄文後期における遺跡群の成り立ちと地域構造」『駿台史学』第一〇九号、二〇〇〇年
阿部芳郎「縄文のムラと「盛土遺構」」『歴史手帖』第24巻8号、一九九六年
阿部芳郎「縄文時代後晩期における大形竪穴建物址の機能と遺跡群」『貝塚博物館紀要』第28号、二〇〇一年
阿部芳郎「持ち運ばれた海の資源」『人類史と時間情報』雄山閣、二〇一二年
勅使河原彰「ケとハレの社会交流」『縄文人の時代』新泉社、一九九五年
高橋龍三郎「縄文後期社会の特質」『縄文社会を探る』学生社、二〇〇三年
谷畑美帆他「千葉県曲輪ノ内貝塚発見の縄文後期人骨」『考古学集刊』二〇〇六年
米田　穣「炭素・窒素同位体でみた縄文時代の食資源利用」『季刊考古学』別冊21雄山閣、二〇一四年

総　括 ——弥生文化から縄文文化を考える

設楽博己

縄文土器の系統

まず今日の討議の中での縄文文化の範囲に関してですけれども、今日の発表では、南北の領域につきましては、いずれも縄文土器とそれ以外の土器の比較というところから、皆さん入っていかれました。これは実は、山内清男がいったように、縄文土器は一系統の土器だという考えに基づいたものであり、したがって縄文土器を用いた文化が縄文文化であるという言説に皆さん、従ったものだと思います。ところが大塚達朗さんによりますと、縄文土器は一系統ではないということです。そういう指摘がありますので、それを認めれば、縄文文化を一系統、一体的な存在として捉えるのがいかがかなということになってきてしまうわけです。

私も実は常々こういうことを考えておりました。北海道の縄文前期の円筒《えんとう》下層式土器と、九州の同じく前期の曽畑《そばた》式土器、これを本当に同じ文化の土器として捉えていいのだろうかと。曽畑式土器などは、よほど韓半島の櫛目紋《くしめもん》土器によく似ているわけですね。ところが、最近では西唐津《にしからつ》式土器という、ある時期の土器に密接な関係性が韓半島と九州の間にあるくらいで、それを除けば直接的な緊密な影響関係というのはあまり考えられないというのです。

さらに石器でいいますと、結合釣針や石銛《いしもり》、石鋸《いしのこ》といった漁撈具なのですが、こういったものも、韓半島と北部九州の非常に密接な結び付きを持っている一つの素材として考えられていたんですね。ところが、よく分析してみると、はなはだ一過性のもので、漁撈民を通じた韓半島と日本列島の交流関係が、果たしていままでいわれていたほど、密なものであったのかというところに、疑問が提示されてきたわけです。

穀物栽培の時期

そこで注目したいのが、縄文農耕の問題です。縄文時代の後晩期、あるいはそれをさかのぼって縄文時代には、植物栽培が行われてきたという考え方がありまして、イネやアワ・キビなどの穀物は、韓半島と北部九州の漁撈民などの交流を通じて早くにもたらされたという考え方が非常に強かったんですね。ところが、土器の表面の穴ボコにシリコンを注入して、それを顕微鏡観察することにより、植物であればその種を同定する方法による研究が近年活発に行われるようになりまして、その結果、縄文時代晩期の終わり、いわゆる突帯文土器という時代ですが、それをさかのぼる穀物、穀物ですよ。その圧痕がほとんどないと。これはまだ確定したわけではなく、不確かなものはたくさんあるのですが、明確に穀物だと思われるものはない状況です。これは、今日会場にいらしております中沢道彦さんなどを中心としてやられている研究なのですが、私もその尻馬に乗って、徐々にすすめております。学生さんを動員してやっておりますが、いくらやっても出てきません。

ですので、やはり穀物に関しては、せいぜい晩期の終末ですね。ですから、これは先ほど申し上げました韓半島と北部九州の交流関係の実態と照らし合わせますと、非常に興味深いことだと思います。韓半島ではアワとキビの栽培が紀元前三〇〇〇年くらいにさかのぼるわけです。ところが、日本列島にそれが入ってくるのは、紀元前一〇〇〇年紀ですから、二〇〇〇年間、日本列島では穀物栽培をすぐそばでやっていながら、それを取り入れている状況が、どうも見えてこないのです。もしこの状況が確かなものだとすれば、縄文社会というのは、それ以外にも、今日もお話に上がりましたように、ダイズや、もっと古いところでは、シソやエゴマなどをせっせと栽培するんですけれども、拡大再生産につながっていくような穀物の栽培に乗り出していかない。そういうところがあるわけです。

これは以前、今村啓爾さんが森林性の新石器文化として縄文文化を定義していることと関係します。つまり、非農耕型の新石器文化が日本の縄文文化の一つの大きな特徴なのではないか。世界の新石器文化と対比しましても、それが特徴になるでしょう。非農耕型の新石器文化が一万年以上も続くわけですから、そのサステナビリティ、持続可能性というものが、縄文文化の大きな特徴になるのではないかと思います。それが一点。

弥生文化の範囲

それから、縄文文化の南北と韓半島の区別もいま申し上げましたように、厄介な問題をいろいろ含んでいるのですが、弥生文化の区分については、比較的容易いと思って安心しておりました。といいますのは、南北の間の区分、北であれば農耕をやっているかやっていないか。南でも同じことで、続縄文文化および貝塚後期文化と、弥生文化が一線を引かれるわけですから、これで区分すればよいと考えていました。あるいは韓半島との間ですと、弥生土器ですね。縄文土器を母体にしてつくっている弥生土器と、韓半島の土器は明確に区分できるわけですから、ここでも線が引けるということでいたのです。

ところが最近、国立歴史民俗博物館（歴博）の藤尾慎一郎さんが、弥生文化の範囲を著しく狭く捉えるという考え方を表明されたわけです。どういうことかといいますと、穀物栽培の有無、あるいは水田稲作の有無だけで、弥生文化というものを設定できないとおっしゃるんですね。これはコメをただつくるということ、おいしいから食べるということではなくて、コメに非常に情熱を注ぎ込むというか、コメをつくるために、農耕祭祀をバリバリやる。あるいは洪水が来ようが何しようが、いったんつくり出したものはやめないという意思というものが必要になってくると。つまり、稲作に社会的な意味をすごく重視して考えていくという、そういう立場なんです。藤尾さん流にいうと、東北地方に弥生文化がないことになってしまう。

これまでの考え方と大きく違うものですから、私などもすごく戸惑ったのですが、藤尾さんが主張される弥生文化の範囲というものが、ほぼ弥生前期の遠賀川《おんがかわ》文化、それと、中期になって関東地方にその系統の文化が入ってきますが、環濠集落《かんごうしゅうらく》などをともなって、東へと広がっていく。その文化を弥生文化というと、藤尾さんは規定されているわけです。これは岡本孝之さんが早くから同じようなことを主張されていたのですが、弥生文化の範囲の見直しという問題提起が、縄文文化をはたして一体的なものと捉えていいのかという今回の問題に大きなつながりを持ってきます。

私は決して弥生文化は一体のものと捉えているわけではありません。岡本さんや藤尾さんは、古墳の形成につながっていく政治的な意味を重視するわけで、それはそれで遠賀川文化というものがそういう力を内在させている文化として非常に重要であり、括りとしては、私もそれは一つの文化として捉えたほうがいいのだろうと思います。ただ、石川日出志さんが藤尾説批判で主張されておられますように、政治的な動きが顕著になってくるのは、弥生中期以降なんですね。一方で農耕文化複合という形で捉えていけば、生活レベルの視点で弥生文化を括っていく従来の方法も、一つのあり方なのかとも思います。高橋さんの一八八ページの表を見ていただきますと、弥生前期と中期の間で、社会構造の在り方を区分しておられます。高橋さんは苦労されて、弥生中期以降を首長制社会と捉えておられるので、その点でいいますと、弥生前期というのは、まだ縄文的な在り方を根強く引いている社会ではないか。

もう一つは、東北地方では少なくとも二〇〇年間ぐらいは、稲作をせっせとやろうと目指しているわけですが、気候変化、気候の寒冷化というやむを得ない事情で放棄したり、あるいは撤退していくという点。これは一所懸命やったということで二〇〇年間もそれが続いていくわけですから、そのあたりも評価して、東北も弥生と認めていいのではないかと思うわけです。

同僚の大貫静夫さんは沿海州で福田さんと同じような分野を研究されておられるのですが、大貫さんと雑談している中で、「設楽君、縄文文化、弥生文化なんて、あんな大きな範囲を一つの文化として括って本当にいいのか」ということをいわれるんですね。福田さんの今日のご発表にもありましたように、沿海州などで設定されているのは本当に小さな文化で、土器型式の範囲ぐらいなんですね。ところが大貫さんは、「でもね、縄文文化はすごい便利な言葉だから、僕は放棄せずにそれを使っている」ともいうのです。今日も冒頭、山田さんが同じような発言をされて、私も同じようなことを考えて、「これはいいな」と思いまして、便利だから、ああそうか。結構ゆるい、ゆるびとさんというのは、ほかにもいるんだと思った次第です。

石川日出志さんは弥生文化を一括りにできないことを主張されています。「北陸の小松文化」と銘打った講演会のポスターを目にしまして、早速やってるなと思ったわけですが、ですから、便利な弥生文化という大きな括りを「日本列島における農耕文化複合」という文化的な区分として温存し、藤尾さんがいうところの弥生文化などは板付文化と呼んで、一つの実態的な文化として括っておけばいいのではないかと思います。

ここは私の主張を繰り広げる場所ではないので、このくらいにしておきますが、縄文文化の地域性が今日問題になりました。そして、弥生時代における地域性の質を変えていく部族社会から首長制社会へという動きがあり、その延長上に律令期になると民族の確執問題が出てくるわけですね。ですからある意味で、弥生文化の地域性というのは縄文文化以上に深刻な問題を抱えているのだということをお話させていただきたかったので、第二点目として申し上げました。

縄文の階層化と多頭社会

第三点目ですが、階層化問題です。縄文文化に農耕文化が入ってこなかったらどうなっていたんでしょうねという質問をよくされることがあります。歴史に「もし」というのは愚問なのですが、私は、続縄文文化がその一つの到達点といいましょうか、行き着いた先という可能性を考えたいと思っているのです。続縄文文化の前半期、いわゆる恵山《えさん》式という時期、お墓の中に大量の副葬品を持つお墓がいっぱい出てくるわけです。副葬品の数としては、それこそ弥生時代の墳丘墓に葬られた首長とさして変わらない。いわゆる多副葬墓と呼ばれているのですが、それに匹敵するような。続縄文文化の多副葬墓は、カリンバ3遺跡などの縄文後期の終わりぐらいに出現したお墓の系統をずっと引いているものだと思うんですね。ただ、続縄文の多副葬墓をよく見てみますと、墓地の中にたくさんの副葬品を持つとくにひいでた墓が、一つだけではなくていくつもある場合があるんですね。さらに副葬品の中にも、いろいろな種類のものを分かち持っている形で発掘される場合が多いのです。

今日、高橋さんが無頭社会という言葉でお話されていましたが、歴博の松木武彦さんが、頭が多くいる社会を多頭社会、頭が少ない社会を寡頭社会と呼んでおられます。おそらく続縄文文化は、多頭社会であり、高橋さんが整理されたグレートマンという社会状況になっていると思います。副葬品を分かち持っているというところを評価すれば、何らかのお仕事や役割分担のようなもので、分担されて、その役割ごとに頭がいて、それがお墓の副葬品の組成に反映されている可能性が高いのではないでしょうか。そうしますと、ピラミッド状に階層構造を形成して、やがてそれが古墳というたった一人あるいはごく限られた人たちの王墓へとつながっていく弥生文化の終わりから古墳文化の寡頭社会との違いが墓に反映しているのかもしれません。おまけに墳丘墓の有無ですね。墳丘をつくるかつくらないかというのが、縄文や続縄文の社会と弥生後期や古墳時代の社会との大きな差になってくるだろうと思います。縄文文化の階層化のヒントを考えるときにも、弥生時代のお墓の構造ばかりでなく、続縄文文化を併せて考えてみるのが、これからのテーマになってくるのではないでしょうか。

先祖祭祀と墓域構造

最後に第四点目として、祖先祭祀の問題についてですが、谷口さんのおっしゃるように、縄文文化では中期以降、祖先祭祀が明確化している。その理由としましては、人口の増加、それにともなって社会の統合の果たす役割というものに、祖先祭祀が非常に重要な意味を持ってきます。阿部さんも縄文時代のおわりころの祭祀や儀礼の強化を停滞の結果と見ることに待ったをかけておられるわけですが、それは社会の複雑化ということですね。そこに意義を見出している。

まったくそれに賛成なのですが、その一方で、縄文時代の祖先祭祀というのが、環状集落や環状の墓域構造というものと密接に結び付いている。そこに縄文文化のもう一つの大きな特徴があるだろうと思うわけです。環状墓地の中心のお墓と外側のお墓も、大湯《おおゆ》環状列石なんかも実態がちょっとよく分からないのですが、あまり差がないですね。内も外もあまり差がない。つまり、階層化あるいは序列化というものを明確に示して、祖先祭祀の下に階層的な社会秩序を構成しているという在り方とは、縄文社会の祖先祭祀は差があるのではないか。縄文時代の後期以降、社会の格差が生じてくるわけですが、谷口さん、高橋さんもいわれるように、それにしても位階的な序列にとどまるようなものであるということが重要でしょう。

それに対して、たとえば佐賀県の吉野ヶ里《よしのがり》遺跡を例にとってみますと、弥生中期の甕棺墓《かめかんぼ》がずらっと列をなして、その行き着く先には中期でも前半の大きな墳丘墓がつくられていて、それも中心に大型の埋葬を持つ墳丘墓なのです。その軸を反対に折り返した側に、今度は弥生後期にでかい建物が建てられました。まさにその中心軸をたどって祖先が明確化している。それは明らかに階層構造に根付いたものなのです。軸線上に祭祀場が設けられておりますが、漢代の中国の文化の導入によってそれが成し遂げられているとすれば、中国の祖先祭祀というのは、明確に階層化序列の秩序の下に成り立っているものですから、まったく縄文時代とは違う構造の祖先祭祀が弥生時代に入ってきている可能性があります。ですから今後、縄文社会から弥生社会への祖先祭祀の在り方、それは縄文社会の階層化問題などの社会の仕組みを研究していく上で、大変重要な問題になってくるのではないかという考えを、今日は持ちました。

私は弥生文化を研究しているものですから、縄文文化を考える際に、弥生文化や続縄文文化を合わせて比較研究していく必要性を常々感じている立場からコメントをさせていただきました。

あとがき

縄文文化という概念は、ある意味において考古学的に規定されたものではない。このようなことを言うと、また先輩諸氏からお叱りを受けるかも知れないが、先日参加した弥生文化のシンポジウム（『仙台平野に弥生文化はなかったのか』二〇一六年一一月一九・二〇日開催）における北海道大学の高瀬克範氏の発表を聴いて、ますますそう思うようになった。イギリスの考古学者であるD・クラークの考え方を援用した高瀬氏によれば、縄文文化・弥生文化という概念は、欧米考古学における culture、および culture group よりもさらに範囲の大きな上位概念である techno-complex に相当するという。私もこの説に賛成である。

クラークやC・レンフルーの考えを援用して、批判が出ることを承知でこの議論を単純化すると、縄文時代の各地域・各時期に見ることのできる考古学的資料の共通性をもったまとまりは type（型式）、その有機的集合体を assemblage（型式組成）として把握することができ、これを生活形態上の地域的特性と考えた場合、複数の assemblage が culture（考古学的文化）を形作ると考えることができる。そして、さらに大きな共通性をもったまとまりを culture group（考古学的文化群）、日本列島全体に広げて、従来縄文文化といったものを culture group の上位概念である techno-complex（列島域における人類の後氷期適応）という形で把握するならば、今日、一般的に縄文文化と呼んでいたものは、考古学的文化・文化群の集合体・総称であり、逆に縄文文化の中には複数の考古学的文化が存在することになる。私たちは、「縄文文化＝Jomon Culture」として、単一の文化と捉えることが多かったが、実際にはそうでなく、複数の考古学的文化群の複合体を、意識するしないを問わず、政治的に形成された一国史的観点から単一の文化、そして時代として取り扱って来たと、山田は考えている。

そのような構造的特性故にきわめて多面的な様相をみせる縄文時代・文化であるが、その時空間的範囲・文化的内容・概念的利便性については、これまでにも多くの研究が蓄積されてきた。それを研究史的に鳥瞰し、跡付けようとしたのがフォーラム当日におけるテーマ1であった。

また、今回のフォーラムでは、テーマ2として「縄文文化の範囲」を掲げ、福田正宏氏には縄文文化の北の範囲を、伊藤慎二氏には南の範囲について、それぞれの立場からご発表いただいた。これは、日本列島の両端において縄文文化の範囲を考古学的に把握する試みである。奇しくも縄文文化の北と南は、おおよそ現在の日本の国土内に収まるということが示されたが、その一方でそれぞれの地域における特徴、独自性（culture・culture group のあり方）についても議論がおよび、あらためて縄文文化の多面性が浮き彫りにされたとともに、「縄文文化とは何か？」という根本的な問題について再考が必要であることが明らかにされた。

続くテーマ3「縄文文化の地域性」は、菅野智則氏・長田友也氏・瀬口眞司氏という、今まさに縄文文化研究の潮流を形成しつつある中堅・若手の縄文研究者の方々によって、各地における culture・culture group について、その特性を叙述していただく試みであった。テーマ2とともに、縄文文化の内実について、時には生活の主たる場である集落の動向、時には特産品の動きによって解明されるような流通システムのあり方、そして居住形態や集団の規模、資源環境による社会のあり方といった観点からの議論が行われ、縄文文化の多様性についての深い洞察と理解を開陳していただいた。なお、瀬口氏はフォーラム当日にご不幸があり登壇はかなわなかったが、発表予定の内容を改めて本書に寄稿していただいた。

テーマ4の「縄文社会をどのように捉えるか」は、縄文時代・文化研究において大きな影響を与えていらっしゃるオピニオンリーダーの方々に、それぞれのご研究に近いテーマ・手法で、「関東地方という場」における縄文社会のあり方を紐解いていただいた。谷口康浩氏による「環状集落にみる社会複雑化」、高橋龍三郎氏による「縄文社会の複雑化と民族誌」は、遺跡・遺構分析、民族考古学的比較・類推といった方法論から縄文社会の複雑化・階層化について議論していただいた。一方、阿部芳郎氏の「縄文社会をどう考えるべきか」は、よりミクロな視点から居住のあり方や生業、祭祀について議論を重ね、従来の縄文時代観を再検討する必要性を指摘された。各氏ともに豊富な事例を、整理された論点から検討されており、ここに縄文社会論の最前線を見ることができるだろう。

最後に総括として、設楽博己氏には弥生文化研究者からみた縄文文化についてコメントをいただいた。その含蓄深い講評は、本書に書かれたとおりである。

本書は、フォーラム開催時における口頭発表をもとに、その後若干の修正を加えたものである。当日の発表時間が一人あたり三〇分という短いものであったにもかかわらず、各講師ともに非常に充実したご発表をしていただいた。この場をお借りして厚くお礼申し上げる。当日は限られた時間の中で相当切り詰めた形でお話しいただいたため、文章化した際に説明不足となったところがあったかも知れないが、本書において読者がそのために誤読されるようなことがあるならば、それはひとえにコーディネーターである山田の責任である。ご寛容を願いたい。

二〇一七年一月二三日

冬晴れの佐倉にて

山田康弘

執筆者紹介（生年／現職―執筆順）

山田康弘　やまだ　やすひろ　→別掲
福田正宏　ふくだ　まさひろ　一九七四年／九州大学埋蔵文化財調査室助教
伊藤慎二　いとう　しんじ　一九六八年／西南学院大学国際文化学部准教授
菅野智則　かんの　とものり　一九七六年／東北大学埋蔵文化財調査室特任准教授
長田友也　おさだ　ともなり　一九七一年／中部大学非常勤講師
瀬口眞司　せぐち　しんじ　一九六八年／公益財団法人滋賀県文化財保護協会安土分室長
谷口康浩　たにぐち　やすひろ　一九六〇年／國學院大學文学部教授
高橋龍三郎　たかはし　りゅうざぶろう　一九五三年／早稲田大学文学学術院教授
阿部芳郎　あべ　よしろう　一九五九年／明治大学文学部教授
設楽博己　したら　ひろみ　一九五六年／東京大学大学院人文社会系研究科教授

編者略歴（山田康弘）
一九六七年、東京都に生まれる
一九九四年、筑波大学大学院博士課程歴史人類学研究科中退、博士（文学）
熊本大学文学部助手、土井ヶ浜遺跡・人類学ミュージアム学芸員、島根大学法文学部准教授、同大教授を経て
現在、国立歴史民俗博物館教授
〔主要著書〕
『人骨出土例からみた縄文の墓制と社会』（同成社、二〇〇八年）
『生と死の考古学―縄文時代の死生観―』（東洋書店、二〇〇八年）
『老人と子供の考古学』（歴史文化ライブラリー、吉川弘文館、二〇一四年）
『つくられた縄文時代―日本文化の原像を探る―』（新潮社、二〇一五年）

〈歴博フォーラム〉
縄文時代
その枠組・文化・社会をどう捉えるか？
二〇一七年（平成二十九）三月一日　第一刷発行
編　者　山《やま》田《だ》康《やす》弘《ひろ》
　　　　国立歴史民俗博物館
発行者　吉川道郎
発行所　株式会社　吉川弘文館
郵便番号一一三―〇〇三三
東京都文京区本郷七丁目二番八号
電話〇三―三八一三―九一五一〈代表〉
振替口座〇〇一〇〇―五―二四四
http://www.yoshikawa-k.co.jp/
印刷＝藤原印刷株式会社
製本＝株式会社ブックアート
装幀＝岸顯樹郎

ISBN978-4-642-08311-9